〈JAPAN INSIDE OUT〉

일본의 가면을 벗긴다

-일본 천황전체주의의 기원과 실상-

〈JAPAN INSIDE OUT〉

일본의 가면을 벗긴다

-일본 천황전체주의의 기원과 실상-

이승만 박사 지음

류광현 옮김

비봉출판사

이승만 박사와 주영한 부부(마가릿 켈리 브리다무어)

(*여기에 실은 4장의 사진은 연세대 이승만연구원에서 제공한 것임)

쇼어햄 호텔에서 이승만 박사와 친우 Mr. William Borthwick

한국 독립과 민주주의 실현을 기원하는 왕벚나무 식수행사. 나무 왼쪽에
서 첫번째가 이승만 박사, 두번째가 American University 총장 Paul F.
Duglass. 사진의 왼쪽에서 두번째가 '스태거스'의 비서 Mrs. 엥겔스(후에
이 박사 비서).(이승만 박사가 Herold Ickes(내무장관)에 Korean Cherry 로 명
명해 줄 것을 요청했으나 Ickes 는 Oriental Cherry 라 하였다. 그러나 Duglass
총장은 교정에 식수하면서 Korean Cherry 로 이름 붙였다.)

일본 하네다 공군기지에서 경례하는 이승만 대통령과 맥아더 장군

추 천 사

이승만 박사 저 〈일본의 가면을 벗긴다〉
— 美·日 전쟁 예언한 베스트셀러 —

손 세 일(孫世一)
• 전 동아일보 논설위원
• 전 국회위원(3선)

최초 일간지 '매일신문'을 창간한 언론인

초대 대통령 우남雩南 이승만李承晚은 정치인이기 이전에 언론인
이었다. 그는 1898년 4월에 이 나라 최초의 일간신문인 '매일신문'을
창간함으로써 이 땅에 일간지 시대를 열었다. 스물네 살 때의 일이다.
그때까지 '독립신문'은 주3회 발행되고 있었다.

이승만은 1899년 1월부터 5년7개월 동안 영어囹圄 생활을 하면서
여러 가지 괄목할 만한 활동을 했는데, 그 가운데서 가장 두드러진 것
은 1901년 2월부터 2년3개월 동안 '제국신문'의 논설을 써 내보낸 일
이었다. 감옥에서 장기간에 걸쳐 일간지의 논설을 집필한 사실은 세
계 신문사新聞史에서 전무후무한 일일 것이다. 이때에 쓴 제국신문의
논설들은 젊은 이승만이 이상으로 생각한 기독교 국가의 비전— 그

것은 미국을 본으로 한 민주주의 정치제도와 시장경제의 원리가 작동하는 근대국가상이었다. ─ 를 설파한 것이다. 유명한 '독립정신'은 이때에 쓴 〈제국신문〉의 논설들을 뼈대로 하여 새로 쓴 논설집이다.

이승만은 독립운동도 주로 언론활동을 통하여 전개했다. 1920년대에서 30년대에 걸쳐 정열을 쏟아 펴냈던 〈태평양잡지〉에는 그의 애국심뿐만 아니라 폭넓은 지적 관심과 글재주를 보여주는 많은 글들이 실려 있다. 그러나 이승만이 일생동안 펴낸 책은 다섯 권밖에 되지 않는다. 한성감옥서에서 작업한 번역서 〈청일전기(清日戰記)〉(1917년)와 〈독립정신〉(1910년), 1910년의 105인 사건에 관해서 쓴 〈한국교회핍박〉(1913년), 프린스턴대학 박사학위 논문을 그대로 출판한 〈미국의 영향을 받은 중립(Neutrality as Influenced by the United States)〉(1912년), 그리고 본서 〈일본의 가면을 벗긴다(JAPAN INSIDE OUT)〉(1941년)가 그것이다. 이 책들은 모두 미국에서 출판되었다. 그밖에 그의 옥중 한시집인 〈체역집(替役集)〉(1961년)이 번역 출판되어 있다.

일본인들의 전쟁심리 자세히 분석

본서 〈일본의 가면을 벗긴다〉는 유럽에서 제2차 세계대전이 발발한 직후인 1939년 겨울부터 1941년 봄까지 이승만이 워싱턴에 있으면서 심혈을 기울여 쓴 책이다. 통계 등의 자료 수집은 임병직林炳稷이 도왔다. 이승만이 쓴 영문 원고를 프란체스카가 타이핑을 했는데, 출판사에 넘길 때까지 프란체스카는 전문을 세 번이나 다시 타이핑하느라 손가락이 짓물렀다.

〈일본의 가면을 벗긴다〉에서 이승만은 중국을 점령한데 이어 동

남아시아로 침략 행군을 멈추지 않고 있는 군국주의 일본은 그들의 세계 재패의 야심을 달성하기 위하여 머지않아 대미對美 전쟁을 일으킬 것이라 전망하고 미·일전쟁을 막기 위해서는 미국이 먼저 힘으로 일본을 제재하지 않으면 안 된다고 역설했다. 이승만은 그의 이러한 주지主늼를 15장으로 나누어 설득력 있게 설명했다.

먼저 제1장에서는 일본인들의 전쟁심리의 기반인 극단적인 국수주의 내지 군국주의의 특성을 그들의 건국 신화까지 거슬러 올라가서 자세히 분석했다. 그리고 그러한 일본 군군주의의 세계 제패의 구체적 계획서가 바로 '타나카(田中) 각서'였다면서, 제2장에서 이 세기의 괴문서를 특별히 논평했다. 그는 '타나카 각서'가 히틀러의 〈나의 투쟁〉이 독일인들에게 갖는 의미와 같은 의미를 일본인들에게 갖는 것이라고 설명했다. 이승만이 인용한 마크 게인(Mark Gayn)의 기사에는 이 극비문서를 복사해서 중국인에게 넘겨준 사람이 한국인이었다고 적시되어 있어서 특히 흥미롭다. '타나카 각서'는 제2차 세계대전 이후에도 국제적으로 심심찮게 논란거리가 되었다.

미국의 반전주의자들을 신랄히 비판

이승만은 일본인들의 침략전쟁에 가장 방해가 되는 것은 외국신문 기자들과 선교사들이고, 따라서 일본 군국주의자들은 이들이 가장 먼저 추방되어야 할 외국인들이라고 생각한다고 설명했다. 제5장과 제6장에서 이 문제를 다루었다. "자유언론의 개념은 일본의 정치사회 제도와는 언제나 배치되는 것이었다"고 이승만은 적었다. 그러면서 1940년 7월에 동경에서 55시간 동안 일본경찰로부터 고문을 당하고

사망한 로이터통신의 멜빌 콕스(Melville J. Cox) 기자의 이야기를 소
개했다. 이승만은 또 일인들은 선교사들이 어디든지 다니면서 자신들
이 저지르는 일들을 목격할 뿐만 아니라 그들이 퍼뜨리고 있는 서양
의 민주주의 정신은 자기네의 천황 전체주의(Mikadoism) 생활에 해독
을 끼치고, 그들이 선교하는 종교는 일본인들이 믿는 불교와 신도神
道에 배치된다는 등의 이유로 선교사들을 배척한다고 설명했다. 그러
면서 그는 한국의 기독교가 일본인들로부터 얼마나 박해를 받아 왔는
지를 길게 서술했다. 이승만은 국제연맹의 9개국 회의 및 해군 군축
회의 등에서의 일본의 태도, 일본의 대미 선전과 미국인들의 반응의
문제점 등을 차례로 논급한 다음, 제13장과 제14장에서는 미국의 반
전주의자들을 신랄하게 비판했다. 그는 먼저 미국의 반전주의자들이
얼마나 위선적인지를 자신의 경험을 들어 실감나게 설명하고 나서 반
전주의에 대한 자신의 생각을 다음과 같이 피력했다.

"나는 종교적인 신념이나 인도주의 원칙에서 같은 인간에 맞서서
무기를 들 것을 거부하는 '양심적 전쟁 거부자'들에 대해서는 높이 평
가한다. 그러나 그것이 국가의 방위, 국가의 명예, 또는 국가의 독립
을 위한 것인지 아닌지를 불문하고 모든 종류의 전쟁을 거부하는 투
쟁적 반전론자들은 '제5열(fifth columnist)'(*간첩을 제5열(fifth columnist)
이라고 한 것은 1936년 스페인 내란 때 생긴 말이다. ─ 역자)처럼 위험하고
파괴적인 것이다."

미국의 반전주의자들은 후자 쪽이라는 것이다. 그러면서 그는 또 기
독교의 반전주의는 다르다고 강조하고, 기독교의 중립주의를 비판했다.

이승만은 마지막 제15장에서 현재의 위기상황을 '민주주의 대對 전
체주의'의 대결이라고 규정하고 미국의 역사적 책임을 강조했다. 그는

전체주의 국가들에는 추축국(일본, 독일, 이탈리아)뿐만 아니라 연합국의 일원으로 대독전을 수행하고 있는 소련도 포함시켜서 논리를 전개했다.

〈대지〉의 작가 펄벅, 서평에서 극찬

이승만이 주장하는 미국의 역사적 책임의 근원은 미국이 1882년에 조선과 맺은 조·미 수호통상조약을 일방적으로 파기하고 1905년에 일본이 한국을 '보호국'으로 만드는 것을 방조한 일이었다. 이승만은 그때의 일을 길게 설명하고, 그것이 제2차 세계대전의 원인이 되었다고 주장했다. 그러한 주장은 일반 미국인들에게 큰 충격이었다. 본서 〈JAPAN INSIDE OUT〉에 대한 〈대지〉(1931년)의 작가 펄벅(Pearl Buck)의 다음과 같은 서평은 그러한 반응의 대표적인 것이었다.

"이것은 무서운 책이다. 나는 이것이 진실이 아니라고 말할 수 있었으면 좋겠으나 오직 너무 진실인 것이 두렵다.… 나는 이 박사가 대부분의 미국 사람들이 알지 못하는 사실, 곧 미합중국이 수치스럽게도 조·미 수호조약을 파기하고, 그럼으로써 일본의 한국 약탈을 허용했다고 말해준 것을 기쁘게 생각한다. 이 박사는 '이것이 큰불이 시작되는 불씨였다'고 말하고 있는데, 나는 이 말에 정말로 두려움을 느낀다.…"

국제정치에 대한 해박한 지식 보여줘

〈일본의 가면을 벗긴다〉에는 이승만의 일본과 국제정치에 대한 해박한 지식과 뛰어난 통찰력, 독립협회 활동 이래로 그의 체질이 되어 있는 선동가의 기질, 오랜 언론활동을 통하여 연마한 문장력과 탁월한 영어 구사력이 남김없이 드러나 있다. 그 특유의 인상적인 비유법은 그의 주장에 설득력을 더해 준다. 외국인들이 조약상의 권리를 계속 누리게 해둔 채 중국의 상업 중심지들을 점령하는 것은 일본인들에게는 사자 떼가 몰려다니는 소 목장을 지키는 것과 같은 일이라고 표현하는가 하면, 지금 미국 민주주의는 전체주의의 바다 가운데 떠 있는 한 점 섬이라고도 적었다. 그는 '서문'에서 다가오는 미 · 일 전쟁을 산불에 비유했다.

"연기하는 것은 해결책이 될 수 없다. 산불은 저절로 꺼지지 않는다. 불길은 하루하루 점점 더 가까이 다가오고 있다. 수년 전에는 여러분(즉, 미국인들)은 불행이 닥쳐오고 있는 희미한 속삭임만 들었을 뿐이다. 그것은 아주 멀리 있었다. 그것은 마치 화성火星이나 다른 항성恒星에 있는 것처럼 여겨졌다. 얼마 후에 여러분은 매연煤煙 기둥이 멀리서 치솟는 것을, 또는 시뻘겋게 타오르는 화염火焰이 구름에 반사되는 것을, 또는 나무(樹木)들이 요란한 소리를 내면서 타는 것을 보았을 것이다. 하지만 그것은 아직 매우 멀리 떨어져 있어서 여러분은 근심하거나 경각심을 가질 필요가 없었다. 그러나 이제 상황이 달라졌다. 여러분은 벌써 그 불기운을 느끼기 시작했다. 불길이 너무 가까이 와서 편안히 앉아 있을 수 없게 되었다."

연기하는 것은 해결책이 아니라는 말은 그 뒤로 이승만이 중대한 결단의 고비마다 강조한 슬로건이 되었다.

진주만 기습에 "이승만은 예언자"로 평가

〈JAPAN INSIDE OUT〉은 미국인들이 일본 군국주의의 실상을 깨우치는 데 큰 영향을 주었을 뿐만 아니라, 그들에게 이승만 자신을 알리는 데에도 큰 도움이 되었다. 그리고 그것은 재미동포 사회에서 그의 명망을 새로이 제고시키는 것이기도 했다. 이승만은 이 책을 루즈벨트 대통령과 부인 엘리노아 여사, 스팀슨(Henry L. Stimson) 육군 장관에게는 우편으로 보내고, 헐(Cordel Hull) 국무장관에게는 극동국의 혼벡(Stanley Hornbeck) 박사를 통해서 보냈다. 오랜 교분이 있는 혼벡은 이 책을 읽고 정정해야 할 곳을 지적해 주었다.

〈JAPAN INSIDE OUT〉의 내용에 대해 비판하는 미국인도 없지 않았으나, 책이 출판되고 넉 달 뒤인 1941년 12월 7일에 일본의 기습적인 진주만 공격이 있자 이승만은 예언자라는 칭송을 받았고, 이 책은 베스트셀러가 되었다.

저자(이승만 대통령)의 한국어판 서문

1895년에 처음으로 신세계 형편을 알게 된 이후로 일인들이 발행한 책 두 권을 구경하였는데, 하나는 〈일·로전쟁 미래기(日露戰爭未來記)〉요, 또 하나는 〈일·미전쟁 미래기(日美戰爭未來記)〉이다.

이 두 책을 구경한 이후에는 일본의 야심이 어떠한 것인지를 짐작하게 되었으므로 우리나라가 위급하게 된 것을 깨닫게 되어서, 하루 바삐 정부를 권고하여 국권 보호에 힘쓰게 하려고 하였으나, 궁궐과 정부에서 해가는 일은 점점 어두움 속으로 들어가므로, 혁명운동을 시작해서 백방으로 모험 분투하다가 끝내 감옥에 투옥되었다. 사경死境에 빠졌던 목숨이 다행히 부지扶支되어, 1904년에 일로전쟁日露戰爭이 벌어져서 정부 유신당維新黨이 잠시 권리를 잡게 되면서 내가 7년 만에 옥문을 벗어나오게 되니, 벌써 나라는 다 일인의 손에 들어가고 왜倭 경찰이 내 뒤를 따르게 되니, 민영환閔泳煥·한규설韓圭卨 양인의 공문公文을 받아서 몸에 감추고 미국을 향하여 떠날 적에 겨우 하와이로 가는 이민移民 배 삼등을 얻어 타고 이민들 틈에 섞여서 가게 되었다.

하와이를 들렀다가 미주美洲 상항(桑港: 샌프란시스코)에 가서 내리

게 되니, 내가 가는 목적은 미국 정부와 또 미국 국회의원 몇 사람에
게 가는 편지를 가지고 워싱턴에 가서 한미조약韓美條約 안에 규정되
어 있는 "원호援護한다"는 조건을 들어서 도움을 원하는 것이 첫째 목
적인데, 거기에 따라서 일본이 미국과 싸울 것을 준비하고 있다는 것
을 미국인에게 알려주고자 한 것이다.

그때의 9년 전에 읽은 〈일·로 전쟁기〉는 벌써 시작되었으니 한
가지는 시행된 것이요, 〈일·미 전쟁〉 또한 일어날 것은 의심 없는 것
으로 미국에 가서 이 사실을 알리려고 한 것인데, 미국에 도움도 되고
따라서 우리나라가 후원을 받을 것을 몽상夢想하였던 것이다.

그때 미국의 형편을 보니, 일인이 미국의 신문과 잡지를 다 연락
하여 매년 백만 달라 이상을 미국에 선전비로 쓰면서 미국 전체의 눈
을 가리고 저희 말만 가져다 보이고 들려주는데, 내가 그 책 〈일·미전
쟁 미래기〉를 말하면 모두 비웃고 일미日美 간에 악감惡感을 자아내어
한국에 도움이 되게 하려고 (한다는) 지목指目을 받고 지냈던 것이다.

1940년 전후에는 일인의 전쟁준비가 거의 끝나서 전쟁이 곧 터질
것 같아, 미국인들은 꿈속같이 모르고 잠들고 있는데 이것을 알려주
어야 되겠다는 각오를 가지고 이 책 쓰기를 시작하였는데, 우선 이 책
을 써도 발행할 사람이 없어서 문제요, 또 혹 발간을 할지라도 읽을
사람이 없는 것을 고려하지 아니할 수 없어서, 이 책 속에 말한 것은
그때 형편을 따라서 순하게 언사를 만들려고 노력하였던 것이다.

이 책을 쓸 때에는 전쟁이 하루 이틀 내에 터져 나올 줄 알고 총총
히 쓰게 되어 그때 현상만 들어서 말하였다.

1941년 12월 8일 일인들이 진주만에 폭탄을 떨어뜨려 미국인 3천
명을 일시에 사망시킨 이후로 전 미국이 일인들의 불의不義한 심리를

깨닫게 되어, 전쟁을 하여 많은 인원을 없애고 또한 많은 물질까지 허비한 후 1945년에 이르러 승리를 얻은 것이다.

이 전쟁이 벌어지면서부터 내 글을 읽고 내 말을 들은 미국인들이 그제야 비로소 깨닫게 되어 나를 선비라고까지 말하게 되었는데, 실상은 내가 미국인들이 모르는 것을 알았다고 하겠지만, 동양 사람들은 거반 다 일본이 미국과 전쟁을 획책하고 있었다는 것을 알고 있었던 것인데, 일본의 선전 방책이 교활하고 뛰어났으며, 전쟁이 임박해서는 일인들이 미국에서만 1년에 5백만 달러를 써서 전국적 조직을 만들고, 한편으로는 국내 선전을 극렬히 해서 저희 백성들에게는 모두가 전쟁이 임박했다는 것을 알게 하되 미국인들은 한 사람도 이를 알지 못하게 하였으며, 또 한편으로는 외국에 대한 선전 재료로 국내 선전과 배치되는 말을 만들어 내어서 일본인들은 모두 미국의 친구요 또한 충성스러운 동맹국가라는 것을 선전하여, 혹 어떤 사람이 일본의 내정을 이야기하면 그 말을 거짓으로 돌렸던 까닭으로 미국인들만이 전쟁이 임박한 것을 모르고 있었지 동양인은 거반 다 이를 짐작하고 있었던 것이다.

지금 시대에 앉아서 선전의 필요성이 이러한 것이다.

일인이 한편으로는 우리 한인들이 무재無才 무능無能해서 자기 나라 독립을 지켜나갈 수 없으며, 문명제도를 받아들일 생각이 없고, 완고頑固 퇴보하는 민족이라고 하며, 또한 자기 나라를 보호하지 못해서 중국의 속국으로 지나고 있는 것을 1894년에 일본이 중국과 싸워서 독립을 시켜 주었는데 한국인들이 다시 이것을 보전하지 못하고 아라사(러시아)에 붙어서 동양평화를 위태하게 하므로 다시 일본이 한국을 위하여 아라사와 싸운 것이니, 지금은 일본이 한국에 들어가 한국을 다스리는 것이 한국을 위하여 복스러운 일이라고 선전하여, 미국민이 알기를 한국인은 다 성명도 없고 사상도 없는 것으로 쳤던(여겼던) 것이다.

그런 까닭으로 우리가 나서서 40년 동안 한국 문제를 일으키려고 하여도 절대로 어찌하지 못하였던 것이다.

일인들이 이렇게 선전을 하였지만, 사실은 일본이 일청전쟁日淸戰爭이 시작되기 10년 전 천진조약天津條約 체결 시에 벌써 이 전쟁을 획책하고 있었으며, 그리고 일로전쟁日露戰爭 십년 전에도 계획하고 있었다.

이와 같이 겉으로는 한국정부가 몽매한 틈을 타서 이를 이용하여 한국의 독립과 동양의 평화를 위하여 싸우는 것 같이 꾸며놓고, 사실은 일본이 자기나라 영토를 확장하여 따라서 동양세계를 자기들의 지배 아래 넣으려는 야망에서 전쟁을 계획하였던 것이다.

일본이 미국을 정복하려 하다가 실패하였을 때, 만일 일본이 이전 열강국의 손에 정복을 당하였으면, 일본은 국토가 다 정복국에 부속되고 일인들은 다 남의 노예가 되어, 전쟁의 거대한 배상을 물게 되어 여러 십년을 두고 애를 써도 다시 소생하기가 어려웠을 터인데, 일본에게는 다행히도, 미국이 승전국이 됨으로써 미국이 일본의 죄를 용서하고 다시 살리려고 많은 금전과 물자를 가져다가 재무장을 시키고, 전국을 공업화하여 이전보다 더 흥왕하게 만들고 있으니, 만일 일인들이 은혜를 아는 백성이라면 심정을 바꾸고 성질을 고쳐서 새로운 신의信義 있는 백성이 될 것인데, 아직도 옛 버릇을 고치지 못하고 외국인에게 밖으로는 웃고 대하여 좋은 감상을 표시하며, 내심으로는 악의惡意를 품어서 교활한 외교수단으로 여전히 세계를 속이는 정책을 행하고 있으며, 동양 모든 나라를 다 정복해서 살인 강탈하는 주의主義를 조금도 후회하거나 사죄하는 태도를 보이지 않을 뿐더러 여전히 자기들만이 상등인上等人으로 생각하고 무만무례無滿無禮한 태도로 동양 세계를 다 저희들 것처럼 보고 있으니, 우리로서는 세계 대세의 위급함을 살펴서 일인과라도 그들의 전과를 용서하고 평화롭게 살고자 하였으나, 그들은 조금도 그렇게 살기를 노력하지 않고 새로운 야심을 품어서 우리나라 모든 재산의 85퍼센트가 저희 것이라고 주장하고 있는 것이다.

미국인들은 지금도 이것을 알지 못하고 일인들의 아첨을 좋아하며 뇌물 주는 데 속아서 일본을 부강하게 만들지 않으면 소련으로 넘어가리라는 몽매한 의론으로 재무장再武裝시키기와 재확장再擴張 하기에 전력을 다하며, 심지어는 우리들에게 권해서 일본과 친선親善히 지내기를 권고하고 있으니, 일인은 이 기회를 이용하여 미국 국무성의 도움을 얻어 미국 신문계를 철통같이 조직하여 일본의 내막을 발표하는 사실이 있으면 한 신문에도 게재되지 못하게 하고 일본을 찬양하고 추대하는 언론을 연속 선파宣播하여, 모든 민중이 다 일인을 믿고 의심을 아니 할 만큼 만들기 때문에, 미국 정부 안에서나 민중 속에 혹 일본에 대한 의혹을 가진 자가 있어도 감히 발설을 못하여 마치 진주만 사변 전과 흡사한 사태를 또다시 이루어놓고 있으니, 이에 대하여 오늘 우리나라 형편으로서는, 우리가 한편으로 공산당과 싸워서 중국과 소련의 야심을 막고 있는 것과 같이, 일본의 야심을 막는 데 전력을 다하여야 할 것이다.

일본의 야심을 막는 방법은 우리 해·육·공군의 무력도 상당히 준비하여야 되겠지만, 그보다도 더 중요하다고 생각되는 것은 미국에 대한 선전이라고 생각된다.

한인들이 일인들이 하는 방식을 배워다가 외국에 선전기관을 설치하여 우리의 아는 바를 미국인에게 알릴 만큼 된다면, 미국에서 일본을 의심하는 사람들이 대대적으로 우리를 후원할 것이며, 우리는 이 기회를 이용하여 외국인들에게 일본의 내용과 일본인의 본심만 알려주면 또다시 진주만 사변을 당하지 않게 될 뿐만 아니라 우리에 대한 일본의 야심도 막을 수 있을 것이다.

지금 한인들이 일본문제 해결을 위하여 할 일은 첫째로 선전사업이며, 그 다음에는 모든 친일하는 한인분자들을 일본에서 불러내 와서 그들을 무력하게 만들고, 미국민들에게 알려서 다시는 야심을 행하지 못하게 만드는 것이 유일한 방책일 것이다.

공산국가에 대해서는 미국이 공산국가의 침략성과 위험함을 충분히 인식하고 전쟁을 하게 되어야 이 문제를 세계적으로 해결하게 될 것인데, 여기에 대하여 미국이 어찌할 바를 모르고 있으니, 우리는 미국이 어찌 하든지 간에, 우리 백성이 다 죽어 없어질지언정 남에게 우리나라가 예속되어 노예는 되지 않겠다는 결심을 하고, 국민이 다 합심하여 죽기로써 우리 국토를 지켜 나가면 하늘이 우리를 돕고, 또 따라서 세계의 공론이 우리를 따를 것이니, 우리 국민은 다 이렇게 할 것을 맹서하고 나라를 지켜 나아가야 할 것이다.

단기 4287년(서기 1954년) 8월　일

리 승 만

〈JAPAN INSIDE OUT〉에 대한 펄벅 여사의 서평
(A Review By Pearl S. Buck)

(＊1941년 당시 극동에 관한 여러 저작著作들을 통해 이 문제에 있어서 권위자로 인정받고 있던 펄 벅(Pearl Buck) 여사가 이승만 박사의 〈JAPAN INSIDE OUT〉이 출간된 후 그에 대한 서평을 썼다. 여기에 월간지 〈아시아(Asia)〉(1941, Sept.)에 실렸던 동 여사의 서평을 소개한다.)

한국의 우국지사인 이승만 박사가 대담하게 한국인의 관점에서 일본에 관한 책을 썼는데, 〈JAPAN INSIDE OUT〉이 바로 그것이다.

이것은 무서운 책이다. 나는 이 책에서 이야기하고 있는 것들이 진실眞實이 아니라고 말할 수 있기를 바라지만, 너무나 진실한 것임을 밝히지 않을 수 없는 것이 두렵다.

사실 일본에 정복당한 국가의 한 국민으로서의 이 박사는 전체적으로 보면 놀라울 정도로 온건하다. 그는 그곳의 참상慘相을 그리고 있는 것이 아니라 다만 그곳에서 일어났던 현상現狀들을 말하고 또 그것들을 상세히 기록하고 있을 뿐이다.

만약 극동에서 일본이 계획하고 있는 "새로운 질서"에 관하여 권위 있게 이야기할 수 있는 사람들이 있다면, 그것은 곧 한국 사람일 것이다.

평화를 사랑하는 국민으로서, 국제정치에 대해서는 천진난만하고 무지했던 한국인들이 요구했던 것은 단지 자신들을 내버려둬 달라는 것이었다. 그러나 16세기 이래 그들은 아시아를 지배하려는 일본의 야망을 겁내 왔는데, 거기에는 그럴만한 이유가 있었다. 그들은 자기 나라가 일본이 중국으로 쳐들어가려고 할 때 발판이 되고 있음을 잘 알고 있었기 때문이다.

동양의 나라들과 서양 사이에 관계가 성립되자마자 한국은 서양의 강대국들과 평화조약을 체결하고 적의 침략을 받게 되었을 때 서로 도와주겠다는 약속을 받았다. 그러한 조약이 미국과는 1882년에 체결되어 조인되었다.

나는 이 박사가 미국 사람들이 거의 알지 못하고 있는 사실, 즉 미국이 1905년에 이 조약(한미수호조약)을 수치스럽게도 파기했고, 그로 인하여 일본이 한국을 집어삼키도록 허용했다고 말해준 것을 기쁘게 생각한다.

이 박사는 "이것이 큰 재앙을 가져오게 한 불씨가 되었다"고 말하는데, 나는 두렵지만 그 말은 근거가 있다고 생각한다.

만주사변 이전에도 그것은 무자비한 영토 쟁탈전을 시작하도록 했는데, 그것은 역사상 우리 세대를 인류에 대해 불명예를 저지른 세대로 낙인찍게 만들 것이다. 미국 사람들은 마땅히 이 사실을 알고 있어야 한다. 왜냐하면, 만약 이것을 알고 있었다면, 이러한 사태가 일어나기를 바랄 사람은 거의 없었을 것이라고 나는 믿기 때문이다. 이것은 한 나라의 국민들 대부분이 모르고 있는 외교에서의 사악함을 증명하는 또 하나의 증거이다.

이 책에 나오는 대부분의 사실들은 익히 알려진 것들이지만, 이 박사는 그것들을 한국인으로서 새로운 관점에서 제시하고 있다. 이 책이 중요한 이유는 여기에 있다. 자기 민족의 우월성을 종교적으로 신봉하고 있고 인류에 대한 신神의 사명을 믿고 있는 일본인들의 위험천만한 정신세계를 그는 명쾌하게 밝히고 또 강조하고 있다. 그는 미국인들에 대한 일본인들의 태도를 설명하고, 나아가 미국인들에게 진실하고 뜨거운 마음으로부터의 경고를 하고 있다.

이 박사는 일본인들에 대한 개인적인 증오憎惡는 없으나, 다만 일본인들이 가지고 있는 심리상태가 전 인류에게 얼마나 위험한 것인지를 정확하게 진단하고 있다.

우리들이 나치즘(Nazism)의 구성요소라고 생각했던 속임수와 거짓 핑계와 망상 등은 히틀러가 탄생하기 이전부터 이미 일본의 정책이었음을 이 박사는 이 책에서 보여주고 있다.

이 책은 미국인들이 읽어야만 할 책이다. 왜냐하면 이 책은 미국인들을 위해 저술되었으며, 지금이야말로 미국인들이 읽어야 할 때이기 때문이다.

다시 한번 말하는데, 내가 두려움을 느끼는 것은 이 책에서 말하는 것들이 전부 정말이라는 것이다.

(*From 〈Asia Magazine〉 1941. 9.

Pearl S. Buck

차 례

추천사 손세일 | 9

저자(이승만 대통령)의 한국어판 서문 | 16

〈JAPAN INSIDE OUT〉에 대한 펄벅 여사의 서평 | 22

서 문 | 27

제 1 장 _ 일본의 "성전사명(聖戰使命)"과 전쟁심리 | 35

제 2 장 _ 타나카(田中) 각서覺書 | 51

제 3 장 _ 침략야욕의 가면을 벗으려 하는 일본 | 66

제 4 장 _ 중 · 일 전쟁의 시작 | 83

제 5 장 _ 외국 기자들은 모두 추방되어야 한다 | 94

제 6 장 _ 외국인 선교사들 | 110

제 7 장 _ 레이디버드 호와 패네이 호 사건 | 139

　　영국 포함 레이디버드 호 사건 _ 142 / 패네이 호 사건 _ 145 /

　　일본측의 해명 _ 150 / 영화 필름 _ 153 /

　　일본, 배상금을 지불하다 _ 155 / 해리 E. 야넬 제독 _ 158

제 8 장 _ 미국 국민과 그들의 권익 | 163

　　국기國旗 사건 _ 172

제 9 장 _ 9개국 회담 | 182

제 10 장 _ 계속되는 일본의 정복 행진과 그 파장 | 195

상해(上海) _ 195 / 인도차이나 _ 198 / 홍콩 _ 201 /

중국으로 통하는 버마의 도로 _ 203 / 화란령 동인도제도 _ 206 /

태국 _ 209 / 필리핀군도 _ 210 / 괌(Guam) _ 212 /

위임통치 군도(Mandate Islands) _ 213 / 하와이 _ 214 /

알래스카 _ 221 / 호주(Australia) _ 222 / 멕시코 _ 224 /

아르헨티나 _ 225 / 우루과이 _ 226

제 11 장 _ 미국 해군력의 증강 ┃ 228

제 12 장 _ 일본의 선전 책동을 막아야 한다 ┃ 238

제 13 장 _ 미국의 평화주의자들 ┃ 245

제 14 장 _ 평화주의자는 간첩과 같다 ┃ 262

제 15 장 _ 민주주의 대對 전체주의 ┃ 276

결 론 ┃ 292

역자후기 ┃ 298

〈부록 1〉 초대대통령 취임사 ┃ 305

〈부록 2〉 저자 이승만 연보 ┃ 312

서 문

　서두에서 나는 이 책을 쓴 동기가 전쟁을 위해서가 아니라 평화를 위해서임을 말해두고 싶다. 이런 점에서 나는 가끔 오해를 받아 왔다. 친구들과 동양문제를 논의할 때면 "자네는 미국이 일본과 전쟁하기를 원하는가?"라는 질문을 종종 받았다.

　그렇지 않다. 오히려 반대로 나는 미국이 일본과의 전쟁을 회피하기를 바라며, 그리고 지금이라도 미국은 전쟁을 하지 않고 문제를 해결할 수 있다고 믿는다. 이것이 바로 내가 이 책에서 주장하고 싶은 핵심이다.

　나는 성격이나 종교적인 면에서 문자 그대로 평화주의자이다. 나는 유교儒敎 집안에서 태어나 유교 교육을 받으며 자랐다. 공자는 무력으로 나라를 다스리는 것은 야만적인 일이므로 전쟁은 문명의 범위를 벗어난 행태라고 규정했다.

　한국은 2천년 이상 높은 수준의 유교문화를 향유해 왔다. 평화라는 말 자체가 철학, 정치, 시문학詩文學 전반에 걸쳐 우리 민족의 지도이념이 되었고, 평화라는 말은 가정생활의 일상용어가 되어 있다. 나라 이름(國號) 자체도 기원전 2,333년에 시조始祖 단군檀君에 의해 "평

화"를 의미하는 "조용한 아침의 나라"라는 뜻의 "조선朝鮮"으로 정해
졌고, 기원전 1,122년에 그 뒤를 이은 기자箕子 왕조도 국호를 그대로
"조선"이라고 했다. 한국인들의 인사말만 봐도 "어떻게 지내세요
(How do you do)?", "잘 가십시오(Good-bye)!"라고 하는 대신에 그들
은 "안녕하세요(Are you in peace)?" "안녕히 가십시오(Go in peace)!",
"안녕히 계십시오(Peace be with you)"라고 말한다. 이러한 언어 환경
속에서 태어나서 자란 나는 자연히 평화주의자가 되었다.

그러나 서구 문명의 도래와 함께, 무력에 의한 정복이란 서구의
사고와 뛰어난 현대 무기들이 들어왔다. 서양을 모방하는 데 약삭빠
른 일본은 재빨리 근대식 무기들과 서양식 군인정신으로 무장했다.
만반의 준비를 갖춘 후 일본은 한국에 찾아와서 머리를 조아리며 친
선親善을 하자면서 이렇게 말했다:

"우리는 당신네들의 바로 옆에 있는 이웃나라이니 우리와 친구가 됩시
다. 세계의 모든 나라들은 서로 문호를 개방하고 있습니다. 강대국이건
약소국이건 모든 나라들은 국제법과 국제조약에 의해 보호를 받고 있습
니다. 우리를 의심하지 말고 우리를 믿어 주시오."

보수적인 한국 조정은 천진난만한 어린아이처럼 유사시에 보호해
주겠다고 약속한 열강들과 체결한 조약만 믿고, 국토방위에 대한 아
무런 준비도 없이, 일본에게 모든 것을 개방해 버렸다. 내가 이에 대
한 위험을 깨닫고 우리나라의 독립 유지를 위협하는 급박한 사태에 대
해 국민들을 계몽하는 일을 시작한 해가 제1차 청·일 전쟁(*일본 해군
이 1894년 아산 앞바다에서 청국의 북양함대 2척을 격침시킴으로써 제1차
청일전쟁이 촉발되었다. — 역자)이 끝난 직후인 1895년(21세 때)이었다.

　나는 한국 최초의 일간신문(*1898년(24세 때) 4월 9일 창간된 매일신문. ― 역자)을 발간하여, 그 칼럼을 통해 당시 두 경쟁국인 일본과 러시아가 획책하고 있는 일이 무엇인지를 국민들에게 알리기 위해 최선을 다했다. 많은 애국지사들의 긴밀한 협조를 얻어, 우리는 상당수의 인사들을 각성시켜서 그들로 하여금 국가 방위정책 수립에 동참하도록 하는 데 성공했다.

　그러나 불행하게도 한국 조정은 당시의 정세를 파악하지 못하고 우리의 국민운동을 억압하려고 했다. 수구파와 국민운동파(즉, 개화파. ― 역자) 간의 오랜 투쟁 끝에 수구파가 개화파를 분쇄했는데, 그 결과 나는 개화파의 많은 동지들과 함께 투옥되어 햇수로 거의 7년간 옥고를 치렀다.

　1904년(30세 때) 러·일 전쟁이 발발하면서 개화파가 잠시 집권하게 되자 나는 감옥에서 나오게 되었다. 내가 한성 감옥소의 낡은 쇠창살 문밖으로 걸어 나올 때는 한국 조정에서의 러시아의 영향력은 사라져 버렸다. 한국 독립의 옹호자인 척 가장함으로써 서구 열강의 정신적 지지를 획득한 일본은 바로 그들의 맹방인 한국(*한국은 일본과 친선을 하면서 그들의 도움으로 개화운동을 펼치려고 했었다. ― 역자)의 생명줄을 끊으려고 이미 목을 조르고 있었다.

　한국의 새 정부는 한·미 수호조약(1882년)에 따라 미국으로 하여금 일본에 대해 "중재권을 행사하도록(use its good offices)" 요청하기 위해 나를 미국에 특사로 파견하려고 했다. 그러나 놀랍게도 한국 정부는 뒤늦게야 일본이 이미 모든 경로를 철저히 봉쇄해 버림으로써 우리들의 처지를 외부 세계에 직접 호소할 수 없게 되었음을 알아차렸다. 그때까지만 해도 한국 개화파의 친구로 인식되어 왔던 일본은 나의 일거수일투족(一擧手一投足)을 철저히 감시하고 있었다. 나는 1904년 11월 초에야 간신히 조국을 빠져나와 급히 미국으로 향했다.

그때 일본인들은 내가 민영환閔泳煥 공公(*저자가 공(prince)이란 칭호를 붙인 것은 민영환 공이 명성황후의 조카로서 황족 신분이었기 때문이다. — 역자)과 한규설韓圭卨 장군(*저자는 그가 무신 출신이었으므로 장군(general)이라고 칭했다. — 역자)의 몇 가지 중요한 외교문서(*1887부터 2년간 주한 미국공사를 지냈고 귀국하여 하원의원이 된 휴 딘스모어(Hugh Dinsmore)에게 이승만의 국무장관 면담을 주선해 달라고 부탁하는 밀서. — 역자)들을 가지고 간 것을 알지 못했다. 그러나 이 이야기는 또 다른 얘기이므로 여기서는 기술하지 않기로 한다.

내가 이러한 개인적인 경험을 말하는 이유는, 당시 나는 외부 세계의 주시注視로부터 철저히 차단되어 있는 한국 조정의 일들을 무대 뒤에서 볼 수 있는 그런 위치에 있었음을 말하려는 것이다. 앞으로 벌어질 사태를 예견하는 데는 예리한 투시력이나 선견지명 있는 정치적 감각이 요구되었던 것은 아니다. 사실 일본의 식자들 간에는 언제 무슨 일이 벌어질 것이라는 것을, 현재와 마찬가지로 당시에도, 이미 알고 있었다. 다만 지금과 다른 점은, 당시에는 그들은 말을 하려고 하지 않았을 뿐이다.

자연히 나는 미국인들에게 많은 것을 말해 주려고 시도했다. 그러나 곧 발견하게 된 것은, 1905년 당시의 미국 국민들은 그 10년 전의 한국 국민들이 그랬던 것처럼, 일본의 정세에 대해서 무지하다는 것이었다. 내가 또 발견한 것은, 이러한 문제에 대해 정통한 상당수의 저명한 미국인들이 동료 시민들에게 사실을 알리기 위해 고심했으나 결국 할 수 있는 일이 아무것도 없었는데, 그 이유는 미국의 여론이 압도적으로 친일로 기울어져 있어서 아무도 일본에 불리한 이러한 진술이 진실일 수 있다는 것을 믿으려고 하지 않았기 때문이다. 따라서 우리의 경고는 한낱 광야에서 외치는 소리에 그치고 말았다.

다시 한국 문제를 고찰해 보도록 하자. 만일 한국 국민들이 토요토미 히데요시(豊臣秀吉)가, 결국은 실패했지만, 조선을 침략한 1592년에 일본을 상대했던 것과 같은 자세로 1894년의 일본을 상대했더라면, 한국 국민들은 그들이 오늘날 처해 있는 것과 같은 비참한 처지로부터 나라와 자신들을 구할 수 있었을 것이다. 한편, 만약 미국인들이 1894년과 1904년에도 오늘날 일본을 보는 관점으로 일본을 보았다면, 그들은 한일합병韓日合倂을 의심스러운 눈으로 보면서, 지금 현재 태평양 건너 쪽에서 막강한 위협이 되고 있는 일본 해군력의 확장 문제에 대처하려고 하였을 것이다.

여기에서 과거의 고통스런 경험을 상기시키는 것은 미국에게 일본을 감시해야 한다는 경종을 울려 주기 위해서이다.

따라서 나는 미국인들은 모두 그들이 현재 직면하고 있는 상황에 대해 알고 있어야 한다고 믿는다. 미국인들은, 수년 전이라면 몇 마디 간단한 성명서 발표나 적시適時의 과감한 입장 표명을 통해 회피할 수 있었던 사태를 현재는 그처럼 쉽게 회피할 수 없게 되었다는 것을 알아야만 한다. 이 문제는 반드시 해결되어야만 하며, 조속히 해결될수록 더욱 좋다.

연기하는 것은 해결책이 될 수 없다(postponement is not a settlement). 산불은 저절로 꺼지지 않는다(The forest fire will not extinguish itself). 불길은 하루하루 점점 더 가까이 다가오고 있다. 수년 전에는 여러분(즉, 미국인들)은 불행이 닥쳐오고 있는 희미한 속삭임만 들었을 뿐이다. 그것은 아주 멀리 있었다. 그것은 마치 화성火星이나 다른 항성恒星에 있는 것처럼 여겨졌다. 얼마 후에 여러분은 매연煤煙 기둥이 멀리서 치솟는 것을, 또는 시뻘겋게 타오르는 화염火焰이 구름에 반사되는 것을, 또는 수목樹木들이 요란한 소리를 내면서 타는 것을 보았을 것이다. 하지만 그것은 아직 매우 멀리 떨어져 있어서 여러분은 근심하거나 경각심을 가질 필요가 없었다.

그러나 이제는 상황이 달라졌다. 여러분은 벌써 그 불기운을 느끼기 시작했다. 불길이 너무 가까이 와서 편안히 앉아 있을 수가 없게 되었다. 그것을 더 이상 무시하면 위험하므로 여러분의 집이나 당신 자신의 사업체를 포기하고 피신해야만 한다. 여러분은 이제 동양에 있는 국제 조계지(租界地: *영국이 1842년 아편전쟁 후 청 나라와 남경조약을 맺어 상해上海와 영파寧波에 조계지를 건설했는데, 후에 와서 미국과 공동 관리했다. — 역자)를 포기해야만 한다. 여러분의 사업상의 투자, 선교사업 본부, 대학, 병원, 기타 여러분이 소유하고 있던 모든 설비와 기관들을 잃어버리지 않을 수 없게 되었다.

여러분은 태평양에서 군사 기동훈련을 해서는 안 된다. 왜냐하면 일본인들이 태평양을 자신들의 "뒷마당(back yard)"이라고 주장하고 나왔기 때문이다. 일본이 필리핀 군도를 원하고 있으므로, 여러분은 그것을 어떻게 해결해야 할지 난감해하고 있을 따름이다.

일본인들이 반대할 것이므로, 태평양 군도의 전초기지(前哨基地: 미국이 영유권을 행사하는 필리핀과 태평양군도로 알려진 수십 개의 섬들— 역자)를 요새화해서도 안 되고 요새화하겠다는 언급조차 해서는 안 된다. 그리고 이것들뿐만이 아니다. 여러분의 나라 안에서조차도 여러분은 일본인들의 미국 유입을 규제하는 어떤 법도 제정해서는 안 된다. 왜냐하면, 일본인들이 말하기를, 그것은 바로 자기들 민족에 대한 모욕이라고 하기 때문이다.

그리고 그들이 여러분의 배들을 고의로 폭격하여 격침시킬 때에도 (*1937년 양자강에 정박 중이던 미국 군함 Panay호를 일본 항공기가 격침시켰다. ― 역자) 여러분은 그들을 비판해서는 안 된다. 왜냐하면, 그들은 자긍심이 강하고 예민한 민족이므로 그들의 감정을 상하게 해서는 안 되기 때문이다.

이런 일들은 실제로 벌어지고 있는 사태의 일부분에 불과하다. 사정이 이런데도 여러분은 아직도 산불이 멀리 있다고 믿을 수 있는가? 아직도 여러분은 "한국인과 만주인과 중국인들로 하여금 자신들을 위해 싸우도록 내버려둬라. 그것은 우리가 관여할 일이 아니다"라고 말할 수 있는가?

이 책에서 나는 이런 당혹스러운 질문에 대한 대답을 하려고 노력할 것이다. 그 대답은 아마도 내가 말하는 것에서가 아니라 실제로 일어났던 사건들 속에서 찾을 수 있을 것이다. 이러한 관점에서, 우리가 관심을 갖는 것은 중·일 전쟁 전체에 대해서가 아니라 일반 외국인과 특히 미국인에게 영향을 끼친 분쟁 국면에 대해서이다.

불가항력인 전쟁의 수레바퀴가 끊임없이 돌진해 간 자국 뒤에는 문명과 인류가 파괴된 잔해殘骸만 남을 뿐이다. 전쟁의 수레바퀴는 더욱 큰 파괴를 향해 계속 돌진하고 있다. 공포에 질린 세계는 아연실색하여 묻는다: "도대체 이런 모든 일들이 일어나는 이유가 무엇이며 그 의미는 무엇인가? 저들은 왜 이런 모든 짓들을 자행하고 있는가?"

그것이 의미하는 바는 바로 이것이다: 동양의 미카도(*みかど: *御門. 帝: 천황: 1875년 윌리엄 그리피스(William Griffis)가 미국에서 〈The

Mikado's Empire〉란 제목으로 고대로부터 명치유신까지의 일본의 역사책을 출판하여 일본을 소개한 이후부터 일본을 '미카도 제국'으로 부르는 사람들이 많아졌다. ─ 역자)와 서양의 파시스트(Fascist: *1919년 이태리의 무솔리니가 조직한 사회주의, 국수주의, 전체주의적 정당─ 역자) 그리고 나치스(Nazis)들의 세계를 정복하려는 야욕 때문이다. 저들은 군대를 고도로 기계화시키면서 전 세계 위에 군림하는 것이 자신들의 운명이라고 믿고 있기 때문이다.

1941년 3월

이 승 만

제 1 장
일본의 "성전사명(聖戰使命)"과 전쟁심리

　민주주의를 수호하기 위해 미국 국민은 현 세계정세를 직시하고 신속한 행동을 취해야 함은 물론, 자유를 수호하기 위하여, 또는 잃어버린 자유를 쟁취하기 위하여 투쟁하고 있는 세계의 여러 민족들과 긴밀히 협력해야만 한다. 미국은 남북 미주美洲대륙(Western Hemisphere: 서반구. 그러나 본서에서는 남북 아메리카 대륙 전체를 가리킴.— 역자)뿐만 아니라 전 세계의 평화와 안전에 직결되는 모든 중대한 국제적 문제의 해결에 적극적이고 지도적인 역할을 담당해야 한다.

　세계가 반은 민주국가, 반은 독재국가로 갈라져 있는 한 진정한 평화와 안전은 기대할 수 없다. 양자택일을 해야 할 기로에 놓여있다. 이 중대한 시점에 세계에서 민주주의를 보존해 나간다는 것은 미국의 행동 여하에 달려 있다. 이것이 막중한 과업임에는 틀림없다. 10년 또는 20년 전이었다면 이 과업이 훨씬 더 쉬웠을 수도 있으나 독재국가들이 전쟁준비를 하고 있는 동안 미국은 잠만 자고 있었으므로 어려워졌다. 만약 미국이 계속 평화에 대한 그릇된 관념을 고집한다면 재앙을 회피할 길은 없을 것이다.

미국 정부와 국민들은 마침내 부분적이지만 깨어나서 이제 필요한 전쟁 물자를 최대한 빠른 시일 내에 확보하려고 서두르고 있다. 그러나 물자의 확보만으로는 충분치 않다. 미국 국민들이 필연적이며 불가피한 위협에 대처하도록 경각심을 갖게 하는 것은 아무리 강조해도 부족할 정도로 중요하다.

일본은 오래 전부터 정신 무장의 중요성을 인식하고 국민들의 정신을 훈련시키는 데 총력을 기울여 왔다. 현재 일본은 전쟁 심리를 발전시키는 데는 독일을 제외한 세계 어느 나라보다도 앞서 있다. 여기에 기술記述된 일본인들의 일부 사상은 실천적인 서구인에게는 허황하고 고소를 금치 못하게 하는 것으로 들릴 것이다. "현대화 되었다는"나라(즉, 일본)의 국민들이 그처럼 허황하고 신화 같은 거짓말을 믿고 있다는 사실이 믿을 수 없는 것처럼 보인다. 그러나 중요한 점은, 그들은 그것을 신봉하고 있을 뿐만 아니라 수백만 명이 그 믿음을 증명하기 위해 목숨까지 기꺼이 바치려고 한다는 것이다.

이러한 정신적 무장에다 소위 무적無敵의 육·해군이 더해짐으로써 그들은 세계를 정복하려고 결심하고 있다. 우리가 그들에게 정복당하지 않으려면 일본의 통치자들 배후에 숨겨져 있는 '신성사상(神性思想: divinity)'에 대해 각별한 관심을 가지고 연구할 필요가 있다.

〈저팬 애드버타이저(Japan Advertiser)〉(*일본 개화기에 간행된 영자 신문. 후에 〈The Japan Times〉에 합병되었다. — 역자)지는 일본어 신문 〈니로꾸(二六)〉지의 1919년 5월 9일자 사설을 번역하여 게재하였다:
"세계 평화를 보존하고 인류의 번영을 증진하는 것은 일본 황실의 사명이다. 하늘은 일본 황실이 이 사명을 완수하도록 필요한 모든 자격을

부여했다. 이 사명을 완수할 수 있는 자야말로 인류의 칭송과 숭배의
대상이며 영구집권의 특권을 보유하고 있다. 이러한 일본 황실은 신神
처럼 흠숭欽崇되어야 마땅하며, 은덕恩德과 정의正義의 화신化身이다.
황실의 대원칙은 신민臣民의 이익을 최고·최대로 중요시하는 것이다.
일본 황실은 6천만 일본 신민뿐만 아니라 전 인류의 어버이시다. 황실
의 눈에는 전 인류가 하나이며 종족간의 특성을 초월한 하나의 동일한
민족이다.

　따라서 모든 인류의 분쟁은 황실의 정의의 판단에 의거하여 해결될
수 있는데, 이 판단은 무오류無誤謬이다. 인류를 전쟁의 공포로부터 구
출하기 위해 결성된 국제연맹이 그 목적을 달성하려면 일본 황실을 수
장首長으로 삼아야 함은 물론 강력한 응징력膺懲力과 초국가적, 초민족
적 특성을 견지해야 한다. 그리고 이러한 힘은 오직 일본 황실만이 보유
하고 있다."

　일본인들의 통치자를 "황제(皇帝: Emperor)"라고 부르는 것은 잘못
된 호칭이다. 일본인들은 그를 황제라 부르지 않고 '텐노(てんのう: 天
王)', 즉 하늘의 왕, 천황天皇이라고 부르고 있다. 그들은 이 '텐노'라는
말을 언급할 때마다 머리를 숙이거나 모자를 벗는다.

　그들은 천황을 다른 나라의 황제나 군주들과 같은 반열에 놓지 않
고 그들 모두보다 상위에 있는 우월한 존재로 섬긴다. 천황의 신성神性
은 모든 공문서에 선포되어 있으며, 모든 학교의 역사교과서에 명시
되어 있다. 학자, 철학자, 법률가, 작가들은 모두 이 중대한 교리를
가르치고 설교하고 있다.

　심지어 고故 니토베 이나조(新渡戶稻造)(*명치유신 때 삿뽀로 농업학교

를 졸업한 후 미국과 독일에 유학. 박사 학위를 받은 후 동경대 교수, 一高
교장 등을 역임. 기독교 신자로서 국제평화를 주장하여 국제연맹사무국 차장
으로 활약했다. 저서로는 『武士道: 日本의 魂』, 『農業本論』 등 많은 저술이
있다. ─ 역자)처럼 서방에서 교육을 받은 저명한 기독교 지도자들조차
일본의 통치자는 "하늘과 땅을 대변하는 구현체具現體"라고 선언했다.

　더 열렬한 애국자들은 신성의 기원을 지구의 창조설화創造說話로
까지 거슬러 올라가 찾고 있다. 일본의 개국신화에 의하면, 남신男神
이자나기(伊邪那岐)와 여신女神 이자나미(伊邪那美)라는 두 신神이 결혼
하여 일본의 모든 섬들을 낳았다고 한다. 그러므로 일본열도日本列島
는 지구상의 어떤 땅과도 구별되는 특수한 섬들이다. 다음에 그들은
태양의 여신인 아마테라스(あまてらす: 天照)를 낳았는데, 그 직계 후손
이 일본의 통치자가 되었다는 것이다. 최초의 황제는 신무천황(神武天
皇)이다. 일본 민족의 성서, 즉 『고사기(古事記)』에 기술된 일본 열도
의 탄생 설화는 다음과 같다:

　"부부가 된 두 신 이자나기(伊邪娜奇)와 이자나미(伊邪娜美)는 다른 신
　들의 명을 받고 천상의 다리(天橋)에서 표류하는 땅을 낳았고, 남신男神
　이자나기(伊邪那岐)는 자신의 보창寶槍으로 태고太古의 바다를 찔렀다.
　그때 응괴凝塊 현상이 발생했는데, 그로부터 일본열도가 생성되고, 그
　보창에서 떨어진 물방울들로부터 나머지 세상이 이루어졌다. 그러므로
　세계가 존재하게 된 것은 일본국의 창조로 말미암은 것이므로, 전 세계
　의 민족들은 일본에 감사해야 한다."

　일본의 신성神性에 관한 설화는 이것으로 끝이 아니다. 일본의 신

성 설화는 천황과 국토에만 해당하는 것이 아니라 신민臣民들 역시 그
것의 한 부분을 차지하고 있다. 일본의 토착민들은 모두 남신男神과
여신女神들이었으며, 그들의 후예後裔가 현재의 야마토족(大和族), 즉
태양의 자손子孫들이며, 이들 이외의 모든 민족은 하층 민족에 속한다
는 것이다. "일본인들이 용맹과 지성知性에서 다른 나라 국민들과 비
교할 수 없을 정도로 우수한 것은" 바로 일본인들은 이 신들의 후예이
기 때문이다.

일본인은 누구나 자신들은 신의 종족인 야마토족(大和族)에 속하므
로 어느 정도는 신성神性을 구비하고 있다고 믿도록 가르침을 받아왔
다. 모든 아이들은 자라면서 다음과 같은 신념을 가지게 된다. 즉:

　(1). 일본의 천황만이 신성神性을 가진 유일한 통치자이며,

　(2). 일본 국토만이 신성을 가진 유일한 땅이며,

　(3). 일본 국민만이 신성을 가진 유일한 국민이다.

따라서 일본은 전 세계를 비추는 빛이 되어야만 한다. 전장에서
죽는 병사나 천황을 위하여 자기 몸을 희생하는 애국자는 자동적으로
완전한 신神이 되어 극락에서 대가족 신들의 일원이 된다.

소위 황통(皇統: Imperial Genealogy. 황실계보) 사상은 서기 700년 경
에 창안되어 막부정치(幕府政治: Shogunate)가 철폐되고 천황이 권력을
장악한, 지금으로부터 70년 전에야 겨우 완성되었다. 이러한 신화가
어떻게 해서 생겨났는지는 일본 국민들에겐 거의 문제가 되지 않는
다. 지금은 그들 모두가 그들의 천황과 그들의 국토와 그들의 국민이
신성을 가지고 있다고 믿고 있다.

이러한 믿음이 배후에서 일본 민족을 단결토록 하고 추동시키는

커다란 힘이 되고 있음은 의심의 여지가 없다. 즉, "개개인의 힘은 미약하지만 전체가 단결하면 전능한 위력을 발휘한다"는 것이다. 이런 의미에서 "일본은 7천만의 신神들로 이루어진 전쟁도구이다." 근래에 와서 여타 모든 신앙들이 쇠퇴해 가는 반면에 일본의 신도神道 교리 (Shintoistic doctrine)는 최고로 융성하고 있다. 일본 정부는 일본과 한국의 기독교에 대하여 교회의 치리권治理權을 일본인에게 이양하도록 명하고 기타 제한 조치들을 부과했다.

〈뉴욕 타임즈〉의 바이어스(Hugh Byas) 특파원은 동경(東京)에서 1940년 8월 20일자로 다음과 같은 기사를 타전打電했다:

"일본 기독교 안에서부터 외국의 영향을 근절시키려는 운동이 급속히 진행되고 있다. 임시로 '순수 일본 기독교회'라는 국수적國粹的 교회가 조직되었다. 태양의 여신(天照大神: 아마테라스 오미까미)에 의해 일본 제국이 창건된 지 2,600년이 되는 전통적 기념일인 10월 17일을 기하여 이 새로운 교회를 정식 발족시키려고 추진하고 있다.

이러한 운동은 지금 현재 일본 전역을 휩쓸고 있는 극단적 국수주의 國粹主義 파동의 일환이기는 하지만, 일본 기독교인들은 미국이나 다른 나라의 선교사들에 대해 적의를 보이고 있지는 않다. 이러한 융합 절충 방안은 외국으로부터의 기부금 손실을 벌충하는 수단으로 제창되고 있다."

종교의 자유를 신봉하는 우리가 다른 나라 국민들의 신앙생활에 깊이 관여할 필요는 없다. 만약 일본인들이 그들의 천황, 국토, 신민들, 심지어 일본 내의 모든 생물들이 다 신성을 가지고 있다고 믿기를 원한다면 그것은 그들의 특권이므로 우리가 말할 바는 아니다. 좌우

간, 신에 의한 인간 창조설은 인간이 유인원類人猿으로부터 진화되었
다는 서양의 사상보다는 더 좋게 들린다. 그들의 기원이 천상에서 비
롯된 것이므로 자기들은 우월한 민족이라고 믿고 싶다면, 마음껏 믿
으라고 하라.

그러나 문제는 이것이 전부가 아니다. 진짜 문제는 이러한 발상이
'미카도(御門)'통치(*천황 통치, 서문의 주 참조) 하에 전 세계를 굴복시
켜야 한다는 주장의 기초가 되고 있다는 점이다. 그들의 '미카도'만이
유일한 천상의 왕(天帝)이므로, 그로부터 도출되는 논리적 귀결은, 그
만이 우주의 유일하고 정당한 통치자라는 것이며, 그의 육군과 해군
은 세계를 구원하기 위해 파견되었다는 것이다.

천상에는 오직 한 개의 태양만이 있어야 하듯이, 이 세상에도 오직
한 사람의 통치자만 있어야 하고 그토록 갈망해 온 세계 평화도 오직
일본의 통치에 의해서만 성취될 수 있다는 것이다. "아시아의 신新질
서"확립은 일본이 하늘로부터 위임받은 사명이며, 이것이 "일본이 극
동의 유일한 안정화 세력"이 되어야 하는 이유라고 주장한다.

현재로서는 일본이 그들의 주장을 조심스럽게 수정하여 아시아와
극동에만 국한시키고 있다. 그러나 머지않아 "아시아의 신질서"를 "세
계의 신질서"로, "극동의 안정화 세력"을 "전 세계의 안정화 세력"으
로 확대시켜 나갈 것이다. 일본의 군사교과서에 의하면, 신무천황(神武
天皇)은 칙서勅書를 통해 "우리 신민들에게 항구적이고 구체적인 지상명
령을 내리셨다." 즉, "우리는 하늘로부터 전 세계를 무질서와 파괴로
부터 구출하라는 명命을 받았기 때문에, 우리의 모든 속령屬領 위에 우
리의 수도首都를 건설할 것이다."라고 선언했다는 것이다.

1931년 당시 남만주철도회사의 총재였던 마츠오카 요스케(松岡洋
右: *정우회政友會 대의사代議士. 소화 8년 국제연맹에서 탈퇴할 때 수석
대표. 만철滿鐵 총재를 거쳐 근위내각近衛內閣의 외상外相으로서 日·獨·
伊 삼국동맹과 日·蘇 중립조약을 체결했다. 전후 전범으로 재판 중에 병
사했다. ― 역자)는 다음과 같이 공언했다: "야마토(大和) 민족(*일본의
대다수 민족. 다른 소수민족과 구분하기 위해 쓰이는 말로서 4세기 경 대화
大和 시대에서 유래함. ― 역자)의 사명은 인류가 악마처럼 되는 것을 방
지하고 인류를 파괴로부터 구출하여 광명의 세계로 인도하는 것이라
고 나는 확신한다."

그리고 카츠라(桂) 백작도 최근 귀족원(貴族院: House of Peers)에서,
일본의 민족정신만이 무질서 상태에 빠진 세계를 구출할 수 있다고
선언했다.

일본의 국내 언론들도 서슴지 않고, 전사한 병사들의 혼魂은 천황
의 특별 의식을 통해 신神이 되어 오늘날 중국 침략전쟁에서 현역 군
인들과 함께 싸우고 있다고 주장하고 있다. 바람이 그 방향을 바꾸어
일본군이 상해(上海) 상륙작전을 적시에 전개할 수 있도록 한 것은 자
기들 신의 천우신조天佑神助라고 믿고 있는데, 그 이유인즉슨, 일본군
은 "전 세계 민족을 하나의 행복한 화합체로 단결시키려는 성전聖戰
에" 종사하고 있기 때문이며, 이것은 바로 "우리 제국이 건국된 이래
일본인이 추구하는 이상과 민족적 열망일 뿐만 아니라 … 우리는 지
구상에서 부정과 불평등을 말끔히 씻어내어 인류에게 영원한 행복을
가져오려고 열망하기 때문"이라는 것이다.

따라서, 그들의 해석에 따르면, 그들의 성전聖戰은 서양의 모든 성
스럽지 못한 것에 대한 투쟁이라는 것이다. 그런 의미에서 그들의 서

방에 대한 전쟁은 군사적인 것일 뿐만 아니라 근본적으로 정치적이고
종교적인 것이다.

우리는 이미 종교적인 면에서 천황숭배의 신도사상神道思想을 최고
의 국교로 확립시키기 위해 외국 선교사들과 기독교에 대해 전개하는
성전(聖戰: crusade)을 보아왔다. 그들의 행동을 저지하지 못하는 한,
그들 지배 하의 모든 속령에서 이 전쟁은 벌어질 것이다.

그들의 생활철학에서는, 최고의 종교는 하나만 허용되어야 하고,
한 국가 안에서 서로 충돌하는 종교가 두 개 이상 있으면 평화가 깨진
다는 것이다. 그러므로 그들이 획책하고 있는 신新질서란 곧 종교의
자유를 탄압하는 십자군전쟁을 뜻하는 것이다.

정치적인 면에서, 자유와 평등의 민주주의적 개념은 일본의 정부
제도와 완전히 반대된다. 천상에 속한 지배계급은 일반대중 위에 군
림하는 하늘처럼 높은 존재이다. 이 자연의 질서를 파괴하는 개인의
자유는 허용될 수 없다. 이러한 통치 원리에 따라 언론과 표현의 자유
는 인간 폐부를 망가뜨리는 독약처럼 일본의 정치조직체에 위험천만
한 것이다.

미국에서처럼 국가 원수를 공개적으로 비난하거나 매도하는 일은
일본에서는 전혀 들어볼 수가 없다. 인권의 행사로 인정되는 파업행
위는 일본에서는 사회적 경제적 생활에 대한 해악으로 간주된다. 국
가 원수를 "공복(公僕: public servant)"이라 부르고, 그의 관저를 "백악궁
(白堊宮: white palace)"이라 부르지 않고 "백악관(白堊館: White House)"
이라고 부르는 것 자체가 일본인들에게는 혼란과 무질서를 나타내는
증표이다.

이 외에도 많은 것들이 파기되어야만 한다. 왜냐하면, 그것들은

민주주의 원칙의 일부로서 일본의 자유주의자들과 천황 통치에 반대하는 신민들에게 영향을 미치기 때문이다. 이런 의미에서 일본은 지금 미국의 민주주의적 정부 제도에 반기를 들고 십자군전쟁을 전개하고 있는 것이다.

지난 반세기 동안에 그들이 성취한 경이로운 업적들을 보면 그들이 오만방자하게 된 것도 무리는 아니다. 그들도 우리와 마찬가지로 인간이기 때문이다.

일본인들은 수세기 동안 작은 섬나라에 갇혀서 살아온 작은 체구와 편협한 사고력(small brain)을 지닌 왜소한 민족이다. 그러다가 갑자기 하늘이 신화처럼 열리면서 신세계, 신문명, 신생활 양식에 접하게 된 것이다. 어항에서 자란 물고기가 갑자기 큰 호수에 던져진다면 그 이상 어떻게 더 자유를 느끼랴. 그 무엇보다도 가장 진기한 일은 문명인의 새로운 전쟁도구가, 일체의 군사 작전술과 기술과 더불어, 마치 하늘에서 떨어지듯 그들의 수중에 들어온 것이다.

그 이후 그들이 전투에서 얼마나 많은 승리를 거두었는지 헤아려 보라! 그들이 어찌 과대망상증(megalomania)에 걸리지 않을 수 있겠는가? 과연 그들은 "천하무적"이 아니었던가? 전 세계가 하나같이 그들의 전승戰勝을 칭송했다. 만약 그들이 전 세계 사람들에게 자기들이 보여주는 것 외에는 눈을 감고 보지 말라고 한다면, 전 세계 사람들은, 높은 교육과 지성知性에도 불구하고, 일본이 파놓은 함정과 올무에 걸려들고 말 것이다.

"모든 사람들을 언제까지나 속일 수는 없다(You cannot fool all the people all the time)"고 한 아브라함 링컨(Abraham Lincoln)의 유명한 격언도 여기서는 진실로 통할 것 같지 않다. 일본인들은 지난 반세기 동안 세계를 속여 왔으나, 이제는 마침내 양의 탈을 벗어버리고 늑대의 이빨을 드러내고 있다. 그러나 세계의 대부분의 사람들은 여전히 이 사실을 믿으려고 하지 않는다.

그러나 일본인들은 벌써 서구 열강국의 국기國旗들을, 서구인들이 자기 나라의 신성한 상징으로서 경례를 하고 존경을 표시하는 국기들을, 모욕하고 있지 않은가? 일본의 군국주의자들은, 그 이전에 한 소행은 말할 것도 없고, 지난 3년간 중국에서 미국과 영국 국민들의 생명과 재산을 발로 차고, 찢고, 후려치고, 파괴하고 있지 않은가?

그러나 서구 열강들은 그들이 오래 전부터 누려오던 패권이 '미카도(御門)'의 군대 앞에서 무너지고 있는데도 속수무책인 것 같다. 일본인들은, 과거에 일어났던 이런 경이로운 사건들은 자신들의 통치자들의 선조인 여러 신神들이 한 일로서, 그 신들은 자기들을 위해 더 많은 경이로운 사건들을 준비해 놓고 있다고 믿고 있다.

이러한 신도적神道的 신비주의神秘主義에 근거하여 일본인들은 점차적으로 극단적인 애국심과 결합된 특이한 전쟁심리를 발전시켜 왔다. 일본은 개국 이래로 섬나라에 갇혀 있었기 때문에 과거 수세기에 걸쳐 바다 건너 쪽에 거점을 확보하려고 시도했었으나 매번 아시아 본토 사람들에 의해 좌절되었다. 그래서 그들이 계승한 민족적 야심은 자연히 군사력으로 해외를 정복하는 것이다.

"소원은 사상의 아버지다(The wish is father to the thought)." 자신들의 소원으로부터 전쟁도발 심리를 발전시켰으며, 그로부터 다시 오만한 사무라이(侍) 전사戰士 민족이 출현했다. 그후 개국開國하여 서구 열강 세력과 교류함으로써 서구에서 이미 고도로 발전된 민족주의(nationalism)와 애국주의(patriotism) 사상을 도입하였다. 일본이 서양의 생활철학을 도입하는 과정에서 그들은 맹목적인 쇼비니즘(chauvinism: 광신적 애국주의)를 받아들였는데, 이 사상이 막부통치(幕府統治) 시대 (＊토요토미 히데요시(豊臣秀吉)가 죽은 후 도쿠카와 이에야스(德川家康)가 막부정치 체제를 열어 명치시대 이전까지 265년간 지속되었다. ── 역자)에 고취되었던 봉건제후들에 대한 충성심을 대체하였다.

천황 숭배의 신도사상과 병행하여 "전쟁 예찬(cult of war)" 사상이 생겨났다. 영토 확장이 목적이 되면서 무사武士 숭배 관습은 거의 종교화되었다. 그러한 환경에서 태어나 자라면서 애국적 군국주의로 교육받고 세뇌된 일본인들은 누구나 다 천황과 일본제국을 위하여 목숨을 바치는 것은 지상에서의 최대 영광이라는 획일적인 태도를 갖게 되었다. 이러한 교육이 그들의 일상생활에 어떤 영향을 끼쳤는지는 이하에서 소개하는 〈리터러리 다이제스트(*Literary Digest*)〉의 1936년 7월 18일자 발췌문에서 엿볼 수 있다:

"일본의 광신적 애국자들의 특이한 심리상태는 아이자와 사부로(會澤三郎) 대좌大佐가 1935년 8월 육군성 군무국장 나카타 테츠잔(長田鐵山)을 칼로 살해한 사건의 진상을 보면 알 수 있다. 그의 살인행위의 의미심장한 면은 재판 과정에서 행한 그의 증언 속에 밝혀져 있다. 그가 말하기를, 자신은 '천황 폐하의 가장 충성스런 신민의 한 사람으로서 우월한 권위자의 명령에 따라 행동한다'는 확신 속에 행동에 앞서 먼저 일본에서 가장 성스러운 신사神社 두 곳을 찾아가 기원했다.

그는 나아가 자기의 행동을 이렇게 정당화했다:

"내가 자란 지역의 처녀들은 더 이상 농사일 하기를 좋아하지 않으며, 성실한 청년들을 육성할 기회가 없어졌습니다. 나는 그들이 마작과

카페에 빠져있는 것을 차마 보고만 있을 수가 없었습니다. 나는 그런 것을 볼 때, 천황 폐하를 위하여 모든 것을 희생하도록 교육을 받고 자라온 나의 심장은 폭발하여 나로 하여금 이번 일을 결행하도록 했던 것입니다."

그리고 나서는 방청석을 향해 외쳤다: "회개하시오! 그리고 천황폐하의 절대적 권능을 믿으시오!"

그리고 그의 구명 운동자들이 혈서로 서명한 탄원서가 법정에 제출되었을 때 그는 울음을 터트렸다.

1936년의 저 유명한 청년 장교단 반란사건의 결과 16명의 장교와 한 명의 민간인이 총살형에 처해졌다. 법정의 판결 죄목은, 정부 대신들을 암살했다는 죄목이 아니라, 투항하라는 천황의 명령에 복종하지 않았다는 것이다. 암살의 죄는 그들이 고귀한 애국충정의 발로로 감행한 것임을 감안하여 용서되었다.

반란군에 의해 피살된 81세의 노老 정객 다카하시 코레키요(高橋是淸)(*일본은행 총재, 원경原敬의 암살 후 일시 수상, 정우회政友會 총재 역임. 오카다(岡田) 내각의 장상藏相으로 재임 중 2·26사건 때 암살당했다. ― 역자)의 아들은 기자회견에서 그의 심중을 이렇게 토로했다:

"저의 부친은 군의 예산을 삭감했습니다. 만약 암살자들의 행위가 정당했다면 나는 그들을 비난할 수가 없습니다. 만약 그들의 소행이 국익國益에 부합된다면, 나는 부친의 죽음을 억울하게 생각할 수가 없습니다. 소수의 정치인을 살해한 것보다도 더욱 심각한 문제는 천황폐하의 칙서가 하달되었을 때 명령에 복종하기를 거부한 그들의 행동입니다."

그들은 항복하라는 권고를 받자, 대위大尉 하나는 자결했고 다른 한 사람은 권총으로 머리를 쏘았지만 죽지는 않았다. 123명의 피고들은 모두, 일본제국의 보다 숭고한 숙명적 과업을 위해 연구하고 기도하고 그 방법을 모색하는 데 열성인, 수많은 극우 애국단체의 단원들이었다.

1941년 1월 5일 최근까지도 일본의 외무대신 마츠오카 요스케(松岡洋右)는 해외의 일본인 사회, 주로 남양군도에 거주하는 일본인 사회를 향하여 라디오 담화문을 발표했다:

"…이는 나 개인의 숙원일 뿐만 아니라 전 일본 신민의 숙원입니다. 우리 제국의 건국이념, 즉 '전 인류가 한 지붕 밑에'(all mankind under one roof: 八紘一宇)라는 이념은 전 세계인의 이념이 되어야 합니다.… 이러한 이념은 독일과의 동맹을 통하여 긴밀히 결합되어 있으며, 이것은 바로 우리의 대외정책의 기본정신입니다."

지금까지 우리는 일본이 이처럼 기계화 되고 정신적으로 무장된 수백만의 무시무시한 군사력으로 급속하고도 항거할 수 없는 힘으로 세계를 위협하고 있음을 분명히 보았다. 뿐만 아니라 그들은 서구의 주요 세력들을 다 분쇄하지는 못할지라도, 일부 백인 국가들과 연합하여 다른 백인 국가들을 탈진케 하는 능력도 갖추고 있다. 이기주의와 상호간의 질시로 가득 찬 서구 열강들은 자국의 이익을 추구하고 있다고 믿고 있지만 사실은 그들을 정복하려는 세력을 이롭게 하고 있을 뿐이다.

그러나 동경의 군벌들은 자기들 군대의 무적성無敵性과 자기들의 통치자 천황의 신성神性을 과신한 나머지 형세 판단에 있어서 한 가지 치명적인 요소를 간과하고 있다. 그들은 피정복 민족들의 마음속에 그들이 무의식적으로 심어놓은 잠재적 저항력을 고려하지 못하고 있다.

바로 그들의 문턱에 있는 2천 3백만 한국인들은 오늘날 그들에게 가장 통렬한 적이 되어 있다. 무장도 없고 조직도 없지만 한국인들은 일본군의 야만적인 탄압과 억압에도 불구하고 일본의 압제에 끊임없이 봉기해 왔다. 한국인들은 기회만 있으면 1919년의 민족봉기(Passive Uprising: *저자의 이 표현은 3·1 운동이 비폭력 봉기였음을 시사하고 있다. ─ 역자)와 같은 거국적인 항거를 다시 하고야 말 것이다.

한때 구제불능일 정도로 분열되고 단결이 안 되기로 이름났던 4억 5천만의 중국인들도 이제는 하나로 뭉쳐서 일본에 대항하고 있다. 기적과 같은 이런 단결은 일본인들 자신이 만들어 놓은 것이다. 한국과 중국 두 나라는 전통적으로 동맹관계를 유지해 왔는바, 이제 그 맹방盟邦 관계가 다시 부활하였다. 그들이 지금 필요로 하는 것은 충분한 무기와 군수물자의 공급이다. 그들에게 싸울 무기만 대어준다면 그들이 일본을 패퇴시킬 수 있다는 것은 이미 입증되었다.

이들에게 군수물자를 공급하여 거대한 인적 자원을 활용하는 것은 바로 태평양 전쟁에 관한 한 미국이 직접 전쟁에 개입하지 않아도 되게 하는 길이다. 일본이 미국에 대해 전쟁도 불사하겠다고 공공연히 위협하는 것은 허세일 뿐이다. 영국과 중국이 추축국(樞軸國: Axis line-up: *독일·이태리·일본 3국의 군사동맹. ─ 역자)의 대열을 동과 서양쪽에서 위협하고 있는 한, 그들이 미국과의 전쟁에 돌입한다는 것은 바로 자살행위에 지나지 않는다는 것을 그들은 너무나 잘 알고 있다. 중국에 군수물자를 충분하고도 지속적으로 지원해주는 한, 현재로서는 일본이 더 이상의 정복을 고려하기에는 중국과의 전쟁에 너무 나 깊이 발이 **빠져** 있다는 것은 의심의 여지가 없다.

따라서 내가 35년 전에 그 태동胎動을 감지하고 최근 여러 해 동안 미국인들에게 경고해 온 "아마겟돈(Armageddon)"(*성경에 기술된 선과 악의 최후의 대결전— 역자)은 막을 수도 있을 것이다.

제 2 장
타나카(田中) 각서覺書

작은 열도列島에 갇혀 있었기 때문에, 일본의 전통적 야심은 영토 확장이었다. 한국과 중국은 이 점을 잘 알고 있었다. 극동의 평화를 위해 양국은 그들 나름의 전통적인 정책을 실천해 왔는데, 그것은 곧 열도 사람들이 그들의 열도 밖으로 나오지 못하도록 하는 것이었다.

아시아대륙을 정복하려는 첫 단계로 일본은 한국을 수없이 침범했으나 매번 실패했다. 소위 "일본의 나폴레옹"이라고 불리는 토요토미 히데요시(豊臣秀吉)가 일으킨 1592년의 임진왜란은 마지막이자 가장 파괴적인 전쟁이었으나 조선과 명明나라의 연합군에 의해 완전히 패배하고 말았다. 그러나 조선은 당시에 입은 전화戰禍의 피해가 너무나 커서 그 후 완전복구가 불가능했다.

임진왜란 이후 1876년에 이르기까지 한국은 물샐틈없는 쇄국정책으로 일본인이나 중국인은 특별 허가 없이는 어느 누구의 입국도 허용되지 않았다. 그리하여 조용한 아침의 나라 조선은 평온을 유지할 수 있었으며 "은둔자의 왕국(Hermit Kingdom)"이란 별칭을 얻게 되었다.

히데요시의 침략이 조朝·명明 연합군에 의해 격퇴되었지만, 사무라이 민족의 전사들은 "세계 정복"의 꿈을 포기한 적이 없었다. 그러나 그들의 세계관은 아시아대륙, 즉 "사해내(四海內: within the Four Seas)"라는 범위를 벗어난 적도 없었다.

그러나 동양이 서양 문물을 접하게 된 새로운 시대를 만나 이 모든 것은 바뀌었다. 동양은 처음에는 저항했다. 그러나 놀랍게도 "사해四海" 밖에 월등하게 뛰어난 문명이 있음을 알고는 그것에 굴복하고 말았다. 학문에 치중한 중국인과 한국인들이 서구의 철학, 문학, 종교를 자신들의 그것과 비교해 가면서 연구하고 있는 동안, 야망에 차 있던 일본인들은 서양인들의 우수한 살인무기를 보고나서 그것들을 자신들의 전쟁 목적에 적용했다. 세계를 정복하기 위해 이러한 현대무기들을 도입하여 군 장비를 갖추려는 욕망이 마치 일본 열도에 태양이 떠오르듯 그들의 마음속에 서서히 떠올랐다.

1894년, 일본은 무방비 상태로 의구심을 품지 않고 있던 중국을 돌연 공격했다. 그리고 신무기의 도움과 미국과 영국의 도움을 받아 청淸 제국을 패배시킴으로써 그들의 숙원을 실현할 수 있는 단계에 근접했다.

승리에 도취된 일본은 비밀리에 또 다른 전쟁 준비를 서둘러, 1904년에는 러시아와 일전을 치룰 준비가 되었다. 러시아와의 전쟁이 발발하기에 앞서 일본정부는 한국정부에 공수동맹攻守同盟을 제안했고 한국정부는 이를 승인했다. 이 동맹에 의해 한국은 일본군이 한반도로 진주하여 통과할 수 있도록 한반도의 문호를 개방해 주게 되었고, 일본은 평화가 회복되는 즉시 한반도에서 일본군을 철수하겠다고 엄숙히 서약했다.

이러한 양해 하에 러시아군을 대적하기 위해 한국군은 일본군과 어깨를 나란히 하여 만주로 진격했다. 그러나 전쟁이 종식되자 일본은 공공연히 서약을 파기하고 중국 국경을 넘어오는 개선 군인들을 한국에 주둔시킨 뒤, 급기야는 한국의 독립을 탈취하고 자기 영토에 살고 있던 한국인들을 강탈함으로써 동맹국인 한국을 배신하였다. 그리고 1910년에 일본은 한국과의 정식 합병을 선언했다.

이러한 국제적 비적匪賊 행위와 탈법 행위는 유사시 한국을 원조하겠다고 엄숙히 서약했던 세계 문명국들의 승인과 허용 하에 자행되었다. 그들과 체결한 국제조약 중의 첫 번째는 1882년에 체결된 한·미 수호조약修好條約으로서, 이 조약의 제1조는 소위 우호조항友好條項이 포함되어 있는데, 그 내용은 다음과 같다:

"만약 제3국이 양 당사국 중 어느 일국을 부당하거나 강압적으로 대할 경우, 다른 국가는 그 사정을 통보받으면 사태의 우호적 해결을 위한 중재(good offices)를 함으로써 양국간의 우호정신을 발휘한다."

당시 유럽의 열강들은 미국의 선례를 따라 한국과 통상조약을 체결했다. 이 통상조약들에는 모두 우호조항이 포함되어 있었다. 그 조항은 철회된 적도 없었고 그 조항의 합법성이 문제된 적도 없었다.

그러나 불과 23년이 지난 1905년에 미국은 한·미 수호조약의 우호조항에 따른 중재권(good offices)을 한국을 위해서가 아니라, 신성한 서약을 공공연히 파기해 가면서 한국을 "부당하게 그리고 강압적으로" 대했던 일본을 위해, 행사하였다. 이것이 세계의 큰 분쟁의 도화선이 된 것이다.

제1차 세계대전 중 독일 정부가 국제조약을 "휴지조각"이라고 불렀다고 해서 세계적인 규탄을 받았으나, 독일은 다만 미국이 그보다 9년 전에 했던 일을 실천했을 뿐이다. 지구상의 먼 구석에서 발생한 그토록 작은 불씨였던 국제적 불의不義의 불꽃이 급속히 퍼져나가 동양은 물론 서양의 여러 나라들이 파멸되었으며, 그 외의 국가들도 같은 운명에 처해질 위험을 받고 있다는 것은 상당히 심각한 문제이다.

미국의 승인 하에 한국과의 조약을 위반한 바로 그 나라(일본)가 지금 미국과 체결한 일체의 조약과 협정을 위반하고 있다. 그 결과 현재 미국민은 평화와 안전보장에 대한 위협에 직면해 있으나, 그것은 현명치 못하게도 그들 자신이 조장한 것이다.

청·일 전쟁에서 일본이 승리한 직후인 1895년에 나는 이미 일본인들이, 당연히 일본의 패권 하에, 대동아합방(大東亞合邦: The United States of Great East) 운운하는 소리를 들었다. 그리고 그 후에 『일·미 전쟁 미래기(日米戰爭未來記)』란 제목의 책을 읽은 적도 있다. 그리고 지금 나는 미국과 일본의 전쟁을 예고한, 일본 해군의 최고 권위자가 일본어로 저술한 책을 가지고 있다. 나는 이 책을 1934년에 샌프란시스코의 한 한국인 가정의 책장에서 발견하고 뽑아왔다.

그들이 전쟁에서 거둔 대승이 일본인들의 마음에 영향을 주고 있음이 틀림없다. 그들은 무적성無敵性을 믿기 시작했다. 모든 일본인들은, 철저히 훈련되고 잘 무장武裝되어 있는 한, 동양은 물론이고 서양도 정복할 수 있다고 확신하고 있다.

이처럼 부풀어진 일본 국민들의 꿈은 후에 "타나카(田中) 각서 (Tanaka Memorial)"로 알려진 문서에서 나타나게 된다. 그 문서 속에서 구체화되고 있는 세계정복 계획은 결코 새로운 것이 아니다. 그것은 전통적인 정복 야욕이 그 범위가 확대되어 새로운 말로 표현되었을

뿐이다. 전 국민들이 일치단결하여 지지하도록 모든 일본인들에게 숙
지시킨 이 정책은 서양인들, 특히 미국인들에게는 비밀에 부쳐졌다.
일본인들이 이 문서의 진위眞僞를 놓고 강력히 부인하는 이유가 바로
여기에 있다. 그들의 의도대로 부인은 할 수 있을지 모르나 말보다는
취한 행동에 그들의 저의가 더욱 크게 드러나 있다.

마크 게인(Mark J. Gayn) 기자는 1941년 4월 10일자 〈워싱턴 포스
트〉지에 "일본의 청사진(Japan's Blue Print)"이란 표제로 다음과 같은
글을 기고했다:
"마츠오카 요스케(松岡洋右)의 담론談論은 고위 정책을 다룬 것이었다.
그러나 이 정책이 태평양 지역의 평화에 관한 것인지 전쟁에 관한 것인
지에 대해서는 모두들 함구하고 있다. 즉, 10여년 전에 무명의 한 한국
인이 훔쳐서 복사하거나 혹은 작성한 것이 일본의 장기정책의 청사진이
라는 것 외에는 아무도 모른다. 그 한국인의 신상에 대해서는 알려진
바가 없다. 3년 전 나는 상해의 중국인 정보원으로부터 그 한국인은 일
본의 비밀경찰의 마수를 피해 중국의 중부지역 모처에 숨어 있다는 제
보를 받았다. 그 후 그가 암살되지 않았다면 수백 명의 한국 독립운동가
들과 용병들과 함께 중국의 내륙지방으로 이주했을 것이다.
　그 한국인은 1927년부터 1931년 사이의 어느 때 일본 총리대신 집무
실의 사무직원으로 근무했는데 … 그 각서는 극비에 부쳐졌지만 어쨌든
이 한국인은 그 문서를 입수하여 복사할 수 있었다. 영민한 그는 그 문
건의 폭발성을 인식하고 그 문건을 이용하기로 결심했다. 모든 한국인
들과 마찬가지로 그도 일본에 대한 애정은 갖고 있지 않았다.
　1931년 어느 날, 이 한국인은 중국정부 당국에 일본의 극비문서를 팔

겠다면서 접근했다. 일본이 만주를 침공한 5일 후인 1931년 9월 24일, 중국은 한국인이 가지고 있던 그 문서를 공개함으로써 "타나카(田中)"(* 타나카 기이치(田中義一): 정치가. 육군대장. 原내각의 육군상으로 시베리아 출병을 수행. 大正 14년 정우회 총재. 昭和 2년 조각, 對中 적극정책을 추진, 張作霖 암살사건의 책임을 지고 총사퇴. 소화 2년의 東方會議에서 결정된 대륙정책의 기본방침을 기술한 메모, 즉 '타나카 메모'가 중국측에 의해 폭로되었음. ─ 역자)라는 이름이 전 세계 언론의 톱기사가 되었다. 이 문서의 공개 시점은 최고로 절묘했다. 왜냐하면, 이 문서에 기술되어 있는 중대한 단계 중의 하나가 바로 만주 정복이었기 때문이다.

물론 일본은 즉각 그 문건은 중국의 선전국宣傳局이 날조했거나 한국인이 위조해서 판 것이라고 주장하면서 그 신빙성을 맹렬히 부인했다.

외국의 언론인이나 외교관들은 "타나카 각서"를 다른 시각으로 보았다. 즉, 위조된 것이라는 일본의 주장을 받아들일 용의가 있는 한편, 일본 침략의 행태가 그 문서의 내용과 너무나도 일치하는 데 놀라지 않을 수 없었다.

일본의 침략전쟁의 전선이 남쪽으로 더 멀리 나아갈수록 그 한국인이 복사한 문서의 진실성은 더욱 뚜렷이 드러났다. 그 한국인이 그 문서를 위조했을 수도 있다. 그러나 만약 그가 위조했다면, 그 사람이야말로 보통사람에겐 있을 수 없는 예언의 천부적 능력을 지닌 사람임에 틀림없다."

타나카 남작의 비밀각서가 일본에 대해 가지고 있는 의미는 히틀러의 『나의 투쟁(Mein Kampf)』이란 책이 독일에 대해 갖는 의미와 같다. 이 두 책은 앞으로 닥칠 사태를 예언한 예언서豫言書라기보다는

세계의 질서를 재구축하기 위한 군사계획서로 저술되었다. 히틀러는
세계가 자신의 책을 심각하게 여기지 않을 줄 알았다. 설령 심각하게
여기더라도 그는 개의치 않았다. 수백만 명이 그 책을 읽고 한 미치광
이의 뻔뻔스러움을 조소했지만, 그러는 동안 히틀러는 한 걸음 한 걸
음 앞으로 나아갔다. 그 결과 유럽은 현재 그의 손아귀에 쥐여 있다.

반면에, 타나카 남작은 일본이 공개적으로 행동할 수 있을 정도로
충분히 강성해질 때까지는 은밀하게 행동해야 한다는 것을 알았기 때
문에 그 문서를 비밀리에 보관하였다. 그런데 그 문서의 복사본 한 부
가 일본 밖으로 누출됨으로써 음모가 탄로나고만 것이다. 미국 국민
들은 그 문서가 일본의 군사적 야욕을 폭로하는 것으로 받아들이지
않았다. 대부분의 미국인들은 유럽인 대부분이 히틀러의 책을 무시했
던 것처럼 타나카 문서를 무시했다. 그 문서의 진위성에 대한 일본 정
부의 공식적 부인을, 사실대로 말하는 성명으로 받아들였다.

그러나 최근 수년 동안 세계정세는 급격히 변했다. 유럽과 아시아
대륙의 지도가 다시 그려지고 있고, 이 과정이 언제 끝날지 알 수 없
다. 대격변이 일어난 것이다. 그러나 이것은 타나카 남작의 예언 중
일부만 실현된 것이다. 그 각서 중의 어떤 진술은 매우 심각한 의미를
갖고 있다. 즉:

"동아시아의 난제難題를 해결하기 위해서 일본은 철혈鐵血정책을 써야
만 한다.… 세계를 정복하려면 일본은 유럽과 아시아를 정복해야만 하
며, 유럽과 아시아를 정복하기 위해서는 일본은 중국을 정복해야만 한
다.… 장차 우리가 중국을 제패하려면 제1차적 거사로 미국을 분쇄해야
한다. 만약 우리가 중국 정복에 성공하고 나면, 아시아의 잔여국과 남

양南洋의 나라들은 우리를 두려워하여 우리에게 항복할 것이다.… ”

중·일전쟁의 경험에 비춰볼 때, 중국을 완전히 굴복시키는 것이 일본의 전체 계획의 절대 필요한 부분임을 분명히 알 수 있다. 비록 일본이 아직은 그러한 원대한 계획을 성취하기에는 멀었다고 하더라도, 그로 인한 영향이 전 세계를 뒤흔들고 있다.

군국주의자들이 자신들의 군사력을 과대평가할 때는 언제나 그것이 몰락의 시초가 되는 법이다(Whenever militarists overestimate their own power, it is the beginning of their downfall). 일본인들도 예외는 아니다. 자신들의 군대가 천하무적이라고 과신한 나머지 그들은 중국 전투에서 두 가지 중대한 실책을 범했다.

첫 번째 실책은, 잠재해 있다가 이제 깨어나고 있는 중국인들의 애국정신을 정확하게 평가하지 못했다는 것이다. 무엇보다도 일본의 폭격과 기총소사가 이런 기적을 낳았다. 그것은 중국인들의 마음속에 단결과 저항의 결연한 정신을 불러일으켰다. 막강했던 일본군이 궁지에 몰리게 된 것이다. 전황을 전체적으로 볼 때, 현재까지 그들의 침공은 해안 지역을 넘지 못했다. 상기해 보면, 1936년에 일본이 침략 야욕의 가면을 벗어던졌을 때, 일본은 서방 제국의 어느 나라에 대해서도 일전―戰을 개시할 준비가 되어 있었다. 러시아가 시기적절하게 만반의 준비를 갖추고 시베리아 국경 지역을 방어하게 되자, 일본은 전략을 바꾸어 중국을 공격했다.

만약 일본이 중국 정복에 쉽게 성공했더라면 중국의 거대한 인적 물적 자원을 마음대로 동원하여 미국과의 대규모 전쟁을 벌일 수 있었을 것이다. 원래의 계획은 히틀러와 무솔리니가 영국의 저항을 유럽과 지중해에 한정시키고 있는 동안, 일본은 천부天賦의 기회를 얻어 미국의 후미後尾를 찌른다는 것이었다. 방어 준비도 안 되어 있고 사태 파악도 못 하고 있는 미국을 전격적으로 기습함으로써 일본은 그 후의 나머지 전투를 전개하는 데 유리한 입장을 취하게 될 것이다. 그러나 그러기 위해서는 먼저 중국을 굴복시킬 필요가 있었다.

두 번째 실책은, 일본은 너무 빨리 중국의 "문호개방" 정책을 포기해 버렸다는 것이다. 선전포고도 없이 시작한 중국과의 전쟁에서 초기의 신속한 승전으로 인해 자신만만해진 그들은 즉시 중국 내의 모든 백인과 그들의 사업체를 다 쫓아내고 중국을 완전히 장악하려고 했다. 일본은 서구의 어느 나라 또는 나라들도 중국의 "개방된 문호"를 유지시키기 위해 일본과 전쟁을 하려고 하지 않을 것임을 잘 알고 있었으며, 전쟁이 아닌 그 어떠한 제재조처에도 일본은 개의치 않았다. 그러나 그들의 계산은 잘못된 것이었다.

만약 그들이 그러한 테러 방법을 채택하는 대신에 한국을 합병할 때 효율적으로 써 먹었듯이 인내심을 가지고 완만하고 은밀한 과정을 거쳤더라면 의심의 여지없이 그들은 더욱 큰 성공을 거두었을 것이다.

35년 전에 일본 군대가 한국으로 진주했을 당시에는 일본은 구파舊派의 영리하고 통찰력이 있는 정치가들의 지도하에 있었다. 그들은 서구 열강의 정신적 물질적 지원이 필요함을 인식하고 그들의 분노나 의심을 살 일을 감히 하지 않았었다. 그들은 외국인, 선교사, 언론인 등 모든 사람들과 우의를 다지려고 상당한 노력을 한 결과 대부분의 외국인들은 일본이 한국을 지배하려고 책동할 때 그들을 지지하고 나섰다. 일본인들은 한국 병합에 일단 성공하자 온갖 종류의 은밀한 계략을 써서 외국인들을 점차적으로 전부 추방해 버렸다. 그들이 중일 전쟁에서 이런 완만한 과정을 거쳤더라면, 그들은 미국인들이 의심도 하지 않고 전쟁준비도 하지 않고 있도록 만드는 데 성공했을 것이다.

그러나 일본인들은 다른 모든 군국주의자들과 마찬가지로 무력만이 성공의 지름길이라고 믿고 이것을 증명하려고 날뛰었다. 그 결과 중국의 무방비 상태에 있는 민간인 주거지에 대한 폭격은 미국 사람들로 하여금 일본군의 진정한 목적을 처음으로 알아차리도록 했다. 중국 내의 외국인의 생명과 재산을 닥치는 대로 제멋대로 파괴하는 것을 본 미국인들은 놀라서 눈을 뜨고 태평양의 평화를 정말로 위협하는 일본의 야욕을 보기 시작한 것이다.

미국인의 중국에 대한 동정과 일본에 대한 의심이 점점 커지면서 일본에 대해 사생결단으로 대항하고 있는 중국이 필요로 하는 모든 군수물자를 원조해 주자는 쪽으로 미국의 정책이 점차 굳어져 갔다. 그리하여 미국의 군수물자가 지속적으로 중경(重慶) 정부에 유입됨에 따라 중국군의 저항이 강화되고 사기도 크게 진작振作되었다. 자연히 일본인들 사이에서는 반미 감정이 고조되었다.

한편, 지구의 반대쪽에서는 히틀러가 런던을 공습 강타하여 속전속결速戰速決을 꾀했으나 실패하고 말았다. 1940년 초가을에 런던을 함락시킬 것이라고 공언한 영도자(Fuehrer) 히틀러의 예언과는 반대로, 불란서 국민들과는 달리 영국 국민들은 붕괴되기를 거부했다. 그곳에서도 영국이 위대한 힘과 불굴의 결단을 가지고 전쟁을 지속할 수 있었던 것은 역시 미국의 군사물자 지원 덕택이었다. 이리하여 결국 독일과 일본은 미국을 상대하게 되었던 것이다.

그들의 입장에서 보면, 당시 그들의 길을 가로막고 있는 것은 미국이었다. 이런 상황에서 미국이 중국과 한국인에게 무기와 전쟁 물

자를 공급하여 극동에서 일본과 싸우도록 돕는 것이나, 영국에게 같
은 도움을 주어 독일에 대항하도록 함으로써 자국 방위의 최전방을
미국의 해안으로부터 멀리 떨어지게 하는 것은 지극히 당연한 일이
다. 미국의 현관에서 싸우는 것보다 미국의 문밖 멀리 떨어진 곳에서
싸우는 것이 더욱 현명한 정책이 아니겠는가?

　이러한 정세를 충분히 인식한 미국은 남북 미주美洲 대륙의 영국
식민지에 있는 방위 기지를 차용借用하는 조건으로 구형 구축함 50대
를 영국에 양도했다. 이와 동시에 미국은 2천5백만 불의 차관을 중국
에 제공하였는데, 이는 미국 정부와 미국 국민들이 임박한 위험을 감
지하고 있다는 사실의 표명이었다.

　추축국(樞軸國: Axis group: 2차대전 때 독일·이태리·일본의 3국 동맹
— 역자)들도 다소 느슨하기는 하지만 동맹국으로서 상호 협조해 왔
다. 그들은 미국인들이 여전히 참전하지 않으려고 애쓰고 있는 점을
간파했다. 그리하여 은근히 협박함으로써 두려움을 느낀 미국이 영국
과 중국에 원조를 끊기를 바라면서 미국의 전쟁 회피 정책을 끊임없
이 이용해 왔다.

　〈저팬 타임즈(The Japan Times)〉는 1940년 9월 26일자에서, 미국·
일본·독일의 3국 동맹을 기초로 태평양 지역의 문제점을 해결할 계획
을 제안하고 나서 다음과 같이 논평했다:

　"일본은 마침내 미국이 동양에서의 일본의 합법적인 팽창을 한사코 반
　대하고 있음을 확신하게 되었다. 만약 미국이 유럽 전쟁에 개입한다면
　일본은 독일을 적극적으로 지원할 것이다."

　1940년 9월 27일, 일본은 마침내 베를린과 로마와 정식으로 3국

동맹을 체결함으로써 모든 위험을 걸고 "대동아大東亞 정책"을 추진해 나가기로 결정했다. 일본은 미국이 참전 준비를 할 수 있기 전에 독일이 전쟁에서 승리할 것이라는 데 내기를 걸었다. 이 3국동맹은 미국에 대한 경고의 뜻으로 결성된 것이다.

조약의 제3조는 "일본·독일·이태리 3국은 현재 유럽 전쟁 또는 중·일 전쟁의 참전국이 아닌 국가로부터 조약 당사국 중 어느 한 국가가 공격을 당하면 정치적 경제적 군사적 모든 수단을 동원하여 상호 원조한다"고 기술하고 있다.

제4조는 "유럽 문제 또는 동아시아 문제의 해결을 모색하려는 전쟁의 종결 국면에 간섭하려는 국가는 2억 5천만 국민의 단결되고 결연한 힘과 충돌하게 될 것이다."

일본이 평상시 써오던 "동아(東亞: East Asia)"라는 용어가 이제는 "대동아(大東亞: Greater East Asia)"로 변하여 "대(大: Greater)"자가 붙은 점이 의미심장하다. '대동아'란 용어는 언제 다시 바뀌게 될 것인가? 용어가 바뀔 때마다 일본의 위협이 미국으로 다가오고 있다.

일본 외상 마츠오카 요스케(松岡洋右)는 1940년 10월 10일자 방송 연설에서 다음과 같이 선언했다:

"나는 미국과 같이 강력한 국가와 현재 중립을 지키고 있는 그 외의 다른 국가들은 유럽 전쟁에 개입하거나 지나사변(支那事變) 및 그 외의 문제로 인하여 행여 일본과 충돌하는 일이 없기를 간절히 바라는 바이다. 그러한 종국적終局的 사태는 인류에게 엄청난 재앙을 가져올 가능성이 있으므로, 그 결과는 상상만 해도 사람들을 전율시키기에 충분하다."

코노에 후미마로(近衛文磨)(*近衛文麿: 정치가. 昭和 8년 귀족원 의장. 12년 제 1차, 15년 제2차 조각. 태평양전쟁 패전 후 전범자로 구인되기 직전에 자살했다.—역자) 공작은 1940년 10월 6일 기자단 앞에서 이렇게 언명했다:

"태평양에서 전쟁이냐 평화냐의 문제는 미국과 일본이 상대방의 입장을 이해하고 존중하느냐 여부에 달려 있다. 미국이 동아시아에서의 일본의 지도권을 인정한다면, 일본도 북·남미 대륙에서의 미국의 지도권을 인정할 것이다. 만약 신질서 구축을 위해 일·독·이 3국이 적극적으로 협조할 목적으로 체결한 동맹의 진정한 의도를 미국이 이해하기를 거부하고 그 동맹이 미국에 대한 적대행위라고 믿고 이 3국에 도전하기를 고집한다면, 전쟁으로 치닫는 길 외에는 다른 아무런 길도 열려 있지 않다."

일본 해군이 미국을 공격하도록 강요할지도 모르는 조약 제3조에 관하여 코노에는 말했다: "그런 경우에는 일본은 미국의 보급로를 차단하여 미국으로 하여금 불리한 상황에서 공격하지 않으면 안 되게 할 것이다."

일본의 국수주의 지도자 나카노 세이고(中野正剛: 아사히(朝日)신문 기자. 大正9년 이래 중의원의원, 憲政會와 민주당에 속하여 후에 국민동맹과 東方會를 조직하여 강권정치를 주장했다. 〈戰時宰相論〉을 발표하여 도죠(東條) 수상의 미움을 사서 자살했다. — 역자)는 〈니찌니찌 신문(日日新聞)〉을 통해 이렇게 말했다:

"미국이 석유 수출을 중단할 경우, 우리는 화란령 인도네시아와 말레이

시아에서 석유를 획득할 것이며, 미국으로의 아연과 주석의 수출을 중
단시킬 것이다. 미국이 무력에 호소한다면 우리는 서태평양에서 미국의
공격에 대항할 것이다.”

이와 같이 일본은 거의 필사적으로 최후수단으로써 노골적인 협박
을 했다. 일본은 과거에는 항상 이런 수법을, 그렇게 대담하고 위협적
은 아니었으나, 써 왔다. 그리고 매번 마술 같은 성공을 거두었다.

“궁극적 결과(great eventualities)” 또는 “중차대한 결과(grave con-
sequences)” 등 과거에 그들의 외교관이나 선전가들이 즐겨 써먹던 상
투적 말투들이 지금의 정세에서는 오히려 약한 표현이 되었다. 그리
하여 미·일 외교사상 최초로 수상과 외무상 두 사람이 기자회견 형식
으로 일본이 “미국에 대해 전쟁을 선포하겠다”고 공개적으로 그리고
공식적으로 선언했다.

이 직접적인 협박은 미국 내에서 역효과를 거두었다. 물론 언제나
그래 왔듯이 미국 내의 친일분자들은 미국의 반응을 악용하여 정부가
미국을 “전쟁의 구렁텅이로 몰아가고 있다”고 맹렬히 비난하는 기회
로 삼았다. 그러나 미국의 일반 대중은 격분하여, 일부는 이것을 “공
공연한 모욕(an open insult)”이라고 했고, 또 다른 일부는 이것을 “사실
상의 최후통첩(virtual ultimatum)”이라고 했다.

미국의 국가 방위의 측면에서 볼 때, 동경·베를린의 폭력배가 동
양과 서양에서 동시에 미국에 대해 주먹질을 하는 행동 자체가 일부
미국인들로 하여금 정세 파악에 눈을 뜨도록 하는 데 필요한 것이었
다. 독일의 종국적 계획이 남북 미주美洲대륙 국가들에 대한 침략임을

막연히 알고 있으면서도 일본 역시 독일과 같은 침략 야욕을 가지고 있다는 사실은 여전히 믿으려고 하지 않던 사람들이 이제는 미국의 방위계획을 전폭적으로 지지하기 시작했다.

  궁극적으로 미·일의 충돌이 불가피하다는 이러한 확신은, 지나사변(支那事變)에 대한 미국인들의 급증하는 분노와 겹쳐져서, 대부분의 미국인들로 하여금 "양 대양(兩大洋: 대서양과 태평양)에 걸친 해군력의 증강은 서두를수록 좋다"는 확신을 갖게 하였다.

제 3 장
침략야욕의 가면을 벗으려 하는 일본

일본군의 만주 침략이 끝나고 만주국 괴뢰정권이 수립된 직후, 일본국 전체가 미·영 양국과 맺은 해군협정의 개정을 요구하는 소리로 요동쳤다. 일본 정부와 국민은 혼연일체가 되어 이의 개정을 요구하고 나왔는데, "1935년과 1936년은 이 섬나라 일본 제국의 역사상 가장 중대한 시기"라고 대대적으로 유포시킨 성명서에는 아무런 의미상 착오가 없다고 온 나라가 시끄럽게 야단법석을 떨었다.

이것은 과연 무엇을 의미하는가?

왜 "중대한 시기(crisis)"인가?

1935년과 1936년은 일본이 비밀리에 진행시켜 온 전쟁준비가 최고조에 달하여 일본이 그 가면을 벗고 실체를 드러내서 세상을 놀라게 할 시기였다. 바꾸어 말하면, 수년간 비밀리에 힘들여 이루어 놓은 군비 축적이 완성단계에 와 있고, 이제는 유사시에 대처할 수 있도록 정신 무장을 단단히 해야만 되었다. 모든 일본인들은 이러한 상황을 명백히 이해하고 있었으므로, 이 기간 중에 중대한 일이 벌어질 것임을 예상하고 있었다. 따라서 해군협정을 개정하는 문제는 최후 결전을 향한 예비단계로서 제기되었던 것이다.

1921년의 워싱턴 회의에서 결정된 미·영·일의 해군력 비율 5:5: 3이 1931년의 런던회의에서 10:10:7로 개정되었는데, 그것을 1936년 말에 다시 새로 체결하거나 개정하자는 것이었다.(*1921. 11. 11~1922. 2. 6.까지 미국 워싱턴에서 개최된 〈워싱턴 회의〉 안에 포함된 각국의 해군 군비축소에 관한 조약. 미국 대통령 월렌 G. 하딩의 제안으로 전승 5개국의 군비축소를 실시하려는 것으로, 건조중인 함선을 모두 폐기함과 동시에 미국, 영국, 일본, 프랑스, 이탈리아가 보유한 함선들의 총 배수량 비율을 5 : 5 : 3 : 1.67 : 1.67로 하기로 정했다. ― 역자)

협정기간 만료 3년 전인 1933년부터 일본 정부가 전 국민을 선동한 결과, 해군력의 비율 공식의 개정을 요구하는 전국적인 운동이 일어나게 된 것이다. 그 주장의 논점은, 그 협정은 불평등하고 차별적이어서 일본 국민에 대한 모욕이라는 것이었다. 이리하여 일본의 전 국민들은 일본의 해군력은 미국 및 영국과 동일해야 하며, 그렇지 않으면 모든 제약으로부터 벗어나야 한다고 아우성쳤다.

물론 이것은 일본이 태도를 돌발적으로 바꾼 것이다. 협약이 실제로 불공정하고 차별적이었다면 왜 일본은 1921년과 그 후 1931년의 회의에서 협정 체결에 동의하였는가? 이것을 거꾸로 생각하면, 그들이 협정을 체결할 당시에는 불평등하다고 여기지 않았던 조약을 왜 이제 와서는 불공정하다고 여기는 것인가? 이 질문에 대한 해답은 외국의 관측통들이 공개된 비밀로 여겨왔던 사실들을 알게 되면 명백해진다.

미국과 영국에 관한 한, 그들의 해군력 증강 계획은 1921년과 같은 수준에 머물러 있었으나, 일본은 1933년에 와서 그 상황이 현저하게 달라졌다. 워싱턴과 런던 협정 당시에도 일본은 비밀리에 전쟁준비를 하고 있었지만, 1933년에 그 준비가 완성단계에 이르자 그들에게 방해가 되는 국제적으로 얽혀져 있는 모든 제한조치들을 파기하려고 했다. 간단히 그 상황을 다시 검토해 보면 사정이 명료해진다.

1921년 협정 체결 당시 5:5:3 비율이 합의되었을 때, 일본 대표단은 처음에는 형식적으로 항의를 하더니 마치 스포츠맨십이라도 발휘하는 것처럼 그것에 동의했다. 사실상 그들이야말로 회담 전체를 통해 가장 만족해하고 가장 성공적인 대표단들이었다. 그들은 두 가지 측면에서 성공했다.

첫째로, 세계의 3대 해군강국 중 하나로 인정받은 영예는 대약진의 거보巨步로서, 일본 민족의 오만한 자부심을 충족시켜 주었다. 더욱이 강력한 해군 경쟁국인 미국과 영국으로 하여금 정해진 비율 이상으로 해군력을 증강시키지 못하도록 못 박아 놓은 성과는 일본에게는 기대 이상의 승리로서, 그것은 수중으로 굴러들어온 횡재와 같았다.

설령 일본이 미·영 양국과의 군함 건조 경쟁에 국고를 다 투입한다고 하더라도 결코 세계 최강의 해군을 건설할 수는 없었다. 그러나 일본은 조약을 공공연히 위반하지 않고도 비밀리에 그들이 원하는 만큼의 군함을 건조할 수가 있었다. 이러한 정신적 여유를 챙긴 일본의 외교관들은 겉으로는 무표정한 얼굴을 보였지만 내심으로는 의기양양해 하면서 워싱턴으로부터 귀국했다.

일본인들은 서양의 경쟁국들을 추월하려는 열광적인 시도에서 공장, 병기창, 조선소를 비밀리에 전면 가동했다. 서방 세계는 천진난만하게 해군 협정이 일본의 과도한 해군력 증강을 억제할 것으로 믿고는 전혀 아무런 경계도 하지 않았다.

그 후 서방의 일부 예리한 관측통이 일본이 비밀리에 전쟁 준비를 하고 있음을 탐지하고 수시로 국제적 조사를 요구했지만, 그때마다 매번 동경의 군국주의자들은 그러한 조사는 자랑스러운 사무라이(侍) 민족에 대한 모욕으로 간주될 것이라는 분노에 찬 성명서를 대담하게 발표했고, 그리고 세계는 침묵한 채 있었다.

그럼에도 불구하고, 미국의 어떤 단체들은 일본이 가면으로 가리고 있는 이면에서 실제로 벌어지고 있는 일들을 완전히 파악하고 있었다. 일본의 전략가들은 이 단체들을 격리시키고 사람들이 그들의 보고서를 신뢰하지 않도록 해야 한다는 것을 알았다. 이러한 조치는 외교관과 선전가들의 합동작전으로 이루어졌다. 그들은 이 사태를 교묘하게 다루었다.

미국인들은 어느 곳에서나 "일본은 평화를 원한다." "일·미 전쟁은 터무니없는 소리다." "일본과 미국에는 주전론자主戰論者와 전쟁 경고자들이 있지만, 일본은 이런 전쟁광(warmonger)들을 증오한다."라는 등의 슬로건들을 수없이 많이 읽고 들었다. 세상 사람들에게 이런 종류의 성명서가 끊임없이 먹혀 들어간 결과, 비록 누군가가 감히 일본은 극비리에 전쟁 음모를 획책하고 있다고 폭로하더라도, 그 사람만 말썽꾸러기로 심히 매도되고 말았다.

평화를 애호하는 미국 시민들은 외국 정부(일본)의 정책과 동기를 의심하고 비난하기는커녕 참으로 민주주의 원칙에 충실한 자국 정부의 정책과 동기를 의심하고 비판했다. 그들은 이렇게 주장할 것이다: "만약 일본이 동등한 해군력을 요구한다면, 그것은 우리 자신과 영국이 일본에 강요한 해군력 비율의 불공정성에 기인한 것이므로, 우리는 그들을 의심해서는 안 된다."라고.

이리하여 미국인들은 부지불식간에 일본의 해군제독 노무라 기찌사부로(野村吉三郞)의 성명과 같은 외국의 선전성宣傳性 성명에 찬동하는 미국 여론을 조성하게 되었는데, 그의 성명은 많은 성명서들 가운데 가장 전형적인 것이다.

1935년 1월호 〈외교업무(Foreign Affairs)〉지(*미국의 권위 있는 외교학술 월간 잡지 — 역자)에 발표된 그의 "해군력 동등권同等權에 대한 일본의 요구"라는 제목의 글에서 그가 지적한 골자는, 해군 주력함主力艦의 비율 제한은 일본 국민의 자존심에 결정적인 타격을 주는 것으로, 일본 국민들은 그것을 열등함의 낙인으로 간주한다. 일본은, 극동에서의 자신의 위치로 볼 때, 그것을 받아들일 수 없다. 왜냐하면 그것은 일본으로부터 동양의 평화유지 정책을 수행하는 데 필수적인 군사력을 박탈하기 때문이다.

그는 부연해서 말하기를, 이 비율이 폐기되어야만 일본은 미·영 양국과 동등한 위치에 놓일 수 있게 되며, 그렇게 되어야만 비로소 일본은 국가 안전을 보장하기에 충분한 최소한의 군비만으로도 만족할 것이라고 했다. 만약 열강 세력이 일본을 계속해서 열등한 위치에 묶어두기를 고집한다면, 메이지(明治) 초기에 일본인들이 외국인들이 지속적으로 치외법권(治外法權: extra-territoriality)을 누리고 있는 것에 반발한 것처럼 크게 반발할 것이라고 했다.

이 기사에서 노무라 제독은 일본이 그 비율에 반대하는 이유로, 그것은 일본인들로 하여금 열등감을 느끼게 할 뿐만 아니라 국가안보를 위태롭게 한다는 것이었다. 그는 일본의 군사계획에 포괄적으로 들어 있는 일본의 점차적인 팽창, 치밀하게 계획된 중국 정복, 외국인 추방 운동 등에 관해서는 단 한 마디도 언급하지 않았다. 그 기사를 현재

읽는 사람은 그 제독이 의도적으로 위의 계획들을 군사기밀로 감추었다는 것을 알고도 남지만, 1935년 당시에는 누구나 그의 진술을 다 액면 그대로 받아들였다.

일본의 해군 제독들과 외교관들이 이렇게 세계 여론을 자기들에게 유리하게 조성해 놓고 런던 해군회의 개최일이 다가올 때까지 해군력 증강에 박차를 가했는데, 그때 일본이 보유했던 미완성 전함은 총 998,208 톤에 달하는 154척이었다. 이것은 미국의 총 743,300톤에 달하는 91척의 전함수를 훨씬 능가했다. 그때 영국은 총 165,350톤에 달하는 50척의 새 전함을 건조하고 있었고, 미국은 총 280,150톤에 달하는 84척의 군함을 건조하고 있었으며, 일본은 겨우 총 115,9807 톤에 달하는 40척만 건조하고 있었다.

그러나 이 비교는 이미 세상에 공개된 숫자에 근거한 것이었다. 열강들로서는 이 40척 외에 일본이 장막 속에 가려 놓고 얼마나 많은 전함을 몰래 건조하고 있는지 확인할 도리가 없었다. 일본이 공표한 숫자가 정확하다고 가정하더라도 일본은 1936년 말까지 조약상 제한된 숫자를 채우기 위해서는 2,078톤만 더 건조하면 되고, 영국은 90,697톤, 미국은 71,135톤을 더 건조하면 되었다.

미국의 해군 전문가들에 의하면, 일본이 런던회담에 참석했을 당시 일본은 사실상 "세계에서 가장 강력한 해군"을 보유하고 있었다. 그러나 일본은 이와 같이 유리한 수적 우위에도 만족하지 않고 세상에 "누구에게도 뒤지지 않는 해군"을 보유하기로 확고한 결심을 했다.

1935년에, 1904년 여순항(旅順港: Port Arthur)에서 러시아 함대를 격파한 토고 헤이하치로(東鄕平八郎)(*해군대장 · 원수. 해군 군령부장. 日露戰爭에서 연합함대 사령장관으로서 일본해 해전에서 발틱함대를 쳐부수고

육군의 노기 마레스케(乃木希典)와 함께 명성을 떨쳤다. ─ 역자) 원수를 기념하는 승전 기념행사 기간 동안 일본 해군성이 발간한 팜플렛에는 이런 글이 실렸다:

"현재 추진 중인 현대화로 인해 우리 해군은 군사력 전부를 동원하여 아무리 멀리 있는 동양의 어느 곳이라도 출진할 수 있는 능력을 갖추었다. 동양의 해역을 통제할 수 있는 초강력 군사력이 없으면 일본은 극동의 평화를 유지할 수 없다. … 그러나 지난 1세기 동안 동양에 영향력을 행사해 온 일부 국가들은 일본의 입장을 이해하지 못한다.

　서구 열강은 자신들의 영향력을 지속시키기 위해 그들 배후에 강력한 해군을 필요로 하는데, 그 때문에 군축문제의 해결이 지극히 어렵게 되고 있다. … 이제는 일본 자체의 힘으로 동양의 평화를 유지할 능력이 있으므로 열강 세력은 평화유지 문제를 일본에 일임해야 한다. 일본 국민들은 일본만이 유일하게 동양을 안정화시킬 수 있는 세력이라고 확신하고 있다."

위에서 인용한 이런 종류의 선전 성명서에다 해군력 비율의 개정에 대한 끈질긴 요구가 더해짐으로써, 기존의 해군력 비율의 유효기간이 1936년 말까지임에도 불구하고, 결국 1935년 12월 9일에 5개국 회담을 개최하게 되었다.

같은 해 12월 12일에 영·불·이·미 4개국은 일본 대표단의 소위 "세계최강 해군"을 만들기 위한 제반 요구 사항들을 전면 거부했다. 당시 회담에는 이 4개국이 일본과 함께 참가하고 있었다.

일본은 국가방위상 필수 조건이 나라마다 다른 점을 무시하고 참여 국가들에게 차별 없이 적용할 단일 기준을 정하자고 요구했으나,

그 요구는 서구 열강에 의해 묵살되었다. 이러한 서구 열강의 공동보조는 전체 영연방英聯邦 국가들의 지지도 받고 있었다.

영국이 앞장서서 일본의 제안을 반대했고, 미국의 수석대표인 데이비스(Norman H. Davis)는 그의 연설에서 다음과 같은 사항을 강조했다:

1. 일본이 제안한 계획은 해군력 건설의 축소가 아니라 대폭적인 증가를 초래할 것이다.
2. 절대적 평등은 당사국들의 해군력 필요성의 차이를 고려하지 않고 있다. 즉, 영제국의 지역은 광범하고 미국의 해안선은 장대長大하므로 비교적 협소한 영토의 일본과는 차별을 두어야 한다.
3. 이 새로운 제안을 채택할 경우 워싱턴 조약으로 수립되었고 런던 회의에서 합의된 형평성이 무너질 것이다. 미국으로서는 그렇게 변경을 해야 할 국제 정세상의 이유를 찾을 수 없다.

그 다음날인 12월 13일, 4개국 대표단이 전부 일본의 제안을 거부하자 일본 대표단은 3년 전에 제네바회담 때 그랬던 것처럼 회의장을 퇴장해 버렸다.

일본의 〈아사히(朝日)신문〉은 1935년 12월 14일자 사설을 통해 다음과 같이 평하였다:

"만약 런던의 해군회의가 결렬된다면 그 전적인 책임을 미국이 져야 한다. 미국은 공격적 전력을 구축하려고 기도하고 있다. 미국은 일본의 계획을 가장 강력하게 반대하는 국가임을 스스로 증명했다. 이러한 태도는 영·미의 세계정책 면에서 볼 때 놀랄 일이 아니다"

이러한 선전은 모두 순전히 미국 사람들을 겨냥한 것이었다. 일어판 신문에는 자국인들을 겨냥하여 이와는 다른 기사를 썼다.

외부세계를 겨냥한 성명서들은 모두 그들이 역설하려고 하는 특별한 요점을 담고 있다. 그러나 서구의 일반 독자들은 그 차이점을 간파하지 못한다. 그들은 신문의 보도문만 읽고는 미국이 공정하지 못하다고 느낄 것이다. 그러한 느낌을 갖게 되면, "우리는 평화를 위해 진지하게 활동하지 않고 강력한 국가 건설만 기도하고 있기 때문에 일본과의 관계가 악화되고 있다"고 생각하게 될 것이다. 이것이 바로 그들이 미국인들에게 심어주려고 하는 인상이며, 이렇게 함으로써 일본은 미국의 여론을 좌지우지하고 있는 것이다.

일반 독자가 일본으로부터 오는 그런 신문지상의 성명서들을 가장 바르게 이해하는 방법은 그 성명서와 일본의 행동을 비교해 보는 것이다. 그들의 언행言行이 일치하지 않는다는 사실이야말로 그들의 성명서가 모순된 것이라는 증거이다. 주목해야 할 사실은, 속기 쉽고 남의 말을 잘 믿는 세상 사람들은 진위 여부를 가려 보려고 하지 않고 그것을 액면 그대로 받아들인다는 것이다. 이러한 왜곡 날조를 찾아내기 위해 역사를 멀리 거슬러 올라가 볼 필요는 없다. 즉, 일본이 지난 4~5년간 국제문제에 관해 발표한 성명서와 현재 아시아에서 벌어지고 있는 사태를 비교해 보면 된다. 그들의 말과 행동이 전혀 일치되지 않고 있음을 알 수 있다.

그러면 "왜 미국은 일본이 원하는 것을 갖도록 해주지 않는가?"라는 질문에 대한 대답으로 1937년 1월 프랫(Fletcher Pratt) 기자가 〈아메리칸 머큐리(American Mercury)〉지에 기고한 글의 발췌문이 당면한 중

대한 문제를 간략하게 설명하고 있다:

"지난 10년간 해군 전문가라면 사적으로 누구나 다 알고 있었던 사실, 즉 일본 해군이 1924년 이후 전함 건조에 대해 세계를 속여 온 사실을 공개할 때가 되었다. 그 구체적 사실은 다음과 같다:

일본이 해군 협정에서 합의된 쿼터를 초과하여 건조한 1만 톤 급의 순양함(cruiser: 巡洋艦: 전함과 구축함의 중간 단계의 배로서 정찰, 경계, 공격 등 여러 목적에 쓰임— 역자)은 사실상 소형 전함(pocket battleship)이며, 경순양함(light cruiser)은 사실상 1만 톤 급의 구축함(destroyer)이다. 그리고 또 방어용 잠수함을 건조했는데, 그것들은 연료의 재공급 없이 일본에서 출발하여 파나마운하 근해까지 가서 작전을 할 수 있는 것이다.

이렇게 구체적인 예를 드는 것은, 미국과 영국의 해군 제독들이 언뜻 합리적인 요구처럼 보이는 일본의 해군력 "공동 상한선(common upper level)" 제안에 대해 동의하기를 완강히 거부했던 이유를 설명하기 위해서이다. 당시 공식적인 해명은 "공동 상한선"이 허용되면 일본이 서태평양에서 해군력의 결정적 우위를 확보하게 됨으로써 미국은 더 이상 필리핀에 대한 지배력과 중국과의 통상의 이익을 유지할 수 없게 된다는 것이었다. 이에 대한 일본측의 답변은, 미국은 필리핀과는 아무런 이해관계도 없고 중국과의 통상 이익도 극히 미미하다는 것이었는데, 이에 대해서는 더 이상 논쟁할 가치도 없다.

그러나 사실상 사태는 훨씬 심각하다. 미국의 해군 제독들이 파악한 사실은, 일본은 자국의 편의에 부합하지 않는 어떠한 제약에도 구속받지 않으려고 할 것이며, 해군 조약에 의해 일본에 부여되는 동등권同等權은 실제로는 서태평양뿐만 아니라 캘리포니아 해안까지 일본의 해군이 우위를 점하게 되는 것을 의미한다.

　그리고 일본이 러시아 소유의 여순항(Port Arthur)을 훔쳤을 때 동양인들은 뼈저린 아픔을 느꼈는데, 그런 뼈저린 아픔을 느끼도록 한 원인 제공자가 미국이었음을 알고 있는 사람이라면 그 어느 누구건 이 해역에서의 일본 해군의 우위를 태연히 바라보고만 있을 수는 없을 것이다. 그러나 실제로 일본이 해군력 제한조치를 지속적으로 활기차게 위반하는 국가로 부상한 것은 1931년의 어리석은 런던 회담까지 거슬러 올라간다.…

　…일본은 구축함의 숫자와 규모를 그들이 원하는 대로 건조해 놓고는 해군 협정상 합의된 숫자에 맞도록 톤수를 제멋대로 고쳐서 발표를 했다고 결론을 내릴 수밖에 없다.”

　이렇게 군사적 준비가 완료되자 그들은 그동안 쓰고 있던 가면을 벗어버리고 전 세계인들로 하여금 일본인들은 더 이상 페리 제독(Commodore Perry) (*1853년 일본의 강제 개국을 이끈 미국의 함대 사령관. ― 역자)의 방문 당시처럼 얌전하고 고분고분하며 굽실거리는 사람들이 아니라, 이제는 전 세계인들이 존경하고 무서워해야만 할 사람들임을 알게 하려고 했다. 그렇다고 해서 이것이 그들의 비밀 군사계획을 사전에 노출시킨다는 뜻은 아니다. 그들은 절대로 그렇게 하지 않을 것이다. 그것은 자살행위이기 때문이다. 그들은 장막 뒤에서 모든 계획을 완성한 다음, 행동으로 옮길 준비가 다 되었을 때 기습을 감행하여 세계를 놀라게 할 것이다. 일본이 가면을 벗고 자신들의 실체를 드러내는 것은 말로써가 아니라 행동을 통해서일 것이다. 그때까지는 일본은 바깥세계가 자신의 의도를 알아차리지 못하도록 할 것이다.

그들의 모든 연막작전에도 불구하고 다수의 미국인들은 일본이 무엇을 하려고 기도하는지 알고 있었다. 고故 미국 상원의 키 피트만 (Key Pittman) 의원도 그 중의 한 사람이었다. 그는 자신의 확고한 신념을 개진開陳한 용기 있는 사람이었다.

1935년 12월 19일, 그는 네바다(Nevada) 주의 라스베가스(Las Vegas) 에서 한 연설에서 다음과 같이 말했다:

"조만간 미국은 국가로서의 존립 자체를 위하여 전쟁을 해야 할 필요에 직면할 것이다. 우리가 너무 오래 기다리다간 그 결과가 어떻게 될지 의심스럽다. 거의 틀림없이 닥치게 될 〔일본의〕 필리핀 강탈에 대해 우리는 어떻게 대처할 것인가? 우리는 퇴각하고 말 것인가, 아니면 분연히 일어나서 싸울 것인가?"

이 놀랄만한 성명은 평화롭게 마음 푹 놓고 있던 미국의 신문독자들뿐만 아니라 일본 군국주의자 자신들에게까지 청천벽력(a bolt from the blue: 靑天霹靂)이었다. 격앙된 동경의 관리들은 지체 없이 예리하고 날카로운 어조의 반응을 보였다. 신랄한 말투(tart-tongued)의 외무성 대변인 아마우 에이지(天羽英二)는 논평을 통해 말했다:

"이 상원의원은 동양에 대해 무지하다. 이 사람의 주장은 일고一顧의 가치도 없다. 그처럼 책임 있는 위치에 있는 정치인이 그런 발언을 한 데 대해 실망을 금할 수 없다. 상원의원의 성명이야말로 상식의 부족을 드러낸 것에 불과하다."

주미 일본대사 사이토 히로시(齋藤博)도 공식성명을 발표하여 일·

미전쟁의 가능성을 일축하면서 말했다:

"일·미전쟁의 가능성 운운하는 것은 '터무니없는' 말이다. 일본은 단지
미국과 최고의 우호적 관계를 유지하기 바란다는 나의 말을 미국 국민
들이 믿어주기를 간청한다. 일·미전쟁보다 더 어리석은 짓은 없다는 것
을 우리는 깊이 인식하고 있다. 우리는 상호 최대의 무역 상대국이다.
해군력 동등권 문제는 비단 일본과 미국만의 문제가 아니라 해군을 가
진 열강 국가 전체의 문제인 것이다."

사태를 낙관적으로 생각하는 미국 사람들 사이에서는 한 상원의원
의 폭탄선언(bombshell speech)보다 일본측의 대답이 더 큰 영향력을 미
쳤다. 워싱턴의 한 신문은 사설을 통해 다음과 같이 논평했다:

"그 상원의원의 놀랄만한 발언은 참으로 믿기 어렵다. 미국의 평화 유
지를 국무성보다도 더 성공적으로 할 수 있다고 믿고 있는 연방상원이
라는 한 국가기관에 놀랍게도 무책임한 말썽꾸러기들이 너무나 많이 들
어 차 있다."

그러나 그 후에 일어난 사건들은 사이토(齋藤博) 대사가, 그가 반박
하려고 시도했던 상원의원보다, 진실로부터 훨씬 동떨어져 있음을 증
명했다. 그처럼 유능하고 탁월한 외교관으로서는 있을 수 없는 일이
지만, 그가 사실 관계에 무지하여 자기 정부가 미국을 결코 침공하지
않으리라는 자기 자신의 신념을 단순히 피력했거나, 아니면 그가 진
실을 외면하고 "무지하고 속아 넘어가기 쉬운" 서방을 기만하기 위해
서 그의 선임자들이 깔아놓은 전철을 밟았던 것이다. 좌우간, 그 이후
에 벌어진 "사건들(incidents)"은 "불가침, 불공격의 확실한 장치"라고

부를 수 없다.

　일본이 그 이전의 전쟁과 마찬가지로 중·일 전쟁을 일으킨 구실로 써먹은 경미한 사건들에 비하면, 미국 군함 패네이(Panay)호 격침사건 (＊1937년 양자강에 정박 중이던 미국 군함 Panay호를 일본 항공기가 격침한 사건을 말한다. ─ 역자)은 미국이 대일 선전포고를 하기에 충분한 "카 수스 벨리(Casus Belli)"였다.(＊Casus Belli: ＝case of war. 개전開戰의 이유 가 되는 사건. ─ 역자). 미국이 대독對獨 선전포고를 하게 된 하나의 원 인은 독일이 1917년에 기선汽船 "루시타니아(Lusi- tania)"호를 격침시 켰기 때문이 아닌가?

　양국 간에 평화가 여태 유지되고 있는 이유는 일본측에 전의戰意가 없다거나 미국측에 전쟁을 시작할 사유가 없어서가 아니다. 그것은 전적으로 일본이 지속적으로 미국을 시험하고 있는 상황에서 미국이 인내와 포용의 정신을 발휘했기 때문이다. 이처럼 암울한 시기에 나 타난 가장 고무적인 징후는 미국 국민들의 각성이다. 그들은 더 이상 "일본인들이 전쟁은 없을 것이라고 선언했으므로 우리는 경계할 필요 가 없다"라고 말하면서 뒤로 물러나 앉아 있으려고 하지 않는다.

　만약 1935년에 미국인들이 핏트만(Pittman) 상원의원의 경고를 더 심각하게 받아들이고 미국 시민의 생명과 이익을 보호하기 위해 전쟁 도 불사하겠다는 각오로 준비했더라면, 1937년에 패네이호가 격침되 는 사건을 겪지 않아도 되었을 것이며, 1940년에 동양에서 수많은 미 국 시민들을 철수해야 할 필요도 없었을 것이다.

　1936년 1월 16일, 오카다 케이스케(岡田啓介) (＊해군대장. 제1함대사 령장관. 타나카(田中)·사이토(齋藤) 양 내각의 海相. 昭和 9년 首相. 2·26사

건 때 습격을 당했으나 난을 면하고 사건 후 사임했다. — 역자) 수상은 다음
과 같이 언명했다:

> "나는 해군력 증강 경쟁을 할 때가 올 것으로는 믿지 않는다. 그러나
> 일본 국민은 장차 어떤 사태가 닥치더라도 그에 대처할 준비가 되어 있
> 어야 한다."

일본함대 사령관 다까하시(高橋) 해군 중장은 다음과 같이 선언했다:

> "만약 일본의 해군이 미·영 연합군과 싸우게 된다면, 비록 우리가 수적
> 으로는 10대 1의 열세劣勢일지라도, 나는 우리의 승리를 확신한다."

이런 종류의 정부 지도자나 해군 고위층에 의한 발표문들은 특히
미국과 해군력 증강 경쟁을 벌일 경우 재정적 부담의 증가를 우려하
는 국민 여론을 잠재우기 위한 집중적인 홍보전략을 시작하면서 나온
것이다.

이러한 위협적 태도는 반향을 일으키기 마련이다. 이에 대한 응답
으로 핏트만 상원의원은 이렇게 반박했다:

> "일본은 미국보다 더 강력한 해군을 유지하겠다고 하면서도 그에 대한
> 타당한 논거를 하나도 제시하지 못했다. 일본이 방어해야 하는 지역은
> 미국이 보호해야 할 해안선의 10분의 1도 안 된다. 일본이 그들의 함대
> 를 무제한 확장하려는 의도임이 분명하다. 해군 회담에서 일본이 탈퇴
> 함으로써 미국은 일본의 해군 확장을 억제하기 위해 어느 국가와도 협
> 의할 수 없게 되었다."

해군협정 기한이 만료되기 1년 전, 조약의 제한을 벗어나기 위해

온갖 짓을 다하여 공공연히 군함건조 경쟁을 벌였던 일본이 이제 와
서 미국에 대고 해군력 증강을 제한할 조치를 취하자고 제안해 왔다.

1938년 초, 일본 외상 히로타 코키(廣田弘毅)(*주소駐蘇 대사. 사토
(齋藤)·오카타(岡田) 내각의 外相. 소화 11년의 組閣과 다음 해의 근위내각 外
相. 태평양전쟁 패전 후 군사재판에서 교수형에 처해짐 — 역자)는 "주요 열
강 세력들 사이의 공정과 정의의 감각에 호소함으로써" 세계 해군력
증강경쟁은 종식될 것이라는 희망을 표명하는 성명서를 발표했다. 미
국 정부는 그런 일본의 제안은 이제는 열강 세력들에 의해 묵살될 것
임을 시사했다.

이런 교활한 일본의 선전술책은 미국 정부 수뇌부를 제쳐두고 미
국의 일반 국민, 특히 평화주의자들에게 직접 호소하려는 저의가 있
었다. 런던 회의에서 자신이 미국과 대등한 위치에 있음을 조약문서
로 명문화明文化하는 데 실패한 일본은 군함건조 경쟁에서 미국과 성
공적으로 겨룰 수 없음을 절감했다. 그리하여 미국 정부가 해군 전력
을 증강시키지 못하도록 하려고 미국 국민들의 공정과 정의의 감각에
호소하는 선전 책략을 사용하게 된 것이다.

이런 방식의 책략은 과거에는 큰 효과를 보았다. 이런 방법이 효
과가 있는 한 계속해서 써먹을 것이다. 미국 국민들은 다른 국민들처
럼 감언이설(甘言利說)에 약하며, 자신들의 정치 신념을 실천함에 있어
서 타국 정부에 대한 비판은 자제하는 경향이 있다. 그러나 같은 정치
적 신념을 가지고 자국 정부와 자국 정부의 모든 시책에 대해서는 최
대한 자유롭게 비판한다. 그러므로 일본 사람들의 심기를 건드리지
않으려는 배려 속에서, 일본을 우호적인 국가로 간주하는 것이, 습관

까지는 아닐지라도, 일종의 사회적 풍조로 되어 있다. 교활한 일본의 외교관들은 이런 사실을 알고서 이 점을 최대한으로 이용하고 있다.

제 4 장
중 · 일 전쟁의 시작

우연의 일치이든 동양의 운명이든, 또는 일본인들이 그 직계 후예라고 주장하는 일본의 신神들이 인도引導해 준 손길에 의해서든 간에, 일본이 비적匪賊 같은 새로운 약탈을 개시할 때마다 세계의 다른 곳에서 마치 일본인들의 편의를 위해 "주문해 놓은 듯한(made to order)" 어떤 사건이 터졌다는 것은 흥미로운 일이다.

일본이 해군력 비율 문제에서 벗어나는 데 성공한 이후 오랫동안 예고되었던 전쟁을 치를 길이 열렸는데, 그것은 "가장 중대한" 해인 1936년에 시작되도록 되어 있었다. 세계 모든 관측통들은 일본이 양 가죽을 벗어버리고 자기 본색을 드러낼 것으로 예측하고 있었다. 서양과 동양의 모든 관측통들은 다음 침공의 희생 국가는 원래의 계획대로라면 소련이 될 것으로 믿었다.

실제로 일본은 소련 국경을 따라 병력을 집결시키기 시작했지만, 그들은 두 가지 중대한 장애물을 발견했다.

첫째, 소련은 이미 시베리아 전선 전체에 걸쳐 군사작전 준비를 완료해 놓고 있었다. 1904년 때와는 달리, 소련은 일본의 위협에 눈을 부릅뜨고 방어 전략을 서둘러 구축해 놓았던 것이다. 그 결과 일본군은 기습작전에 실패함으로써 바이칼 호(Lake Baikal)로 진격해서 성공할 수 있는 기회를 잡지 못했다.

둘째로, 일본의 반反 '코민테른(Comintern)'(*소련이 후원하는 국제공산당 운동—역자) 전쟁을 지지하는 미국 내의 여론 조성이 미미했다. 1904년의 정세는 지금과는 판이하게 달랐다. 지금은 소련의 선전기구가 미국 내에 반일 감정을 광범위하게 조성해 놓을 수 있는데, 미국의 도의적 물질적 도움 없이는 일본의 급속한 성공은 확실치가 않았다.

통찰력이 예리한 일본인의 견해에 의하면, 영국과의 전쟁은 전혀 불필요하다. 그들이 수차 언급한 바와 같이, 극동에서 영국이 지배할 날들은 이미 그 끝이 정해져 있기 때문이다. 일본의 육군과 해군은 그들의 "무적성(無敵性)"을 증명하기 위해 미국과의 전쟁을 환영할 것이다. 그러나 이 계획은 아직까지는 너무나 위험하다. 여전히 최상의 길은 소련을 기습 침공하려는 그들의 원래 계획대로 하는 것이다.

일본 관동군(關東軍)은 시베리아 횡단철도를 바이칼 호에서 차단시키기 위해 외몽고를 횡단하려는 시도를 했다. 일본은, 지극히 중요한 수송로를 공격함으로써 손쉽게 동아시아와 블라디보스톡(Vladivostok)을 러시아로부터 단절시킬 수 있고, 그렇게 되면 이 두 지역은 자신들의 수중에 무르익은 과일처럼 떨어질 것이라고 생각했다. 교전은 실제로 일본과 몽고가 동시에 영유권을 주장하는 보르 호(Lake Bor) 근방에서 벌어졌다.

1935년 7월 1일, 주일 소련대사는 강력한 항의각서를 전달했는데, 그 각서에서 말하기를: "일본 관동군이 소련의 국경을 침범한 것은 소·일 관계와 극동의 평화 유지에 매우 심각한 결과를 초래할 것이다"고

했다.

그리고 위험을 직감한 소련은 바이칼 호 북쪽에 제2의 횡단철도를 서둘러 완성했다. 소련의 무기, 기관총, 폭격기 등을 외몽고의 수도 우르가(Urga)에 집중시켜 마치 작전 준비가 완료된 것처럼 배치해서 그 위용을 과시했다. 그리고는 곧 소련·몽고 연합군의 전력이 일본 관동군을 적어도 2대 1로 압도하고 있다는 보도를 내보냈다.

1935년 7월 7일, 울라스 츄바르(Vlas Chubar) 소련 부수상은 모스크바의 대규모 군중집회에서 일본을 이렇게 비난했다. "일본 군국주의자들이 '극동에서 전쟁 도발'을 획책하고 있는데, 일본의 태도가 '위협적'이긴 하나 '그런 위협이 우리의 평화정책이나 또는 전 국력을 동원한 우리의 소련방(Soviet Union) 방어태세를 변경시키지는 못할 것이다.'"

이 당시의 소련 언론들은 직설적으로 "일본이 최근에 만주와 중국 북부에서 강탈한 영토에다 새로운 영토를 보태기 위한 구실을 만들려고 고의적으로 도발 사건을 획책하고 있다"고 단언했다.

일본 전략가들의 특징은 전쟁의 승산이 50대 50일 때는 일단 뒤로 물러앉아 100퍼센트 유리해질 때까지 기다린다는 것이다. 이 말을 뒷받침하는 증거가 있는데, 그들이 이겼던 모든 전쟁들은 그들의 적이 무방비 상태에서 경계도 하지 않고 있을 때 기습을 해서 이긴 것이라는 사실이 이를 증명한다.

일본의 육군상陸軍相 카와시마(川島)는 만주국에 가서 광범위한 실태 조사를 한 뒤 귀국하여 국가정책위원회에 제출한 보고서에서 "소련을 견제하기 위해서는" 관동군의 병력을 대폭 증가시켜야 한다고 했다. 그리고 더 나아가, 20만의 소련군이 전선을 따라 "잘 선정되고 잘 보루화堡壘化된 요충지에 배치되어 있어서 그들에게 대항할 수 있는 일본군은 없다"고 말했다.

관동군은 영하 30도의 추위를 무릅쓰고 계속 전투를 할 의지를 보였으나, 동경의 본국 정부는 혹독한 추위를 체면유지의 구실로 삼아 작전을 임시 중지하고 소련 침공을 중단했다. 그러나 진짜 이유는 육군상이 동경의 언론에 발표한 성명이었는데, 그 성명에서는 말하기를: "소연방의 붉은 군대(The Red Army)는 총 130만명이며, 소련의 극동군 병력도 적어도 25만명이나 된다. 두 군대를 합치면 일본의 전체 상비군 병력과 맞먹는다."

원래 졸개 깡패는 두들겨 맞을 위기를 만나면 놀라울 정도로 재빨리 항복하는 법이다.(When a bully faces a chance of being beaten, he is astonishingly quick in piping down).

동경 정부는 갑자기 모스크바에 꼬리를 치면서 귀에 솔깃한 제안을 하고 나왔다. 일본은 국경 분쟁을 해결하기 위한 공동위원회에서 다수석을 차지하겠다는 종래의 요구를 철회했다. 따라서 일본이 선전 포고의 구실로 써먹으려고 했던 국경 분쟁의 평화적 해결이 가능하게 된 것이다. 오카다 케이스케(岡田啓介) 수상은 일본을 소련과의 전쟁 속으로 몰아넣기에는 너무나 소심한 사람이었던 것이다.

그러나 야심에 찬 젊은 장교들은 더 이상 참을 수가 없었다. 그 결과 세칭 "청년장교 반란" 사건이 발생했다. 1936년 2월 26일 날이 밝기 한참 전에 야음을 틈타 1천여 명의 군인들이 동경시로 조용히 진군하여 도심지를 점령, 장악했다. 이 사건에 관한 신문보도는 금지되었고, 전화와 전신도 기능을 멈추어 불통되었다. 반란군이 오카다

수상의 관저를 접수하고, 다른 일단의 군사들은 귀족원 클럽(Peer's Club)과 진보성향 지도자들의 사저私邸를 습격했다. 반란군은 "오까다는 나와서 국가를 위해 자결하라!"고 외쳤다. 한 남자가 관저에서 걸어 나오다가 총에 맞아 즉석에서 죽었다. 오카다 수상이 죽었다고 발표되었다. 오카다 내각의 각료 중 한 사람인 고토(後藤)가 수상으로 임명되었다. 그런 다음에, 살해당한 사람은 오카다가 아니고 오카다의 생명을 구하기 위해 그의 처남 마츠오(松雄)가 대신 죽었다고 보도되었다. 그 당시 군사비 예산의 증액을 반대했던 대장대신大藏大臣 다카하시 코레키요(高橋是淸)와, 천황의 자문역으로 진보주의자인 해군대장 사이토 마코토(齊藤實) 자작子爵과, 육군 교육총감 와타나베 죠타로(渡邊錠太郎) 대장이 다른 부대원들에 의해 암살되고, 스즈키 칸타로(鈴木貫太郎) 해군대장은 중상을 입었다.

히로히또(裕仁) 일황日皇은 급히 어전회의를 소집하고 황궁 근위대로 하여금 반란군을 진압하도록 명을 내렸다. 해군 함대들이 동경만으로 진주하고, 계엄령이 선포되고, 반란군 점령지역의 시민들은 전부 소개疏開되었다.

이 반란의 동기는 내각과 의회의 "반反 군부적" 정서에 반기를 들기 위해서라고 보도되었다. 만주 침략 이후 미국에서 점차 확산되는 반일 감정을 감안해서 문민정부가 군부의 정복 행진을 늦추려고 한 것임이 분명해 보였다.

반면에, 일본 군대는 무적無敵이라는 자만심에 젖어 있던 젊은 장교들은 정부가 그들에게 서방국가 중 가장 강력한 국가에 도전할 수 있는 재량권을 주기를 원했다. 그들의 불만이 한동안 점점 커져서 결국에는 반란으로 폭발하게 된 것이다.

반란군 장교들은 비밀군법회의에서 재판을 받았다. 정부는 전시 언론 검열을 실시하여 재판 진행 소식이 외부로 절대 새나가지 않도록 언론의 호외號外 발간을 금지하고 엄중히 단속하였다.

그리고 나서 정부는 다소 사과조로, 반란의 목적은 "일본을 5:5:3 의 해군력 비율의 사슬에 묶어두려는 대신들을 제거"하려는 것이었다고 설명했다.

"국민 여론이 혼란스러워지는 것을 피하기 위해 공표된"판결문은 다음과 같다:

"젊은 장교들의 단순한 심성心性 속에 연구와 사색思索의 열정이 순진하게 배양되기 시작했다.… 그들은 옳음(正)과 그름(邪)에 대한 구분을 하지 못하게 되었다. … 그들은 런던 해군협정 이후 황실의 측근인 대신들이 황실의 특권에 간섭하고 있다고 생각했다. 그 대신들은 법 위에 존재하므로 합법적인 방법으로는 처치할 수 없다고 생각하여 … 그러한 연유로 그들에게 천벌을 가하기 위해 법을 초월한 방법을 택했다고 한다."

일본인들의 사고방식을 이해하는 사람이라면 누구에게나 다, 이 젊은 군부의 지도층이 반란을 일으킨 목적은 일본의 해군 경쟁국인 미국과 영국 또는 그 중 어느 한 국가와 전쟁을 할 시기가 아직 아니라고 하는 정부 지도자들을 제거하기 위해서라는 것이 너무나 분명했다.

전국을 열광시킨 "중대한 해인 1936년" 무렵, 군국주의자들은 일본을 "숭고한 운명으로 인도하는" 길을 가로막고 있는 서방국가를 공격해야 한다고 집요하게 주장했다. 문민정부가 그런 모험을 감행하지 못하게 되자 문무(文武) 양 그룹 간의 충돌이 극도의 긴장 수준으로 악화되었다. 이 기간에 발생한 수많은 암살 사건들은 이 때문이었다.

1931년 이래 정치적 이유로 암살된 인사들 중에는 총리대신 2명, 고위장성 1명, 재벌총수 1명, 유명한 금융계 인사 2명 등이 포함되어 있다. 정부의 고급 관리이건 또는 평시민이건 간에, 국가를 위해서 누군가를 죽였다면 그것은 애국적인 행위로 여겨졌다. 대중들은 암살자들의 명예를 지켜주기 위해 신사神社와 사원을 건립했다.

1934년에는 소위 "기도회祈禱會 음모" 사건이 터졌는데, "성전 전사(聖戰戰士)" 구락부(俱樂部: Club)가 미국과의 전쟁을 촉발시키기 위해 당시 일본에 체류 중이던 찰리 채플린(Charlie Chaplin)을 암살하기로 모의했다. 그리고 1935년 2월에는 애국단체인 '부신카이(武神會)'의 회원인 나가사키 가스케(長崎加助)가, 동경의 한 출판사 사장이 미국의 야구선수 베이브 루쓰(Babe Ruth)의 일본 초청을 후원했다는 이유로 그를 칼로 찔렀다.

군부반란 사건이 있은 이후 총리대신을 맡을 적임자를 찾기가 힘들었다. 새로운 총리대신 임명의 관례에 따라, 천황은 메이지(明治) 천황의 각료였던 마지막 노老정객 사이온지 김모찌(西園寺公望) (*西園寺公望: 메이지유신 때 軍功을 세워 후에 政友會 총재와 수상이 됨. 다이쇼(大正) 8년 파리 강화회의 수석 전권위원. 大正 말 이래 단 한 사람의 원로로서 내각 수반을 추천했다.—역자) 공公의 자문을 구했다. 그는 무소속이자 군국주의 귀족인 45세의 귀족원의장 코노에 후미마로(近衛文麿) 공公을 천거했다. 그는 행정 경험이 없었지만 수상직을 수락하고 즉시 조각에 착수했다. 그는 각료 후보자들과 전화통화를 하여 수 시간 내에 조각

을 완성했다. 그 결과 "전화 내각(the telephone Cabinet)"이란 별칭이 붙
게 되었다.

신임 수상은 이 사태를 더 이상 지체할 수가 없었으므로 결단을
내려야만 했다. 우선 중국을 정복하는 것이 저항을 최소화하는 길로
고려되어, 일본 정부는 그 길로 가기로 결정했다.

1937년 7월 7일, 베이핑(北平: 北京의 별칭) 근방의 마르코 폴로(Marco
Polo) 다리에서 벌어진 중국과 일본 군인들 간의 충돌이 선전포고 없
이 시작된 중·일 전쟁의 구실이 되었다.

일본의 육·해 침략군이 진격하면서 모든 주요 산업시설들을 차례
차례 함락시키고, 중국군이 이용할 수 있는 도로 한두 개를 제외하고
는 전 해안선을 외부 세계로부터 완전히 차단했다. 보도하기에 너무
나도 끔직한 전쟁의 참상을 알리는 글들은, 교묘하게 밖으로 가져나
온 한두 건의 보도를 제외하고는, 해안봉쇄선 밖으로 나가기 전에 파
기되었다.

1939년까지의 전쟁을 통해 일본인들이 그들의 제국에 병합시킨,
일체의 부富와 투자가 그 안에 포함된, 영토 확장의 순증가는 다음의
도표에 잘 나타나 있다.

인명 피해

200만명 내지 250만명의 중국인들이 전투나 도시 공습으로 죽거
나 부상당한 것으로 추정되며, 4,000만명 이상의 피난민들이 중국 내
륙 지방으로 피해간 것으로 추정된다.* 일본의 공식집계에 의하면,

---

* 1939년 12월 11일 야넬(Yarnell) 제독의 보고서는 이 통계숫자와 일치한
  다. 중국군 전사자 수는 1,218,462명이었다. 기아와 궁핍으로 사망한 남녀

일본군의 전사자와 부상자가 약 7만명에 달한다고 했으나, 외국의 관측통은 그 숫자가 수십만 명에 달한다고 했다. 중국은 일본의 사상자가 100만명은 된다고 추정했다.

연 도	지 명	면적(평방마일)	인 구
1895년	일본본토	148,756	72,222,700
1895년	대만(Formosa)	13,890	5,212,719
1895년	The Pescadors	50	60,000
1905년	Saghalin	13,930	331,949
1910년	한국	85,228	22,355,485
1915년	광동(요동)	1,438	1,656,726
1919년	일본 위임통치령	829	331,949
1931년	만주국	503,013	35,338,000
1939년	중국	900,000	150,000,000
합 계		1,667,134(Sq.m.)	287,242,398

외국인의 금전적 손실

1938년 중국 세관의 조사보고에 의하면, 전쟁으로 인한 중국 내에서의 외국인의 손실은 약 8억 달러에 이르는데, 그 중에서 절반은 영국인이 입은 피해이고, 2억 달러는 미국인이 입은 피해, 나머지는 독일인이 입은 피해이다. 위의 추정액은 1939년의 것이다.

논의를 더 진전시키기 전에 여기서 잠깐 멈추고 극동지역의 전화戰禍가 전 세계 정세에 끼친 영향을 총괄적으로 검토해볼 필요가 있

성인과 미성년자의 수는 다 합쳐서 5백만명에서 1천만명이나 되었다.

다.

산불이 맹위를 떨치며 숲을 태우고 있을 때, 그 근방에 사는 주민들은 자기 집부터 먼저 생각하게 되고, 어떻게 해서든 그것을 산불로부터 구하려고 한다. 그런데 문제는 실제로 산불을 평생에 한 번도 본 적이 없어서 산불의 무서운 파괴력을 이해하지 못하는 사람들이 너무 많다는 것이다. 비교적 소수의 사람들만이 산불 사태를 심각하게 여기는 이유도 이 때문인지 모른다.

혹자는 말할 것이다: "산불이 타고 있는 곳은 건너편 쪽 산이므로 불길이 여기까지 오려면 한참 걸릴 것이다."

또 혹자들은 말할 것이다: "지금 불타고 있는 저 집들의 주인들 보고 끄라고 그래! 그네들이 알아서 할 일이지 나와는 상관없어."

또 혹자들은 말할 것이다: "저 불이 이웃마을 또는 이웃집을 태울지도 모른다. 그러나 우리 집은 완전히 동떨어져 있으므로 우리에게 피해를 주지는 않을 것이다."

이런 식이라면, 자기 집이 아직 불에 타지 않은 사람들은 모두들 대화재大火災가 자신들과는 아무 상관이 없다고 생각하거나, 이미 자신의 집이 잿더미가 되어버린 사람들은 더 이상 걱정할 아무것도 남아있지 않다고 생각할 것이다.

따라서 이러한 대 재앙災殃을 중지시키기를 진정으로 바라는 사람들은 자기 재산이 화염에 휩싸여 있는 사람들뿐인데, 그들 역시 이 위급 상황을 구제하기에는 이미 너무 늦었음을 발견하고 슬퍼하고 절망하게 될 것이다.

이는 하나의 평범한 예를 든 것으로, 이 예를 통하여 누구나 알 수 있는 것은, 숲속에 살고 있는 사람들이라면 산불을 보고도 그렇게 무관심한 태도를 취해서는 절대 안 된다는 것이다. 그런데 이것은 바로 오늘날 여러 국가들이 그들을 하나하나 차례대로 파괴하고 있는 전쟁에 대해 취하고 있는 입장이다.

1905년 한국에서 터진 불길이 가장 최근의 사태로 번져나간 예를 들어보도록 하자. 만주와 중국, 에티오피아, 오스트리아, 체코슬로바키아, 폴란드, 알바니아, 노르웨이, 덴마크, 화란(Holland), 벨기에, 그리고 불란서가 침략당하여 하나씩 하나씩 파괴되어 갔다. 이 파괴의 행진은 언제 끝날지 묘연하다. 불과 얼마 전까지만 해도 모든 국가들은 그것은 자신들과는 관계없는 일이라고 생각했다. 이런 무관심한 태도가 곧바로 "다음은 누구 차례인가?" 하는 물음으로 바뀌었다. 그리고 지금은 유럽국가들 중 절반 이상이 이미 지도에서 사라졌다. 그리고 남아 있는 소수의 국가들은 "우리 차례는 언제 올 것인가?" 하고 스스로에게 묻고 있다. 많은 국가들은 이기적으로 생각한 그 자신들의 죄 값으로 망하게 된 것 같다. 만약 모든 국가들의 일반적 경향이 순전히 이기적인 생각에 따라서만 행동한다면, 어느 국가든 간에 구제받을 길은 없을 것이다.

중국에 강요된 전쟁의 궁극적 목표는 백인들을 겨냥한 것이라는 점을 백인 민족들이 인정하지 않을지라도 그 사실 자체는 변하지 않는다. 전화의 불길은 계속 타들어가고 있고, 그 뒤따르는 결과는 이 사실을 극명하게 보여주고 있다. 미국인들이 특별히 관심을 가지고 있는 것은 중·일전쟁의 바로 이 부분인 것이다.

제 5 장
외국 기자들은 모두 추방되어야 한다

　외국인들로 하여금 조약상의 권리를 계속 누리도록 한 상태에서 중국의 상업 중심지를 점령한다는 것은 일본인에게는 마치 사자가 횡행하고 있는 소(牛)목장을 관리하는 것과 같을 것이다. 그러므로 외국인들은 다 떠나보내야만 한다. 이 목적을 달성하기 위해서는 각종 까다로운 방법들을 써야 하므로 자연히 시간이 걸릴 것이다. 그러나 신문기자들만은 당장 추방시켜야 한다.

　일본의 정치구조와 사회생활은 언론의 자유라는 생각을 전혀 용납하지 못한다. 이제 일본은, 반항적이고 정복당하지 않고 정신적으로 정복될 수 없는 중국민의 반 이상을 굴복시켜야만 한다. 이러한 목적은 현대와 중세기의 야만성을 결합시킨 교묘한 형틀을 이용하여 중국인들에게 학살, 화형, 고문, 투옥 등을 끊임없이 자행함으로써 달성될 수 있을 것인데, 그 결과 일본의 점령 지구는 사실상의 지옥으로 변화될 것이다.

　중국의 인구를 줄이려는 이 계획은 두 가지 측면에서 실효를 거둘 것으로 일본인들은 믿고 있다. 그렇게 함으로써 반일감정을 말살시킬 수 있고, 일본인 자신들이 살 공간을 만들어낼 수 있을 것이다. 그들은 말한다: "조선놈, 만주놈, 중국놈들을 다 죽여야 한다! 그래야만 일본인들이 그 자리에서 더 편하게 살 수 있다."라고. 이것이 바로 "적자생존(適者生存: survival of the fittest)"의 이론이자 "서양의 문명국가들" 사이에서 주창主唱되어 실행되고 있는 근대 생활철학 아닌가? 라고 그들은 주장한다.

전 세계인들로부터 동양에서 가장 "문명화된(civilized)" 국민이라고 칭송을 받고 있는 이 현대화된 일본인들은, 이런 사상을 머릿속에 갖고서, 한일합방 이후 한국, 칭따오(靑島), 지린(吉林), 그리고 만주 내의 도처에서 "민족말살 정책(extinction policy)"을 자행해 왔던 것이다. 죽은 자는 말이 없다. 그들은 말을 할 수가 없다. 그러나 이 끔찍한 고문의 희생자들의 일부는 아직도 생존해 있으며, 그들의 몸에는 일본의 "현대화된" 비인도적 행위의 상처가 남아 있다. 이들의 일부는 현재 미국에서 살고 있다.

1919년 3월 1일, 한국 독립선언문의 33인 서명자들 중 한 사람인 하와이 한인교회의 목사는 일본 형사가 온 몸을 불로 지지는 고문을 하면서 "자백"을 강요할 때 입은 상처를 치료하려고 지금까지도 끊임없이 치료를 받고 있다. 이 모든 고문들은 비밀리에 자행되었다. 외부세계는 이에 대해 전혀 몰라야만 한다. 이렇게 하는 것만이 중국을 굴복시킬 수 있는 유일한 길이라고 믿고 있으므로, 일본인들은 이러한 잔학행위를 더욱 큰 규모로 실행해 나갈 것이다.

따라서 그들이 제일 먼저 쫓아내야 할 외국인은 미국 언론사의 특파원들이다. 군국주의자들은 이런 기자들을 혐오한다. 그 기자들의 가차 없는 폭로성 기사는 그들에게는 네메시스(nemesis)(*그리스 신화에 나오는 복수의 여신. 이길 수 없는 강한 상대를 의미한다. ― 역자)와 같았다. 일본정부가 지난 30년간 미국에서 선전비로만 매년 100만 달러 또는 그 이상을 소비한 이유도 바로 여기에 있다.

미국 내의 선전망을 이용해서 일본정부는 자기들 본성의 추악한 면을 은폐하고 자신들의 분칠한 얼굴에만 사람들의 이목을 집중시킬 수 있었다.

잘 훈련되고 충분한 자격을 갖춘 일본인과 몇몇 미국인으로 조직된 일본 국영 통신기관인 도메이(同盟) 통신사는 언제라도 그 임무를 수행할 준비가 되어 있다. 런던의 로이터통신, 미국의 AP, UP통신 및 기타 통신사들은 자신들의 해외 본부로 보내는 통신 자료를 얻기 위해서는 도메이 통신사 기자들을 찾아가야만 하도록 만들어 놓았다.

하와이 출신인 키니(Henry W. Kinney)씨는 전前 제네바 국제연맹의 일본 수석대표를 지낸 마츠오카 요스케(松岡洋右)로부터 일본 통신사와 제휴하여 일하자는 초청을 받았다. 철저한 친일파 인사가 아닌 모든 외국 기자들을 동양에서 추방하려고 했으므로, 일본인들은 100퍼센트 친일 성향의 미국 기자들이 필요했던 것이다.

키니란 자는 하와이 태생으로 신문기자가 된 후 일본정부의 공보국장에까지 임명된 사람이다. 그는 자신이 일본의 진정한 친구임을 증명했다. 만주 침략 당시 일본 당국은 그를 일본군 장교와 외국인 간의 연락관으로 활용했다. 그는 복무 중 일본인들을 지극히 만족시켰다. 1935년, 만주국 행정부가 철저히 공고하게 되었을 때 그는 사임했다. 그러나 지금 일본은 남진南進을 계속하고 있으므로 그들은 그가 또다시 필요해서 불러들인 것이다.

만일 일본이 성공한다면, 다시 말해서 일본이 현재 추진하고 있는 계획을 아무도 저지시키지 못할 경우에는, 외부 세계는 일본 점령 하의 광대한 지역에 관한 정보를 완전히 차단당하게 될 것이다. 언론사들은 일본인들이 보도해 주기를 원하면서 발표해 주는 선전기사 자료 외에는, 그것이 진실이건 거짓이건, 그 어떤 뉴스거리도 획득할 수가 없을 것이다. 그들이 동경, 만주국, 북경 등지에서 내보내는 기사들은 교묘하게 꾸며지고 위장된 것이어서, 뉴스를 찾는 언론사나 뉴스를 읽는 일반 독자들 모두 의심 없이 그 내용을 삼켜버리게 되어 있다. 동경의 우두머리들은 세계의 어느 지점과도, 특히 미국의 어느 지점과도, 긴밀히 접촉하면서 마치 의사가 환자를 진맥診脈하듯이 미국 여론의 맥박을 매일매일 검진檢診하면서 미국 사회의 각계각층 사람들에게 영향을 끼치기 위해 뉴스를 내보내고 있다.

일본은 35년 전에 무력정복 계획을 실험 단계로서 한국에서 시작했다. 그 성공에 힘입어 만주에 이어 중국 침략에서도 거의 똑같은 방법을 반복해서 써먹고 있다. 한국에서 그랬던 것처럼 일본은 중국에서도 외국 언론들을 다루고 있다.

신문사 특파원들은, 정복자들의 구미를 맞출 수 있는 소수의 기자들만 제외하고는 모두, 일본이 점령한 지역에서 떠나야만 했다. 그 지역에 잔류하고 있는 외국인은 반드시 친일 감정을 나타내 보여야 하며 중국 원주민에게는 냉정해야만 한다. 그렇지 않으면 그들은 잔류할 수가 없다.

일본 당국은 외국인들에게 그저 떠나라고만 말하지는 않는다. 그들은 사악하고 우회적인 방법을 쓴다. 군사적 필요에서라는 것이 최적의 구실이다. 그들은 이렇게 말한다: "우리는 당신들의 신변 안전을 책임질 수가 없다. 우리는 당신들 모두에게 당신들 자신의 안전을 위해 군사작전 위험 지구에서 철수할 것을 경고한다."

그러는 한편으로, 실제로 "사건"을 터뜨려서 외국인들의 재산을 파괴하고 인명을 위태롭게 만든다. 이 방법이 소기의 효과를 거두게 된다. 100퍼센트 성공하지 못했을 때에는 일본인들은 서슴지 않고 그들이 체류를 원하지 않는 외국인에게 군 형법 위반 또는 일본의 해군 장성이나 총독을 암살하려 했다는 등의 터무니없는 혐의를 덮어씌운다. 좌우간 그들의 "신질서(new order)"에 순응하기를 거부하는 외국인은 장기간 체류할 수가 없다. 잔류를 희망하는 자들은 일본의 정체를 손상시키는 일체의 행동과 말을 해서는 안 된다. 외국의 관광객들은 일본이 감추고자 하는 모든 것을 볼 수도 들을 수도 없다. 관광객이 동양을 다시 방문하기를 원한다면 일본인들이 적대감을 갖지 않도록 해야 한다.

일본의 "신질서" 구축이 확고하게 되자마자 일본의 군정 하에 있는 전 지역은 오늘의 한국처럼 외부세계와 완전히 차단될 것이다. 미국의 언론들은 일본의 모든 선전물의 내용을 게재해야 하거나 아니면 아무것도 게재하지 못할 것이다. 〈뉴욕 타임스〉의 전면前面 하단에는 다음과 같은 의미심장한 안내문이 적혀 있다: "유럽과 극동 발 외신은 발신지에서 검열을 받아야 했음."

1937년 9월, 일본군 대변인 하라다(原田) 중좌中佐가 북경 주재 외국 특파원들에게 한 경고를 보면, 그들이 얼마나 영리하게 언론 검열 전을 전개하였는지 알 수 있다.

하라다는 특파원들에게 외국의 보도에 오도誤導되는 일이 없도록 하라고 충고했다. 그는 "나에게는 중국인들이 세계의 동정에 호소하고 있는 것으로 보인다. 따라서 이들의 통신기관은 외국인이 아니라 중국인에 의해 운영되고 있다."고 말했다. 그리고 나서, 마치 광동(廣東)은 폭격당한 일이 전혀 없었다는 듯이, 광동 폭격에 대한 보도는 상해에서 "날조된 것"이라고 말했다. 그러자 격분한 외국 특파원들이 중좌에게 해명을 요구했다.

그러자 그는 감히 광동 폭격이 오보誤報라고는 말하지 못하고 침착한 어조로, "나는 단지 한 일본인 애국자의 입장에서 진술하고 있을 뿐이다. 내가 느끼기에는, 외국인들은 중국측을 지나치게 동정하고 있는 것 같다."라고 대답했다.

일본의 군국주의자들은 세계가 중국을 동정하는 것이 그들 자신의 행동과 관계가 있다는 점을 받아들이기 매우 어려운 것 같다. 그들은 언제나, 자신들이 옳건 그르건 간에, 다른 나라들은 자기들의 우방友邦이 되어야 한다고 주장하는데, 왜냐하면, 그들에게는 "힘이 곧 정의 (might makes right)"이기 때문이다. 만약 세계가 이 사실을 인식하지 못한다면 그들은 조만간 세계를 응징할 것이다. 이것이 바로 그들의 군사적 사고방식이다.

하라다 중좌가 이 점을 점잖게 암시해 주었는데도 특파원들이 이 점에 주의를 기울이지 않을 경우, 그들은 그 결과에 책임을 져야 한다고 협박했다. 이러한 점잖은 경고에도 불구하고 특종기사 추구 정신에 충실한 미국 특파원들 중 일부는 전쟁의 장면을 생생하고 적나라하게 기술하여 본국으로 타전했다.

AP통신의 특파원 한센(Haldore Hansen)은 자신의 보도기사를 UP통신사로 발송했는데, 그것이 대부분의 전국 유력지에 전황戰況 뉴스로 게재되었다.

1937년 10월 11일, 그가 바오팅푸(保定府)에서 발송한 뉴스는 일본 당국의 비위를 건드린 많은 것들 중의 하나였다. 그는 보도기사에서, "중·일전쟁 중 가장 피비린내 나는 전투를 치른 후의 비참한 폐허 속에, 완전히 부셔진 도시 안에, 나 이외에 미국 여자 6명과 남자 1명이 무사히 살아남았다."고 했다. 그는 미국 선교사들에 대해 언급하면서, "내가 9월에 자전거로 이곳에 도착하자 그들은 내게 공포에 떨었던 무시무시한 경험들을 말해 주었다"고 말했다.

만약 한센이 하라다 중좌의 경고를 명심하고 있었더라면, 전쟁의 무서운 광경들에 대해서는 전혀 언급하지 않았을 것이다. 왜냐하면, 그런 글은 중국을 동정하도록 미국인들의 감정을 자극할 것이기 때문이다.

그 대신에 그는 1894년의 청·일전쟁과 1904년의 러·일전쟁 당시에 모든 외국 종군기자들이 그랬던 것처럼, 전투에 임하는 일본군의 엄격한 인도적 행동, 영웅적 행동, 그들의 품위를 찬양하는 글을 썼을 것이다. 아마도 일본군도 그때의 전쟁은 이번 전쟁보다 더 용의주도하게 수행했을는지도 모른다. 지금은 세계인의 동정을 사기 위해 자신들의 품행을 바꾸려고 노력하는 대신에, 그들은 세계가 자신들을 보는 태도를 바꾸도록 하기로 결심한 것이다.

한센 특파원은 북경으로 돌아오는 길에 일본군에게 체포되어 바오팅푸(保定府)로 압송되었다. 그곳에서 그는 8시간 동안 헌병의 문초를 받았다. 그는 일본음식 식중독으로 고열에 시달려 앓게 되었다. 그는

장로교 병원에 입원하여 10일간 투병하면서 다음의 기사를 썼다:

"일본인은 만약 내가 북경을 벗어나려고 기도하면 또다시 체포될 것이라고 경고했다. 지금 이 메시지는 나로서는 밝힐 수 없는 수단을 통해 북경으로 전해지는 것이다. 나는 지금 모든 가옥의 굴뚝이건 담벼락이건 다 박살이 나서 벽돌들이 사방에 흩어져 있는 곳에 살고 있다. 내 침실은 기관총 사격으로 벌집을 쑤셔 놓은 것 같다."

그가 구금된 지 3주일이 지나서야 북경 주재 미국 대사관이 이 일을 알아가지고 일본 대사관에 대표를 보내 항의하게 되었다. 특별 항의를 하게 된 것은, 한센이 구금된 사실을 미국 대사관에 통보하는 것이 허용되지 않았고, 헌병대 본부에서 법적 기소 없이 4일간이나 음식과 물도 주지 않고 늦은 밤중까지 억류했기 때문이다.

이 사건에서 일본인들은 가혹하고 부당한 형벌을 가한 것을 알고도 별로 개의치 않았다. 그 이유는 주로 그들이 원했던 효과를 내기 위해서였다. 모든 외국인들이 숙지해야 할 사항은, 이제는 사정이 바뀌었으며, 따라서 더 이상 일본인들이 백인들의 세계에서 살아가야 하는 것이 아니라 백인들이 일본인들의 세계에서 살아가야 한다는 사실이다. 이런 인상을 주기 위해서 본보기로 심한 형벌을 가함으로써 공포감을 갖도록 해야 자신들의 원칙을 따르게 할 수 있다는 것이었다. 그리하여 한센은 부당한 처사를 바로잡을 수단을 써보지도 못하고 "새 질서"의 희생자가 된 것이다.

일본에 불리한 기사를 쓴 기자들이 처벌을 받아야 하는 상황에서 전쟁터의 참상을 영상으로 기록하는 사진기자들 역시 제재를 받지 않을 수 없었다. 폭스 무비톤 사(Fox Movietone)에서 10년 근속한 베테랑 사진기자인 웡(H.S. Wong) 기자가 1937년 2월 상해에서 반일활동을 했다는 죄목으로 일본 당국의 요청을 받아 상해(上海) 시경市警에 의해 체포되었다.

그러나 그를 체포하게 된 직접적 원인은 상해시 남역南驛에서 일본 군의 포격으로 부상당한 한 어린애를 찍은 그의 사진이 〈라이프 (Life)〉지에 실렸기 때문이다. 이 사건으로 웡 기자는 교훈을 톡톡히 배웠다. 즉, 그는 물론 모든 사진기자들이 일본 군국주의자들과 사이 좋게 지내고 싶다면 벚꽃이나 비단 기모노 옷이나 일본 인형 같은 것 들만 사진으로 찍어서 미국으로 보내야 한다는 것이었다.

국제통신사(International News Service)의 제임스 러셀 영(James Russel Young) 기자가 1940년 1월 21일 동경의 제국호텔에서 체포되었다. 그 는 13년 경력의 INS 통신사의 기자로서 일본 주재 외국특파원들 중에 서 가장 탁월한 기자 중의 한 사람이었다. 일경日警은 아무런 혐의점도 말해 주지 않고 그의 일체의 서류철과 통신문을 압수하고 그의 아파트 를 두 번이나 수색했다.

영(Young) 기자는 종군기자로 중국에 파견되어 일본이 중국에 대 해 선전포고도 없이 자행한 전쟁의 공포를 기술한 기사 6건을 홍콩 발로 본국에 타전했다. 그리고 수차에 걸쳐 반일 연설을 했다. 주일 미국대사 그루(Joseph C. Grew)와의 특별한 친분도 그에게 불리하게 작용했다. 그가 동경으로 돌아오자 "전쟁 비상시에 군사 업무에 관한 허위 날조와 유언비어 유포"라는 죄목으로 체포되었다.

2월 2일에야 그가 스가모(巢鴨) 형무소에 수감된 것이 밝혀졌다.

50일간 지하 감옥에 갇혀 있는 동안, 미국 대사관 요원과 그의 부인까지도 면회가 허용되지 않았다. 그의 체포 소식을 접하고 대사관의 2등 서기관 윌리엄 T. 터너(William T. Turner)는 즉시 일본 당국과 접촉하였으나 그와의 면회를 불허한다는 통보를 받았다. 미 대사의 헌 모피 외투까지 포함해서 여러 벌의 방한복을 형무소로 보냈다. 그러나 경찰은 "감방이 너무 추워서 옷을 입은 채 자야 하므로" 잠옷은 필요 없을 거라고 말했다.

3월 15일 재판이 종결되었다. 그리고 1주일 후 그는 6개월 징역과 재판비용은 피고가 부담하라는 언도를 받았다. 그 후 법정은 "자비롭게도" 형 집행 중지와 3년간 집행유예 처분을 내리고는 그를 다시 수감하여 3월 말까지 감옥에서 보내도록 했다.

미국 내의 신문지상에는 일본의 선전가들이 양국 간의 우애를 보여줌으로써 그들이 미국인에 가한 불공정한 처사를 은폐하려고 노력한 기사들이 상당히 많이 게재되었다. 영(Young) 기자의 경우, 일본 당국은 그가 미국인이라는 이유만으로 큰 특혜를 주었다는 인상을 심어주려고 했다. 즉, 법원이 "예심과 재판을 신속히 처리하여" 단 7주 만에 끝냈다고 했는데, 이 말은 만약 그가 미국 시민이 아니었다면 보통 수년간 수감되어 있어야 한다는 것이다. 그에게 베풀어준 또 다른 큰 특혜로 "그가 민간재판소에서 재판을 받았다"고 했는데, 이 말은 만약 그가 미국인이 아니었다면 군법회의에 회부되어 총살을 당할 수도 있었다는 것이다. 또한 "그는 일본을 떠나도록 허용될 것"이라고 했는데, 이 말은 만약 그가 미국인이 아니었다면 평생 동안 일본에 억류되어 있게 된다는 것이다. 어쨌든 진실은, 그는 추방되었다는 것이다.

미국의 일반 독자들이 이러한 기사들을 읽게 되면 그 밑에 깔려 있
는 반미反美 감정은 놓쳐버리고 미국에 대한 일본인들의 우의友誼만을
보게 된다. 남의 말을 잘 믿고 의심을 하지 않는 많은 미국인들은 일본
인들이 미국과의 우의를 다지고 있으므로 미국의 신뢰를 받아 마땅하
다고 믿고 있다. 이것이 바로 일본이 극동에서의 미국의 모든 권익과
위신을 파괴하면서도 미국의 여론을 정복하는 데 성공한 사례이다.

〈저팬 애드버타이저(Japan Advertiser)〉지는 미국 밖에서 미국인이
소유하고 있는 가장 권위 있는 일간신문 중의 하나이다. 1940년 10월
10일, 코노에 후미마로(近衛文麿) 내각은 은밀히 이 신문에 대해 사형
선고를 내렸다. 즉, 이 신문을 일본의 대변 기관에 불과한 〈저팬 타임
즈(Japan Times)〉와 〈저팬 메일(Japan Mail)〉과 합병시킴으로써 일본인
의 경영관리 하에 두도록 한 것이다.

1910년 이래 이 신문사 사주社主였던 필라델피아 출신의 플라이셔
(B.W. Fleisher) 씨는 현재 70세 고령에다 건강이 악화되어 다시는 돌
아가지 않으려고 일본을 떠나와 버렸다. 같은 시기에 한때 최대 부수
를 자랑하던 한국인이 소유하고 경영하는 서울의 〈동아일보〉도 같은
운명에 처해졌다.

플라이셔 씨는 많은 미국인들처럼 태평양의 평화를 증진시킨다는
확신을 가지고 미국과 일본의 우의를 다지기 위해 일본에서 자기 생
애의 전성기를 다 보낸 사람이다. 그러나 뒤늦게 다른 재일 미국인들
과 마찬가지로 깨달은 사실은, 그가 해온 일은 단지 대일본제국의 건
설을 도운 것뿐이라는 것이다.

그는 미·일협회 창설자의 한 사람으로서 20년간 협회 일에 헌신했

다. 사실 일본에 대한 그의 우정이 너무 깊어서 그의 영자英字 신문은
수년간, 일본의 또 다른 저명한 영자신문인 〈저팬 크로니클(Japan
Chronicle)〉과는 대조적으로, 친일신문으로 알려져 왔다. 이제 일본은
그런 사람의 도움마저도 필요가 없어져서 밀어내버린 것이다.

　　이와 관련하여 수년간 〈저팬 애드버타이저〉의 주필을 지냈던 매
티슨(R.O. Matheson)에 관한 이야기를 좀 해야만 하겠다. 그는 1차 세
계대전이 끝난 직후 동경으로부터의 제의를 수락할 때까지 10년 간
〈호놀룰루 애드버타이저(Honolulu Advertiser)〉의 주필로 있었다. 그는
훌륭한 인격자로서 세계 각지의 사람들로 이루어진 하와이 사회에서
큰 심임을 받고 있었다.

　　그는 자신이 주필로 있는 신문의 사설과 기사를 통해 내가 호놀룰
루에 설립한 한국기독교회관과 한국기독교회에 특별한 관심을 보여주
었다. 그는 항상 이 지역에서 소수를 차지하고 있는 한국 이민자들을
동정했으며, 때로는 하와이 주민의 대다수를 차지하는 일본인들과 충
돌하기도 했다. 일본인들은 어디를 가나 제국 건설에 부심하는 족속
으로, 그들은 미국 영토인 하와이 내에서도 작은 일본을 건설하고 있
었다. 미국의 지도자들, 특히 금융가들은 널리 알려진 "인종 용광로
(melting pot)"(*다민족 동화同化의 대명사로 쓰임 — 역자) 개념을 주창함으
로써 일본인들을 돕고 있었다. 한국인들은 이 "인종 용광로(melting
pot)" 개념이 미국식으로 발전하지 않고 일본식으로 변질되어 가는 것
을 보고는 거기에 휩쓸려들기를 거부했다. 그 결과 자연히 한국인들
은 고립되었고, 잊혀진 사람들이 모여 있는 곳, 즉 망각의 변방(limbo)
으로 떨어지게 되었다.

매티슨 씨(Mr. Matheson)는 이 무시당하고 있는 한국인들이 장차 미국에 기여하게 될 것으로 생각하고 그가 할 수 있을 때마다 일반 대중에게 한국인의 입장을 소개했다. 일본인들은 곧바로 그를 한국을 옹호하는 자라고 비난했다. 아니나 다를까, 그들은 약은 수를 써서 그를 동경으로 초청했다. 〈저팬 애드버타이저〉가 그를 초청하자, 그는 그 초청을 수락했다.

1919년, 한국에서 비폭력 독립운동(3 · 1운동)이 발발하자 그는 무기도 없이 평화롭게 독립을 외치는 대한 남녀들의 영웅적 투쟁을 일본의 군대와 헌병과 경찰이 총검으로 무자비하게 진압하는 기사를 수차례 적나라하게 써서 미국으로 발송했다. 한번은 내가 전보로 메시지를 보냈으나 회답이 없었다. 얼마 후 비밀경로를 통해 회답이 왔는데, 자기에게 직접 메시지를 보내지 말아달라는 부탁이었다. 수년 후 그는 일본에서 생을 마쳤다. 그가 죽었다는 소식은 나에게는 큰 타격이었다.

나는 세계 언론사상 그 유례를 찾기 힘든 가장 비극적 사건에 대한 최신 보도를 끝으로 이 장을 마치려고 한다. 그것은 로이터통신의 동경 주재원 콕스(Melville J. Cox)에 관한 얘기인데, 그는 1940년 7월 27에 체포되어 55시간의 고문을 견디다 못해 이틀 뒤에 죽었다. 의혹에 쌓였던 그의 사인死因에 관한 완전한 진상은 그해 10월 3일에 가서야 비로소 런던에서 공개되었다. 상례常例대로, 이 사건에 대한 일본측 해명과 외국의 진상 보도는 판이하게 달랐다. 일본측의 해명은, 콕스 기자는 경찰이 그의 "혐의에 대한 증거"를 확보하고 있음을 알고 경찰청 5층 창문에서 투신자살했다고 하였다. 그러나 외국 기자들은, 일본 경찰이 그가 혹독한 고문으로 죽자 고문의 상처와 부상을 은폐하기 위한 최상책으로 5층에서 던져버렸다고 믿고 있다. 그의 부인이 제시한 증거는 외국 기자들의 견해를 뒷받침했다.

그가 7월 27일 동경에서 경찰에 검거되었을 때, 일경은 그의 부인에게 "그에게 물어 볼 일"이 좀 있다고만 말했고, 그에게 무슨 혐의가 있다고 말한 적은 없었다.

이틀 뒤인 29일 아침에 부인은 유치장으로 남편의 아침식사를 가지고 갔고, 점심은 오후 1시 30분에 가져갔다. 부인은 아침식사와 같이 들여보낸 질문 쪽지에 대해 답을 해달라고 부탁했다. 30분 후에 대답이 적힌 쪽지를 받았지만 심하게 떨리는 손으로 휘갈겨 써서 그것이 남편의 글씨라고는 도저히 인정하기 어려웠다.

호텔로 돌아왔을 때, 남편이 부상을 당했으니 경찰 법정으로 오라는 전화를 받았다. 그녀는 서둘러 그곳으로 갔는데, 다만 도중에 무슨 일이 일어났는지를 알리기 위해 영국대사관에만 잠시 들렀다.

신문 보도에 의하면, 콕스 부인의 말은 이러했다:

"그들은 나를 5층으로 데려갔다. 그리고 내 눈에 들어온 것은 내 남편의 처참한 몰골이었다. 딱딱한 벤치에 두 다리를 늘어뜨리고 누워 있는 남편의 온 몸은 상처투성이로 퉁퉁 부어 있었다. 그의 팔과 다리는 맥없이 축 늘어져 있었고 척추도 부상을 입었다. 얼굴과 손은 시퍼렇게 멍이 들어 있었다. 오른쪽 눈은 감겨 있었고, 그의 두개골과 턱은 부서져 있었다. 주사를 찌른 자국만 서른다섯 군데가 넘었다. 어떤 경찰들은 웃고 있었다."

보도된 기사에는 콕스의 절규가 실려 있다:

"야, 이 지옥 갈 놈들아! 나쁜 놈들아! 나를 내보내줘! 나를 어찌하려는 거야? 이 죽일 놈들아! 날 좀 내버려둬! 제발 날 보내줘!"

콕스 부인은 말을 이었다: "지미는 순교殉教의 고통을 겪고 있었다. 잠시 후 남편을 조금이라도 편안케 해주려고 베개를 달라고 했더니 딱딱한 일본식 방석만 있다고 했다."

부인은 그 경찰에게 자기가 남편을 위해 차입했던 방한복이 들어 있는 가방 두 개를 당장 돌려달라고 요구했다. 결국 그들이 가방을 가져왔기에 열어보니 자기가 남편을 편안하게 해 주려고 보낸 옷들이 하나도 전달되지 않았던 것이다. 콕스 기자는 아내의 품속에서 숨을 거두었다.

자기 남편이 치명상을 입은 것은 경찰의 주장대로 12시 30분이 아니라 그날 오전 10시와 11시 사이였으며, 자기 남편이 죽어가고 있는 것이 확실해지자 경찰이 아내인 자기를 불러들인 것이라고 그녀는 확신하고 있다. "내가 경찰청을 떠나 호텔에 도착해서 전화를 받은 시간 사이에 내 남편을 5층으로 끌고 올라가서 몸을 씻기고 붕대를 감아준다는 것은 불가능한 일이다"라고 부인은 말했다.

콕스 부인은 남편을 가두었던 지하실 감방으로 데려가 달라고 요구하면서, 만약 자기 요구를 들어주지 않으면 창문에서 뛰어내리겠다고 협박했다. 그곳은 어둠침침하고, 악취가 나고, 습기가 찬, 일어설 수도 없는 작은 칸막이 방이었다. 출입문은 세 자(3feet) 높이도 안 되었고, 앉는 나무의자만 하나 달랑 놓여 있었다.

그가 죽은 후 경찰은 "그의 죄상罪狀의 증거"가 있다고 말했으나 아직까지 그 혐의점도 공표하지 못하고 있다.

이와 같은 얘기는 한국인들 사이에서는 종종 일어나는 사례이다.

많은 신문기자들이 다른 신분의 사람들과 마찬가지로 고문과 의문치사疑問致死의 희생자로 이유도 모르게 사라져버렸다. 그러나 그들은 억울함을 호소할 길도 없었고 슬픔과 고통을 동포들에게 알릴 기회도 없었다.

그토록 맹목적으로 항상 친일親日을 해왔던 영국 사람들이 자신들의 "친구들"의 손으로 그런 혹독한 취급을 당하고 있으니, 참으로 이상한 일이 아닌가?

문제는, 태평양 지역의 평화는 오직 미국과 저 침략국가와의 친선을 통해서만 보전될 수 있다는 신념하에 국가 방위를 희생하더라도 미국인들은 일본과 친하게 지내야 한다고 주장하는 사람들이 아직도 많다는 것이다.

제 6 장
외국인 선교사들

신문기자 다음으로 일본이 가장 싫어한 것은 외국인 선교사들이다. 그곳에 나가 있는 선교사의 사업은 현지인들의 영혼 구제이다. 만약 선교사가 자신의 사명에 충실하다면, 그가 하는 일은 중국 국민의 영혼의 안위安慰를 위한 것이다. 다른 외국인들은 더 이상 이익도 얻을 수 없고 즐거움도 찾을 수 없음을 알고 나서는 모두들 보따리를 싸가지고 떠나지만, 선교사들은 남아서 본국에서 보내주는 돈으로 생활하면서 생명의 위험을 무릅쓰고 자신들의 사명을 계속 수행한다.

일본이 선교사의 일본 점령지역 체류를 반대하는 이유로는 다음과 같은 몇 가지가 있다.

(1). 현지 주민들은 선교사를 자기 자신들뿐만 아니라 일본인들보다도 우월한 사람으로 우러러본다. 백인을 포함한 어느 민족보다도 일본인이 가장 우월하다는 것을 입증하려고 시도하고 있는 그들에게 이런 태도는 달갑지 않은 것이다. 그런데 선교사가 그곳에 있는 한 "토착주민(the natives)"들은 정신적·도덕적 지도를 위해 선교사를 찾아갈 것이다. 중국인은 절대로 일본인에게 완전히 순종하지 않을 것

이다. 그런데 일본인은 중국인의 상전은 하나만 있어야 하고, 그 상전은 바로 일본인이어야만 한다고 주장한다. 그래서 일본인들은 30년 전 한국에서 선교사들에게 "고개를 굽히고 있거나, 아니면 고개를 들고 떠나거나(bow and no go, or go and no bow)"의 양자택일을 강요했던 것이다. 그러면서도 그것을 정책으로 공표하는 경우, 자신들이 반기독교적이라는 지탄을 피하기 어렵다는 것을 그들은 잘 알고 있었다. 그렇게 되면 세계 최고의 문명국인 일본제국의 명예에 손상을 끼치게 될 것이다. 그런 모험을 할 필요가 어디 있는가? 그들이 과거에 능숙하게 써 먹었던 비非 강압적 방법들을 쓴다면 이런 비판을 받지 않을 수가 있을 것이다. 그 결과, 선교사들은 가능한 모든 구실 하에 모욕과 차별과 신체의 부상 등 모든 수난들을 감수해야만 했다.

(2). 선교사들은 중국 내륙에 살면서 어느 곳이든 여행을 한다. 그들은 일본인들이 자행하는 모든 만행들을 목격한다. 자연히 그들은 중국인들을 동정하게 된다. 그들은 일본 침략자들이 중국인들을 굴복시키려고 저지르는 죄악과 잔학한 행위들을 비난한다. 그들이 바로 일본의 야만적인 포학성을 현장에서 목격한 글과 스냅사진을 찍어 각기 본국에 보냄으로써 바깥세상의 감정을 부추기는 자들이다. 일본 군국주의자들은, 다른 군국주의자들과 마찬가지로, 그 피해자들의 저항을 분쇄하기 위해서는 고문, 방화, 무차별적 학살 외에는 다른 방법이 없다고 믿는다. 그러므로 어떤 외국인이건 이런 모든 만행들을 목격해서는 안 되며, 따라서 선교사들은 추방되어야만 한다.

(3). 서양의 민주주의 정신은 "미카도이즘(Mikadoism)"(*御門拜(み

かどおがみ): 천황숭배의 전체주의 사상을 필자가 냉소적으로 표현한 용어이
다. ─ 역자)에 대해서는 독소와 같다. 선교사들은, 최후로 승리하는 것
은 힘이 아니라 정의이며, 사악함과 부정의는 그 자체의 악행으로 인
해 처벌을 받을 것이며, 민주주의 국가에서는 시민들이 자유 수호를
위해 목숨을 바치는데, 이것은 사무라이 정권에게는 절대로 용납될
수 없다는 진리를 가르친다.

(4). 선교사들이 설교하는 종교는 일본의 국교國敎라고 할 수 있는
불교佛敎와 신도神道 사상과는 서로 상극이다. 일본의 통치자들은 신
격 존재의 직계 후손이므로 전 인류는 미카도(御門: 天皇)의 신사神社
앞에서 머리를 숙이지 않으면 안 된다.(*이것이 신사참배神社參拜를 강
요하는 이유이다. ─ 역자) 그런데 기독교인들은 신사참배를 거부한다.
일본 정부는 선교사들과 그들을 추종하는 신도들이 일본 천황의 영정
影幀에 경의를 표하도록 하는 데 곤란을 겪었다. 비록 일부는 그것을
하고 있지만, 그들은 하기 싫은 것을 억지로 하고 있는 것이다. 일본
인들이 보기에는, 문제의 근원은 기독교 선교사들이 존재하는 데 있
으므로, 그들은 마땅히 추방되어야만 한다.

30년 전 한국에서 이 정책을 강행하려고 했을 때, 일본인들은 그
시행을 서서히 해야 된다는 것을 깨달았다. 그러나 지금 중국에서야
겁낼 게 무엇이랴? 세계에 대해 자신들의 군사력이 막강함을 증명해
보이려고 하는 것이 아닌가? 그러므로 지금 중국 내의 선교사들은 한
국의 선교사들보다 더 큰 고통을 받을 것이 예상된다. 수많은 사건들
중에 몇 가지만 예를 들어봐도 전체 이야기를 알 수 있다.

세계의 문명국 사람들은 전시戰時라 하더라도 학문과 종교기관만 큼은, 비록 완전하게 보호하고 보전하지는 못할지라도, 아끼려고 특별한 노력을 기울인다. 이는 국가 간에 확립된 법으로 인식되고, 그 법을 준수하는 것은 인간 본능의 일부로 간주되고 있다. 그러나 일본인 침략자들은 이 확립된 관례를 무시하고 이 기관들을 포격의 목표물로 정해 놓고 있다. 일본 군대가 한 도시에 입성하면, 그때부터 "로마의 휴일(Roman Holiday)"을 즐기도록 군인들을 느슨하게 풀어놓는다.(*Roman Holiday란 남을 희생시키면서 즐기는 여흥, 폭동, 소란, 약탈 등을 말한다. — 역자) 마음대로 약탈하고 강간하는 것이 그날의 일정이다. 누구든 자기가 원하는 것은 무엇이든, 모든 것들을 다 취한다.

한편 어떤 부대는 점령지로부터 고대 문명의 유물, 예술품과 과학 분야의 다양한 물건들을 옮겨가는 특수임무를 띠고 박물관, 도서관, 미술관 등의 기관을 약탈하도록 파견된다. 그렇게 약탈한 유물과 물건들을 일본으로 보내서 동경을 동양 문화와 문명의 중심지로 만들고 있다. 이 조직적인 국제적 약탈 제도는 1905년 한국의 서울을 점령한 일본군에 의해 처음으로 시행되었다. 극동에서 가장 유명하고 오래된 두 개의 도서관 중의 하나인 규장각奎章閣을 샅샅이 뒤져서 희귀 도서와 골동품들을 거의 다 일본으로 훔쳐갔다.

그 후 총검을 빼들고 장전裝塡한 총을 맨 일본군 대부대를 송도 근방의 풍덕사豊德寺로 파견하여 한국에서 가장 오래된 두 개의 큰 석탑 중 하나를 완전 해체하여 그것을 전부 일본으로 가져갔다. 이와 관련하여, 이와 똑같은 약탈심리가 심지어 재미 일본인들에게도 보편적이라는 사실은 독자들에게 매우 흥미 있는 일일 것이다. 그들은 기회만 있으면 정당한 방법으로든 부정한 방법으로든 그들의 제국을 풍부하게 만들려고 노력한다. 그들은 역사적 사실의 모든 흔적들을 말살하려고 끈질기게 노력하면서 수 세기에 걸친 한국의 문화와 문명을 훼손시켰다.

그들은 정확한 과거사를 담고 있는 책들을 조직적으로 샅샅이 뒤져서 전부 일본으로 가져가거나 파기해버렸다. 그리고는 자신들의 노력의 금자탑이라도 쌓듯이, 일본인들은 한국의 새 역사책을 편찬하고 있다. 한국인들은 저들이 만들고 있는 것이 어떤 종류의 역사책일지 잘 알고 있다. 일본의 국가 형성이 한국보다 2천 년이나 뒤쳐진 것이 사실임에도 불구하고, 일본인들이 편찬하는 신新한국사는 한국의 최초 통치자가 신무천황(神武天皇)의 형제였다는 것과, 그리고 한국인들은 여러 번 일본의 지배하에 있었다는 것을 증명하려고 획책하고 있다.

일본인들은 자신들이 태양신(日神) 또는 월신月神의 후손이라고 전 세계가 믿도록 할 수도 있겠지만, 한국에 관한 역사적 진실을 바꿀 수는 없다.

본론으로 돌아가기 전에 이와 관련된 중요한 한 가지만 더 언급해 두고자 한다. 일본이 언젠가 한·중 연합군에게 무릎을 꿇고 항복하는 날에는 그들이 한국과 중국에서 도둑질해 간 최후의 책 한 권, 최후의 유물 하나까지 완전히 반환하기 전에는 평화조약에 서명하거나 휴전을 선포하는 일은 절대 없어야 한다는 점을 명심해야 한다.

미국인 소유의 기관들이 특별히 파괴의 대상이 되었다. 광동(廣東)에 있는 미국인 소유의 링난(嶺南)대학이 크게 파손되었고, 대학 구내에 가한 일본 공군의 폭격으로 한 중국 여자가 사망하였다. 한커우(漢

□)의 미국교회 선교본부 소속의 분(Boone)대학에도 폭탄이 3개 떨어져 건물이 대파되었다. 동시에 대학 구외區外에 있는 미국인 소유 건물에 폭탄 7발이 떨어져서 피난민 6명이 숨졌다. 대학 운동장에 떨어진 폭탄 한 발 때문에 한 건물 안에 있던 피난민 7명이 즉사했다. 어느 누구도 이것이 우발적이거나 과실에 의한 것이라고 주장할 수는 없다.

미국교회 선교본부의 로버츠(W.P. Roberts) 주교의 증언에 의하면, 일본군은 1938년 6월 초부터 수저우(蘇州), 쟝수(江蘇), 양저우(揚州)와 기타 지역에 있는 선교교회, 학교, 주택 등을 점령하고 있고, 그때까지 그 주교의 관구管區 내에 있는 9개 선교부를 파괴하였다. 뿐만 아니라, 로버츠 주교가 공표한 바에 따르면, 일본군은 양저우(揚州)에서는 고의로 선교부 도서관을 불살랐으며, 거센 항의에도 불구하고 침례교 병원을 자신들의 야전병원으로 바꾸어 버렸다.

애초 25만 불이나 들여서 지은 차페이(茶沛)에 있는 침례교 선교본부 건물은 끊임없는 폭격과 포격으로 거의 완전히 파괴되었다. 여전히 주거가 가능한 빌딩들은 일본군이 점령하고 있었는데, 그러한 사실 자체가 성소聖所에 대한 모든 종교적 감정에 대해서는 혐오감을 일으키는 일이다. 어떤 빌딩은 군용 마구간으로, 다른 곳은 군 막사와 탄약고로 사용되었다. 다른 도시들도 비슷한 경험을 하였다.

우창(武昌)에서는 일본 군인들이 병원 담벼락에 기어 올라가서 중국 피난민 여성들을 "괴롭혔다." 일본군의 이런 행위들을 일본군 본영本營에 고발하자, 일본군 장교들은 피식 웃기만 하고 고발한 사람들에게 집으로 돌아가라고, 그리고 그 일에 대해서는 입을 다물고 조용히 있으라고 협박했다.

그들이 침략 지구 내에서 이런 저런 선교기구의 시설들을 점령할 때에는 군 작전상 불가피하다는 핑계를 대면서 잠시 동안만 머물러 있을 거라는 인상을 주려고 했다. "언제까지 사용할 거냐?"라는 질문을 받을 때마다 그들은 작전상 필요가 끝나자마자 원주인에게 반환될 거라고 대답했다. 그러나 최고위층의 지시가 내려오기 전에는 이런 상태는 변하지 않을 것이다. 미국의 영사관과 국무성이 이에 대해 강력히 항의했으나, 그리고 영국의 외교관들도 이에 대해 강력히 항의했으나, 칼자루를 꽉 잡고 있는 일본 군부의 무성의한 대답은 "사정이 허락될 때까지 일본군 점령 지구는 외국인에게 개방되지 않을 것이다"라는 것이었다.

메리놀(Maryknoll) 선교회 소속의 선교사 다운스(Downs) 신부는 펜실베이니아 주 이어리 시(Erie, Pa) 출신으로, 그는 1938년 7월 홍콩의 자기 집에서 집무를 보고 있었다. 그때 2시간에 걸친 공중폭격으로 49개의 폭탄이 그 시의 민간인 거주 지역에 떨어졌다. 그는 그 공습에 마음이 흔들리지 않으려고 자기가 하던 일에 열중했다. 얼마 후 폭탄의 파편들이 벽을 때리는 소리가 들리더니, 갑자기 그의 집이 무너져 버렸다. 그는 기적적으로 경상만 입고 집을 빠져나와 부둣가로 달려가서는 그만 쓰러져서 의식을 잃고 말았다. 그 후 부두의 하역인부에 의해 구출되어 미 해군함정 새크라멘토(Sacramento) 호에 승선했다.

오파굴드(Orpha Gould)와 로잘린 링커(Rosalin Rinker)라는 두 미국인의 증언에 의하면, 일군의 중국 침공으로 시작된 모든 테러 행위들 중에서도 바오팅푸(保定府)의 점령은 가장 피비린내 나는 것이었다고 한다. 그들은 라위엔(蠟苑)으로부터 우박을 동반한 폭풍우를 뚫고 6일간 60마일을 행군하여 전투가 개시되기 전날 밤에야 바오팅푸에 도착

했다. 오는 도중에 일본 전투기들이 그들을 향해 세 차례나 기총소사
機銃掃射를 했지만 피하여 달아나 목화밭이나 콩밭에 숨어서 기적같이
목숨을 구했다. 그들은 가장 참혹한 전쟁 장면들을 목격한 증인들이
다. 평화롭게 살아가던 수백 명의 시민들이 남녀노소를 불문하고 무
차별적으로 사살되고, 도시 전체가 일본 군인들에 의해, 일본군 장교
들이 지켜보고 있는 가운데, 약탈당했다.

1938년 6월 18일에는 산동성山東省의 반도半島에 소재한 미국 남침
례교회 선교본부가 폭격을 당했다. 학교 건물들이 대파되고 수많은
중국인 민간인들이 살해되었다. 폭격 당시 선교본부에는 6개의 미국
성조기가 휘날리고 있었다.

한커우(漢口) 외곽 교샨(膠山)에 소재한 루터교회(Lutheran) 선교본
부 소속 병원에는 10마일 밖에서도 잘 보이는 12개의 대형 성조기가
게양되어 있었음에도 불구하고 폭격을 당했다.

창저우(昌州)에 있는 남침례교 선교본부는, 병원 지붕 위에 "U. S.
A."라고 크게 표시해 놓았고, 40피트나 되는 긴 성조기를 페인트로
그려놓았으며, 게다가 선교본부 구내에는 대형 성조기가 높은 게양대
에서 펄럭이고 있었음에도 불구하고 3번이나 폭격을 당하여 선교본부
병원에 있던 중국인 환자 4명이 중상을 입었다.

1938년 1월 19일엔 일본군은 홍청(紅靑)에 있는 뉴질랜드 장로교
병원 구내에다 여러 개의 폭탄을 투하했다. 그 중 하나가 깊은 우물
속으로 굴러들어가 밑바닥에서 폭발함으로써 빌딩과 주택들이 크게
흔들렸으나 심각한 피해를 끼치지는 않았다.

1938년 2월 3일에는 상해시의 남감리교회 선교본부에 소속된 무
어 기념교회(The Moore Memorial Church) 마당에 수류탄이 투척되었다.

이 사건의 중대성은, 이 교회는 외국의 영토로 간주되어온 국제 조계지 안에 있었다고 하는 사실이다.

이 모든 사건들에 대해 일본군은, 일본 폭격기들로서는 외국 선교본부들에 대한 포격을 피하기가 거의 불가능했다는 핑계를 대고 변명할 수도 있을 것이다. 그러나 대부분의 경우 그런 주장이나 변명은 결코 정당화될 수 없다. 일본의 폭격기들은 단지 상부의 명령에 따라 폭격을 하였음이 분명히 드러나고 있으며, 또한 그들은 오락삼아 아주 즐기면서 폭격을 했던 것으로 보인다.

1938년 5월에는 일본의 전폭기들이 카이펑(開封)에 있는 이태리 천주교 선교본부의 성당을 다섯 차례나 폭격했는데, 마침내 폭탄 하나가 성당 건물에 명중하여 완전히 파괴해 버렸다. 당시 그 부근에는 군부대도 주둔해 있지 않았고, 날씨도 아주 맑아서, 수마일 밖에서도 누구든지 50피트 크기의 장방형의 거대한 이태리 국기가 성당 위에서 펄럭이고 있고 선교본부 밖에는 이태리 국기 셋이 뚜렷하게 걸려 있는 것을 볼 수 있었다. 여러 지역에 있는 영국과 캐나다의 선교본부에도 유니언 잭(The Union Jack: 대영제국 국기)이 다 걸려 있었지만 아무런 경고도 없이 수시로 폭격을 당했다.

제칠일안식교 선교본부 소속의 앤더슨(J.P. Anderson) 목사는 와이저우(魏州)로 자동차를 몰고 가다가 백주 대낮에 기총소사를 당했다. 의도적인 공격이었음이 너무나 분명했다.

그 당시 일본 침략군들이 외국 선교사들에게 범한 것으로 알려진 잔학행위들 중에서 가장 야만적인 것은 천주교 선교사들을 9명이나 학살한 사건이다. 한 일본군 장교가 도시 안의 천주교 선교본부를 관장하는 주교를 방문했다. 그 장교는, 선교본부 정문에다 그곳에 거주

하는 사람들을 괴롭히지 말라는 경고문을 붙여 놓았으니 그 경고문이 주교와 선교본부를 보호해줄 것이라고 장담했다. 그러나 그 후에 일어난 사건의 전모를 보면, 안전을 보증한다는 경고문이 사실은 범죄 행위를 하도록 지시하는 신호였던 것이다.

다음날 저녁, 선교사들이 저녁식사를 하고 있을 때 정복 차림의 일본군 병사 10명이 선교본부에 밀어닥쳐 그들을 밖으로 내몰더니 그들의 손을 결박하고, 눈을 가린 다음, 군용 트럭에 강제로 태워 가지고 일본군 화장터로 향했다. 그 후 그들의 운명이 어떻게 되었는지는 아무도 모른다.

그 후 중국측 소식통에 의하면, 일본군의 행동을 전혀 수상하게 생각하지 않고 있던 선교사들을 대검으로 찔러 죽인 다음 그 시신을 불로 태워 재로 만들어버렸다는 것이다. 그들의 죄목은 중국인을 동정했다는 것이다. 이 소식이 전국으로 퍼져나가자 외국인들은 공포에 떨게 되었다.

성령강림교회(Pentecostal missionary)의 선교사로서 중년 나이의 절름발이인 레너드(Leonard)가 산시성(山西省) 타이위엔(太原)에서 실종되었으나 그 사건의 진상에 대해서 아는 사람은 아무도 없다. 그는 어느 날 영문도 모르게 갑자기 사라져버린 것이다. 자기 방에 혼자 있는 그의 아내 엘리노(Eleanor)를 사람들이 처음 발견했을 때, 그녀는 엎어져 반 혼수상태에 있었다. 그녀는 극도의 공포감에 휩싸여 있었으므로 무슨 일이 일어났는지를 조리 있게 설명하지 못하고 횡설수설하기만 했다. 그녀의 애매하고 앞뒤 연결도 되지 않는 말들을 짜 맞춰본 결과, 범인들은 밤중에 들이닥쳐 그녀의 남편을 침대에서 끌어내려서는 입에다가 재갈을 물리고 손발을 묶은 다음 끌고 나갔는데, 끌려갈 때 그는 피를 철철 흘리고 있었다는 사실이 드러났다. 그 후 그가 어떻게 되었는지 아는 사람은 일본인들뿐이다.

1937년 12월 5일, 저저우(浙州)에 있는 미국 선교본부 직영 병원 (American Board Mission Hospital)은 부상당한 중국인들을 많이 치료하고 있었는데, 그때 일본군 당국이 중국인 환자 중에서 5명을 연행해 가겠다고 했다. 병원 측은 인도주의에 입각해서, 환자를 연행하는 것은 곧 그들을 죽이는 것이라고 설명하면서 그 요구를 거절했다. 수일 후 일본군은 강제로 병원에 난입하여 그 환자들을 연행해 갔다. 이 사건은 수백 건의 유사한 사건들 중의 하나일 뿐이다.

미국인들은 전쟁을 원하지 않는다. 일본의 육·해군은 전쟁을 원한다. 그들은 전쟁을 통해서만 극동의 지배 민족이 되고자 하는 그들의 목적을 달성할 수 있다고 믿기 때문이다. 정복한 영토에서 약탈, 고문, 포격을 하는 것은 그들의 테러 정책의 일부일 뿐이고, 마치 미국인들이 스포츠를 즐기듯이, 일본인들은 그런 야만적 행동을 스포츠처럼 즐기고 있는 것으로 보인다. 처음에 일본인들은, 군인이건 민간인이건, 중국인들을 죽이는 것만으로 만족하는 듯했다. 그러나 곧 중국인들만 죽이는 데 싫증이 나자 그들은 때때로 백인 한두 명을 골라서 총부리를 겨누고, 실제로 죽이지는 않더라도, 공포에 떨게 하는 짓거리를 즐기게 되었다.

버몬트 주 벌링튼(Burlington) 시의 브라우넬(H.C. Brownell) 교수가 겪은 일도 이와 같은 수많은 사건들의 전형적인 예이다. 그는 링난(嶺南)대학교의 주임교수였다. 1938년 12월 1일, 그가 대학 캠퍼스의 일본인 보초를 점검하는 동안 일본 군인들이 마치 사격을 즐기듯이 그의 머리 위로 총을 쏘았다. 그가 기겁을 한 것은 물론이다. 일본군들은 놀란 그를 보고 너무 재미있어서 킬킬 대고 웃었다. 화가 난 교수는 일본군 장교에게 자신을 모욕한 사건에 대한 진상 조사와 사과를 요구했다. 놀랍게도 그 장교는 시치미를 뚝 떼고 당시 그곳에 중국 군인들이 있는 줄 알았다고 대답했다. 그는 더 이상 어찌해 볼 도리가 없음을 알아차리고는 포기하고 말았다.

다른 문제로 화제를 돌리기 전에 여기에서 간단히 일본인들이 한국에서는 외국 선교사들에 대한 정책을 어떻게 처리했는지 살펴보는 것이 좋을 것이다. 과거를 되돌아보는 것은 곧 미래를 예견하기 위해서이다(To review the past is to preview the future). 우리가 명심해야 할 것은, 일본이 고의로 조약의 규정을 위반하여 한국을 병합함으로써 그들의 우방이었던 한국을 배신할 당시에는, 일본은 미국과 영국의 의사와 대립할 수 있을 정도로 충분히 강하지 않았다는 사실이다. 이 두 나라가 당시 일본에 대해 반대 입장을 확고히 취했더라면 일본이 그처럼 행동하지는 못했을 것이다.

그러나 이제는 강대국들의 물질적 정신적 지원을 받아서 강성해졌으므로, 일본은 그들을 배신하고 또 그들에게 도전할 준비가 되어 있다고 믿고 있다. 미국과 영국은 큰 힘을 들이지 않고도 일본을 저지할 수 있을 때 그렇게 하지 않았다. 그 당시에는 미국과 영국이 일본을 충분히 잘 알지 못했기 때문이다. 이제 그들은 일본을 알게 되었고, 그리고 일본의 행동을 저지하기를 바라지만, 그런 노력을 하기가 두려워졌다. 왜냐하면, 그렇게 되면 전쟁도 불사해야 하기 때문이다. 이제 할 수 있는 일은 시간을 벌기 위해 정면 대결을 회피하면서 최선의 방책을 기대해 보는 것뿐이다. 이렇게 해오는 동안 모두들 일본인들의 마음속에 일본은 무적無敵이라는 생각을 심어주는 데 일조一助해 왔다.

일본이 한국에서 선교사 문제를 해결하려고 할 때에는 서방국가들의 의심을 사는 것은 현명하지 못하다고 판단하여, 유연한 정책을 폈다. 그들이 현재 중국에서 기독교인들을 탄압하는 것처럼 기독교 선교사들을 박해하는 대신에, 처음에는 그들의 환심을 사려고 노력했다.

종교를 가장한 반관半官·반정치半政治 조직인 '일본의 초超교파 집회 교회(Japanese Congregational Church)'는 일본에서 한국으로 "선교사들"을 파견했다. 그들과 함께 불교 승려와 신도교神道敎의 신관神官들도 같이 왔다. 그들의 유일한 목적은 한국 기독교인들을 배교背敎시켜서 미국 선교사들과의 유대관계를 끊어버리려는 것이었다. 일본 기독청년회(YMCA)와 불교청년회(YMBA: Young Men's Buddhist Association)의 회관은 물론이고 거창한 사원과 교회들을 건립하고, 한국 기독교인들에게는 일본 정부가 그들을 더 많이 지원하겠다는 약속을 하면서 자기들에게 가입하라고 설득했다. 그러나 실망스럽게도 일본인들은 한국 기독교인들이 쉽게 개종하지 않는다는 것을 알았다. 사람들의 단체라면 어느 곳에도 한 둘은 끼어 있듯이, 정치적인 또는 재정적인 이유로 소수의 신자들은 그들에게 넘어갈 수도 있을 것이다. 그러나 전체적으로 보면, 한국 기독교인들은 정치적인 차별과 종교적인 박해에도 불구하고 자신들의 믿음을 지켰다. 모든 교파의 지도자들은 일본인들의 그런 책동의 이면에 흉계가 있음을 간파하고 그들과 상종하기를 거부했다.

1911년 초봄에 일본의 모든 교회와 YMCA의 공동위원회는 한국의 저명한 인사들에게 일본을 친선방문 해달라는 공식 초청장을 보냈다. 초청인사 명단에는 필자의 이름도 포함되어 있었다. 명단에 들어 있는 모든 사람들은 친근한 모某 관계기관을 통하여 그 초청에 응하여 일본인들에게 기독교 정신을 보여주도록 하라는 은근한 종용을 받았다. 그렇지 않으면 일본인들은 감정이 상해서 그들을 의혹의 눈으로 대하게 될 것이라는 것이 그 이유였다. 좌우간 일본에 가는 것이 현명하다는 쪽으로 의견이 기울어졌고, 갈 수 있는 사람들은 거의 모두 갔다. 나는 가지 않고 남았던 몇 사람들 중의 하나였다.

방문단이 여정에 올랐을 때, 내가 불참한 이유도 설명하지 않고 남아 있는 것에 대해 일경日警은 분통을 터뜨렸다. 내가 집에 없을 때 일경이 집으로 찾아와서는 일본에 가기를 거부한 이유를 대라고 다그쳤다. 하인들이 "영감님께서 병석에 계시므로 이 박사께서는 떠날 수가 없었다"고 말했다. 사실 부친께서 편찮으셔서 나는 갈 수가 없었다. 그렇지 않았다고 해도 나는 전혀 갈 생각이 없었다.

개신교의 저명한 지도자들과 전국의 YMCA 지도자들을 망라한 방문단(신사 유람단)이 일본에 도착했다. 그들이 도착해서 떠날 때까지 일본의 명승지들과 유명한 사찰寺刹과 신사神社들, 그리고 고대의 유적과 현대의 건축물들을 관광하며 후한 대접을 받았다. 각종 만찬과 연회와 그들이 참석한 공식 회의장에서 신문기자들은 그들을 환영하며 면담을 요청했다. 다음날 인터뷰 기사들이 보도되었는데, 목사며 박사며 난다 긴다고 하는 유명 인사들이 일본은 위대한 국가이므로 한국이 일본의 통치를 받는 것은 한국을 위해서 좋은 일이라고 말했다고 하면서 그 말들이 인용되었다. 이런 방법으로 일인들은 한국인 들로 하여금 일본이 세계에서 가장 강력한 나라라는 것을 믿도록 하고, 한국인들은 다시 독립하겠다는 어떤 꿈도 버려야 한다는 것을 믿도록 했던 것이다. 게다가 일인들은 의도적으로 한국 교인들의 눈에 그들의 지도자들이 나쁘게 보이도록 하려고 했다. 한국 기독교인들이 이런 신문기사를 읽음으로써 그들 중의 일부는, 그 기사 내용에 영향을 받아, 한국의 독립은 가망 없는 꿈이라고 생각하게 될 것이라고 일본인들은 생각했다. 또한 그들 대부분은 자신들의 지도자들이 그처럼 비애국적 발언을 한 것을 규탄할 것이라고 생각했다.

결과적으로 젊은 신자들이 대거 이탈함으로써 한국교회는 큰 타격을 받았다. 지도자들은 이미 보도된 것을 변명하거나 정정할 수가 없었다.

어느 날 저녁, 한국의 귀빈들을 위한 특별만찬에 일본의 총리와 고관들이 대거 참석했는데, 그 자리에서 일본 총리가 이상재(月南 李商在) 선생이 누구냐고 물었다. 누군가가 한국인 빈객賓客들 중에서 가장 검소하고 서민적으로 보이는 사람 하나를 가리켰다. 그는 사실 한국에서는 가장 저명한 인물로서 미국의 기독교도들 사이에는 "한국의 톨스토이(Tolstoi of Korea)"로 알려져 있었다. 그는 청년기에 주駐워싱턴 한국대표부의 일등 서기관을 지냈고, 수년간 구한국 시대의 정부 요직을 두루 거친 인물이었다. 다년간의 공직 생활은 그의 번뜩이는 지혜와 명예감名譽感을 보여주는 흥미롭고 감명적인 일화들로 가득 차 있다. 일본 정부의 각료들은 빈객들 중에 그가 있다는 것을 알고는 그가 어떤 인물인지 가까이에서 보기를 기대했다. 총리대신이 그를 알아보고 사회자에게 이상재 경卿에게 한 말씀 부탁하도록 했다. 사회자

는 소개 인사에서 이상재 선생을 극진히 칭송하고는 내빈들이 한국의
이 저명인사의 한 말씀을 듣고 싶어 한다고 말했다. 그는 조용히 앞으
로 나아가 다음과 같은 요지의 연설을 했다:

"일본인 여러분은, 일본은 세계에서 가장 강력한 2~3개 나라들 중의
하나이기 때문에, 여러분이 원한다면 거의 무슨 일이라도 할 수 있다고
생각하고 있습니다. 그러나 여러분은 지극히 막강한 또 다른 왕국이 있
다는 사실을 잊어서는 안 됩니다. 그 왕국은 너무도 막강하여 그 왕국의
왕이 화를 내면 일본의 육군과 해군을 순식간에 궤멸시킬 수 있습니다.
만약 일본인들이 이 사실을 명심하고 항상 그 왕을 기쁘게 한다면 일본
은 위대한 나라가 될 수 있습니다. 그 나라의 왕은 바로 천상의 하나님
이십니다."

일본의 대신들은 서로를 바라보며 머리를 끄덕이더니 "그 말이 맞
다"고 말했다. 이 연설문은 전 일본 신문에 게재되고 또 전재되었다.
그리고 그의 연설을 읽은 독자들도 그의 말이 사실이라고 수긍했을
것이다. 그들이 다 그렇게 수긍했다면, 일본이 그간 한국과 중국에서
저지른 일들로 보건데, 일본은 더 이상 강력한 나라로 지속될 수 없다
는 것은 자명한 일이 아닌가? 모든 점을 감안할 때, 한국 기독교인과
서양 선교사들을 이간질하려고 했던 이 여행은 결과적으로 완전한 성
공을 거두지는 못했다.

데라우치 마사타케(寺內正毅)(*육군대장·원수. 소위 쵸슈(長州) 군벌의
한 사람으로 明治35년에 陸軍相이 되어 한국통감을 겸하면서 한일합병에 간
여했다. 후에 조선총독이 되었고, 大正5년에 수상이 되었다. — 역자) 총독
은 온건정책을 포기하고 강압정책으로 선회했다. 이 정책으로 소위

"1911년의 기독교인 음모사건"(105인 사건: 이 사건의 내막을 고발하는 책이 1913년에 이승만이 하와이에서 출판한 〈한국교회핍박〉이다. ― 역자)이 있게 되었다.

한국의 지도자들은 일인들이 무슨 일을 꾸미고 있는지 알 수 있었다. 왜냐하면 일경과 한국인 끄나풀들이 아무도 도망칠 수 없도록 우리 전부를 미행하고 있었기 때문이다. 내 기억으로는, 모든 "사냥개들"― 일본의 앞잡이 노릇을 하는 한국인들을 그렇게 불렀다. ― 중에서도 가장 악명이 높았던 윤평희라는 비밀 기관원이 있었는데, 그 자는 윤치호(尹致昊) 경卿과 나를 "감시"하는 임무를 맡았다. 우리 두 사람은 YMCA 서울 본부와 관련을 맺고 있었기 때문이다.

이 자들은 지도자들이 지하 감옥에 투옥되어 고문을 받다가 죽었다는 등 온갖 나쁜 소문을 퍼트리도록 지시를 받았다. 그러면 우리가 겁을 먹고 그들에게 굽힐 것으로 기대했기 때문이다. 나는 YMCA 빌딩의 다락에 조그마한 은신처를 마련하고 때로는 그곳에서 밤에 숨어 잤다.

어느 캄캄한 밤이었다. 나는 '인길'이라고 하는 심부름하는 아이를 시켜서 내 서류함의 문서들을 소각하고 나머지는 지붕 밑에 숨기도록 했다. 경찰들이 내가 간직한 일체의 서류를 압수할 것에 대비해서였다. 다음날 이른 아침 부친께서 YMCA 빌딩으로 찾아와서 눈물을 글썽이시며 만나는 사람마다 붙잡고, "내 아들에게 무슨 일이 생겼는지 아시오? 그놈들이 내 아들을 고문을 하여 다리가 부러졌다고 하던데…. 윤평희란 자가 말하기를, 내 자식이 거의 다 죽었다고 하던데…."라고 하셨다.

부친께서는 내가 다락방에 숨어 안전하고 편히 있는 것을 보시고

는 매우 기뻐하셨는데, 나는 부친께서 그렇게 기뻐하시는 것을 평생
처음 보았다.

그 당시 100여 명 이상이 이와 비슷한 수난의 고초를 겪었다. 우리
는 위험이 닥쳤음을 실감하고 최악의 경우를 대비했다. 내가 만약 한
국에 수개월만 더 머물러 있었더라면 컴컴한 감옥에 투옥되어 살아나
오지 못했을 것이다. 한국의 수많은 격동기를 거치면서 매번 생명을
건졌던 것은 일련의 기적이었는데, 그것만 기술하더라도 흥미로운 책
한 권이 될 것이다. 이것은 의심할 여지없이 그간 여러 번 있었던 것
과 마찬가지로 인간으로서는 도저히 극복할 수 없는 난관에서 나를
구원해 주신 보이지 않는 손길의 개입이 있었기 때문이다. 내가 여기
에서 말하고 싶은 요점은, 숭고한 기독교 순교자들이 박해자의 손에
붙잡혀 고초를 겪을 때 나는 출국해서 자유인의 나라 미국으로 돌아
올 수 있었다는 것이다.

전국의 저명한 기독교 신자들이 총독 암살음모 혐의로 체포되었
다. 그들은 예비 "조사"에서 고문을 가하여 허위 "자백"을 받아냈다.
그 자백서는 경찰이 사전에 작성해 놓고는 피의자들로 하여금 강제로
서명하도록 한 것이다. 만일 결백한 이들을 위한 기독교계의 동정과
분노가 거세게 분출되지 않았더라면 살인모의 조서에 부착된 서명으
로 인하여 여지없이 죄의 확실한 증거로 역사에 남을 뻔했다.

그러나 사태는 일인들이 의도했던 대로 전개되지 않았다. 빗발치
는 여론의 힘에 밀려서 법정은 피의자들이 공개재심(公開再審)을 받도
록 했다. 이 재판에서 피의자들은 강제로 서명했던 혐의 사실들을 전
부 부인했다. 그럼에도 불구하고 피의자들 중 9명은 재판도 받지 않고
국외로 추방되었고, 3명은 고문이 직접적인 원인이 되어 죽었고, 나

머지 123명은 1912년 6월 28에 재판을 받기 위해 서울지방법원으로 송치되었다. 이 웃기는 재판에서 피고인들에게는 증인 채택이 거부되었고, 최후의 판결은 순전히 고문으로 비틀어 짜낸 허위 "자백"을 근거로 했다. 9월 29일 선고 공판에서 126명이 5년 내지 6년의 징역형에 처해졌다.

일인들은 한국 기독교인들의 불굴의 정신을 분쇄하는 데 성공했다고 생각했다. 그러나 그것으로 끝난 것이 아니었다. 그것은 시작일 뿐이었다. 일인들이 알게 된 사실은, 한국인들이 수호성자처럼 받드는 미국 선교사 지도자 몇 사람들이 제압되지 않는 한 한국인들은 또다시 독립정신을 발전시키려고 할 것이며, 구 지도자 자리에 새 지도자들이 들어서게 된다는 것이었다. 따라서 이들 선교사 몇 사람을 제거할 필요가 생겼다. 언더우드(Horace Underwood) 박사와 그 외 몇 사람의 이름을 총독암살 음모의 공범자로 법정에서 거명되도록 하려는 비밀계획이 조작되었다. 경찰 예비심문에서 고문을 받다가 죽은 사람들은 그들의 선교사 친구들이 음모에 가담했다는 허위자백서에 서명하기를 거부하고 죽음을 택하였다.

미국의 언론이 곧 사실 규명에 나섰다. 선교본부 사무국이 사건의 상세한 경위 파악에 나서자 뉴욕, 동경, 서울을 연결하는 전보가 불이 났다. 뉴욕 소재 장로교 해외사업국의 간사인 브라운(Arthur J. Brown) 박사는 『한국의 음모 사건(The Korean Conspiracy Case)』이란 책을 출판하여 어떻게 사건 전체가 조작되었고, 왜 재판 취재를 위해 뉴욕 〈헤럴드지(Herald)〉의 북경 특파원 올(J.K.Ohl)을 서울로 급파했는지를 세상에 알렸다. 이 올(J.K.Ohl) 특파원은 신문에 여러 차례 기고하여 일본 경찰과 법원이 순전히 날조해 낸 사건임을 들춰냈다.

남 감리성공회의 간사장인 핀슨(W. W. Pinson) 박사는 오로지 사건을 조사할 목적만으로 황급히 한국으로 왔다. 당시 동경 체류 중인 하버드대 명예총장인 엘리엇(Charles W. Elliot) 박사는 피의자 예심절차를 도입하는 사법개혁을 통하여 문명국가들 내에서의 일본의 지위가 향상될 수 있다고 천명했다. 미국의 교회들은 박해를 당하고 있는 한국 기독교인들을 위해 특별기도회를 열고 있음이 보도되었다.

이때는 바로 일본이 세계가 보는 앞에서는 선하고 품행이 바른 선린(善隣) 국가로 보이려고 부심하던 시기였으므로, 그들에 대한 미국인의 반대 여론이 조성되는 것을 무시할 여유가 없었다. 강경정책을 채택했던 일본 총독은 항소(抗訴) 법원에 한국인들의 재심을 지시할 필요성을 느끼고 재판 과정에서 "조정하는" 방법을 사용하도록 했다. 재심 재판 결과 6명의 가장 저명한 지도자를 제외한 피의자들 전원이 석방되었다. 그 6명 중 5명은 6년 징역형, 1명은 5년 징역형이 선고되었다. 이것은 누구는 형을 받고 누구는 사면되었는지에 대한 이유는 밝히지 않고 그들의 체면 유지만을 고려한 판결이었다.

뉴욕의 장로교 해외선교본부 사무국은 워싱턴 주재 일본 대사관에 한국 기독교인에 대한 형 집행의 이유를 대라고 정식으로 항의했다. 그 후 얼마 안 있어 일본 대사관의 반관半官 성격의 대표가 선교본부 사무국에 은밀히 접근하여 만약 미국 선교사들이 그들의 죄를 시인하고 사면을 청원한다면 일본 정부가 특혜를 베풀어 그들을 방면할 수 있음을 시사했다. 이러한 시사示唆는 단호히 거부되었다. 피의자들은 새 천황의 즉위를 기념하여 "천황 사면"이란 특별사면으로 풀려날 때까지 습하고 어두컴컴한 감방에서 지내야만 했다. 이리하여 소위 한국의 "기독교도 음모사건"이 종결되었다.

    그렇다고 한국 기독교인에 대한 박해가 끝난 것은 결코 아니었다. 1919년 비폭력 독립운동 동안, 선교사가 경영하는 병원마다 일본도(日本刀), 총검, 소방대원의 갈퀴로 부상당한 독립운동가들로 가득 찼다. 치료 중인 부상자들 중에는 죽을 고비에 있는 사람들도 많았다. 소위 "문명한" 일인들은 병원을 떠나서는 죽게 마련인 "위험인물"들을 병원에서 강제로 끌어내 갔다. 한국인들은 이 잔학한 사실을 신문보도를 통하여 미국인들에게 알리려고 했다. 그러나 당시에는 그것이 반일 선전 책동으로 일축되어 미국의 대중들이 믿으려고 하지 않았다. 그 후 세계가 일본을 보는 시각이 달라졌다. 지금은 미국인 누구도 그러한 보도를 허위 선전으로 보지 않는다.

    이렇게 역사에 남을 독립운동의 여파로 한국 · 지린(吉林) · 칭따오(靑島)와 시베리아 연해주 지역까지 수백 명의 한국 기독교인들이 무차별 학살되고, 교회가 불타고, 내륙의 여러 지방에서는 마을 전체가 파괴되기도 했다. 이들에게 씌워진 죄목이란 오직 기독교인은 물론 불교도 · 유교도 · 천도교도를 포함한 전 국민의 지지 하에 비폭력 무저항 독립혁명에 가담했다는 것이다. 그러나 유독 기독교도들만이 전 국민의 "죄"로 인하여 십자가형을 받았던 것이다.

    이 기간에 일인들이 범한 헤아릴 수 없이 많은 잔학한 범죄들 중에 '지암리芝岩里 학살 사건'은 가장 악질적인 것이다. 우리가 가장 악질적이라고 한 것은, 미국에 알려진 사건 중에서만 그렇다는 뜻이다. 국내의 한인들에게 알려진 사건들은 포함되지 않았다. 한국인들은 이 사건들을 기록할 수도 없었고 대량학살의 목격담을 한국인들 간에도 전할 수가 없었다. 이 잔학한 살상의 희생자들의 사인(死因)이 무엇인가라고 물었을 때, 그 희생자의 친구나 친척들이 해줄 수 있는 대답의 전부는 어깨를 들썩이든가 고개를 저으면서 모른다고 하는 것이었다. 한인들이 당한 인명과 재산 피해는 죽은 자는 말이 없고 산 자는 감히 입을 열지 못하므로 기록될 가망이 전혀 없다. 우리가 알아낸 사건들은 모두 외국인에 의해 기록된 것이다. 이 기록들의 일부가 책이나 팜플렛으로 인쇄되어 미국의 도서관이나 독서클럽에 배포되었다. 그러나 일인들이 가능한 한 어느 곳이건 다 색출하여 조직적으로 모조리 폐기시켜 단 몇 부라도 구하기가 힘들다. 다행히 당시의 신문과 "연방 의회 기록부(Congressional Record)"는 일인들에 의해 폐기되지 않고 보존되고 있다. 필자는 이 기록의 대부분을 세심하게 수집 복사하여 보존하고 있다.

자, 이제 1919년 4월 15일의 지암리 학살 사건을 살펴보자. 일본 군들이 한국의 남부 수원에서 약 17마일 떨어진 지암리 마을에 침입하여 기독교 남자 신도들은 모두 설교를 들으러 예배당으로 모이라고 명령했다. 남자 29명이 명령에 따랐다. 일본 군인들은 이들을 완전히 포위하고 창문 안으로 사격을 가했다. 대부분이 죽거나 부상을 당했다. 그리고 교회 건물에 불을 질렀다. 밖으로 도망쳐 나온 사람들은 대검大劍으로 찌르거나 총을 쏴서 죽였다. 6구의 시체가 교회 건물 밖에서 발견되었다. 남편이 불타는 예배당 속에 있음을 알고 들어가려던 두 여인은 처참하게 살해되었다. 19살의 한 여인은 총 대검으로 찔러 죽이고, 약 40살의 다른 여인은 총으로 쏴 죽였다. 두 여인은 기독교 신자였다. 이 살육행위가 끝나자 일본 군인들은 마을에 불을 지르고 떠나갔다.

한 선교사가 자기 남편의 경험을 토대로 이렇게 간단한 증언을 했다: "1919년 3월 4일 '대한민국 만세!'를 외치는 소리가 들려오자 남편은 읍내로 뛰어갔다. 한 시간쯤 후에 그는 울면서 돌아와 '하나님 맙소사! 너무도 처참한 광경을 보았소!' 하고 큰 소리로 외쳤다. 일본인 불량배놈들이 소방용 갈퀴와 곤봉을 휘두르며 무장도 하지 않은 한국인들을 갈기갈기 찢어 죽이고 있었다. 그는 두 불량배놈이 두개골이 깨지고 다리 하나는 축 늘어진 한 사람을 질질 끌고 가는 것을 보았던 것이다."

이 외에도 수없이 많은 참혹한 증언들은 너무나 구역질이 나서 글로 다 쓸 수가 없다. 이런 일인日人들의 야만성, 학살은 돌궐족(the Turk)(＊흉포한 사람 또는 깡패를 은유적으로 표현한 것이다. ― 역자)이나 흉노족(匈奴族: the Hun)의 만행을 훨씬 능가했다. 그런 만행이 다른 깃발 아래에서 저질러졌다면 지구상의 모든 나라들로부터 항의와 비난이 빗발쳤을 것이다. 그러나 그 만행이 욱일승천기(旭日昇天旗: 일본 군대의 깃발) 아래에서 저질러졌으므로 이 동방의 왜소한 흉노족의 심기를 건드리게 될까봐 모두들 벙어리가 되어버렸다.

일인들은 한국 기독교도들에게 저지른 짓을 지금 중국 기독교인들에게 자행하고 있다.＊ 중국인 기독교 신자들만 이런 수난을 당한 것이 아니라 선교사들도 당하지 않을 수가 없었다. 이미 중국에서 일인들의 손에 큰 고통을 당해 왔지만 그것은 이제 시작일 뿐이다. 최악의 사태가 닥치려 하고 있었다. 추후에 일어날 일을 알기 위해서는 이전

＊ *Reader's Digest*, 1938년 7월호, "남경의 약탈", 동지同誌 10월호 "우리들은 남경에 있었다" 참조.

에 일어난 일들을 알아야 한다. 1919년 3·1독립운동 직후에 일어난 한두 가지 선교사 학대 사건은 특별히 우리의 관심을 끈다.

그 중에서도 가장 악명 높은 사건은 오하이오 주의 맨스필드(Mansfield)에서 온 마우리(Ely M. Mowry) 목사에 관한 것이다. 그는 서울의 연희전문(The Union Christian College)의 교수였고, 평양 남녀고등학교의 교장을 지냈다. 그는 자택에 5명의 "범죄자"를 은닉한 죄로 체포되었다. "범죄자들"이란 연희전문 학생 5명과 그의 한국인 비서였다. 기소 다음날 재판에 회부되는 바람에 변호인을 세울 수가 없었다. 그는 속결 재판에서 6개월 강제노동 형을 선고받았는데, 선고를 받은 후에야 그의 친구들은 재판 연기 신청을 할 수도 있다는 통지를 받았다. 후에 4개월 강제노동 형으로 감형되었다. 그는 고등법원에 항소하여 100엔의 벌금을 물고 풀려 나왔다. 이러한 불법 행위에 더하여 일본 경찰은 형무소를 드나들 때 '마우리' 목사의 머리에 동양식 광대 모자를 씌워 모욕을 주었다.

처리한 방법만 다르다 뿐, 비슷한 사건으로는 영국 시민인 토마스(John Thomas) 목사의 경우를 들 수 있다. 그가 충청남도를 여행할 때의 일이다. 그가 길가에 조용히 서 있는데 난데없이 일본인 군인과 민간인들이 대들었다. 여권을 제시하자 그들은 여권을 땅바닥에 내동댕이치고 일본 정부가 발급한 설교 허가증도 같이 구둣발로 밟아 뭉개버렸다. 그는 신체 건장한 사람이었으나 심한 구타로 인해 회복할 수 없을 정도로 몸을 다쳤다. 선교부 병원에서 진찰을 받은 결과 그는 전신에 29군데나 타박상을 입었다. 이 사건으로 선교 사업을 더 이상 할 수 없을 정도로 몸을 다쳐서 결국 그는 한국에서 떠나고 말았다.

주駐 서울 영국총영사는 즉시 일본 당국에 항의했다. 일인들은 구타에 대한 사과를 하고 상해보상으로 5,000엔(약 2,500불)을 지불했다.
미국 여자들이 일본 군인들에 의해 피습당했을 때에는 단 한 마디의
명목상의 사과도 없었음을 감안할 때, 이것은 일본 정부가 영국시민
에게 품고 있던 존경심을 최대로 표시한 것이다.

〈저팬 크로니클(The Japan Chronicle)〉지의 "토마스씨 피습사건"에
대한 논평은 특기할 만하다:

> "선교사들의 비행非行에 대해서는 그토록 상세하게 보도를 하던 재한
> 在韓 일본인 특파원들은 지난 3월 20일의 동양 선교회 소속 존 토마스
> 목사의 피습사건에 대해서는 일체 함구하고 있다.… 토마스 씨는 일인
> 들이 그를 석방하면서 일어로 된 문서에 서명하라고 요구했지만 그 서
> 류의 동기가 의심스러워 사려 깊게 일축했다. 그 서류는 범인들의 혐의
> 를 없애려는 목적을 담고 있었음이 분명했다."

만약 중국이나 그 밖의 지역에서 한 일본인이 그와 같은 일을 당했
을 경우 그들이 제기했을 항의성 요구와 이 사건의 처리과정을 비교
해 보면 잘 알 수 있다. 즉, 이 사건에 대한 일본 언론의 침묵과, 만약
이러한 일을 일본인이 당했다면 거세게 빗발쳤을 일본 언론의 항의를
비교해 보면 너무나 대조적이다. 서울의 언론까지도 토마스 씨 사건
에 대해서는 전혀 들어본 적이 없다.

만약 "마우리" 사건이 1940년에 미국에서 일어났다면 미국 정부는
마우리 씨와 같은 인격과 지위의 소유자가 항의의 기회도 없이 피해
를 입는 것은 허용하지 않았을 것이다. 그러나 그 당시에는 일인들에
대한 백악관과 국무성의 태도는 달랐다. 실제로 모욕을 당한 측은 '마
우리' 씨가 아니라 미국 자체였던 것이다.

선교사들도 다른 모든 인간들과 마찬가지로 사람이다. 선교사들에 대한 박해는 너무나 끈질기고 조직적으로 이루어져서 인간이 감당해 내기에는 너무나 잔인했다. 그들은 일본인들에게 항복하든가 아니면 선교지를 떠나야만 했다. 사실상 그 후에 몇 사람들은 한국을 떠났고, 어떤 이들은 추방을 당했고, 그 외의 대부분은 일본의 "친구"로 남아 있기로 작정했다. 남아있기로 작정한 선교사들은 말을 해야만 할 때에는 언제나 "일본을 위한 말"만 하고, 떠난 사람들도 남아 있는 사람들이 "다칠까봐" 일본을 비방하지 않았다. 그러나 당분간 선교지를 떠나야 할지라도 중국에 대한 충성스런 우정을 포기하는 선교사들은 없을 것이다. 한국인이 당했던 비극적인 과거와는 달리, 중국인들의 감정이 배신당하는 일은 없을 것이다.

미국은 다른 나라의 내정內政에 간섭해서는 안 된다고 믿는 사람들이 많다. 상당수의 사람들은 미국이 전쟁에 대비하고 있는 것은 국토방위를 위한 것일 뿐이며, 그것도 공격을 당했을 때에만 방위를 해야 한다고 말한다. 이런 말을 하는 사람들은 미국이 이미 공격을 당하고 있다는 사실을 모르고 있다. 만약 당신이 1937년 12월 12일 미 전함 페네이(Panay) 호에 승선하고 있다가 구사일생으로 살아났다면 일본에 의해 고의적으로 피격된 사실을 결코 잊지 못할 것이다. 만약 당신이 중국에서 미국 소유 대학, 선교본부, 병원 등에서 일본군의 공습을 당한 피난민들 중의 한 사람이라면, 아직 적군 비행기가 침범하여 하버드·프린스턴·예일대학이나 월터리드 병원 구내에 폭탄을 투하하지 않았다고 해서, 미국이 일본의 공격을 받은 적이 없다고는 결코 말할 수 없을 것이다. 다만 차이가 있다면, 중국은 수천 마일 밖에 있고 하버드·프린스턴·예일대학과 월터리드 병원은 우리들 복판에 있다는 것뿐이다. 그렇게 멀리 떨어진 곳에서 벌어지는 일에는 별로 관심이 없다고 말하는 미국인들이 너무나 많다. 그러나 아무도 감히 재중在中 미국인은 멀리 떨어져 있으므로 미국인이 아니고 본토에 있는 사람만이 미국인이라고 말할 수는 없을 것이다. 미국인은 그들이 어디에 있건 다 미국인이다. 저 멀리 있는 미국인을 공격하는 적군은 본토의 미국인을 공격하는 것과 다를 바가 없다. 그러므로 미국은 지금 공격당하지 않고 있고 일본과는 평화를 유지하고 있으므로 동양의 사태에 간섭할 일이 없다고 하는 주장은 모두 거짓이다.

더욱이 미국인들이 진정으로 전쟁을 피하려고 결단한다면, 전쟁이 점점 더 본국으로 가까이 와서 벌어지도록 놔둘 것이 아니라, 미국의 해안에서 멀리 떨어지게 하는 방책이 현명하지 않겠는가? 중국인이나 한국인에게 필요한 모든 물자를 지원하여 일본군에 대항하게 함으로써 그들이 미국에 도전할 힘을 빼는 이 지혜로운 전략을 왜 아무도 못 보는가? 미국은 수십 년 전 일본이 한국을 침탈했을 때에도 항의하지 않았고, 그 후 만주를 침탈했을 때에도 저지하지 않았다. 현재 일본은 중국을 정복하는 일에 몰두해 있다.

세계는 당시에는 일인들의 계략을 꿰뚫어 볼 수 없었으므로 일본이 그런 모험을 감행하도록 내버려 두었다. 이제는 세계가 알아차렸다. 지금 미국인들은 명확히 알고 있다. 즉, 미국이 보따리를 싸가지고 중국을 떠나는 날에는 필리핀, 괌, 그리고 태평양에 있는 섬들에서도 떠나야 한다. 그때는 미국의 최전방 방어선이 하와이 군도와 미국의 태평양 해안이 될 것이다. 그렇게 뒤로 철수하는 것이 평화를 뜻하는가? 그렇지 않다. 일본이 더 큰 모험을 하도록 끌어들이는 결과밖엔 안 된다. 그렇게 무방비 정책을 아직도 고집하는 사람들이야말로 당면한 위협을 직시하지 못하고 있다. 이 막중한 시점에 미국이 추구해야 할 진정한 평화정책은 독립을 위해 사투를 벌이고 있는 모든 유럽 국가들과 아시아의 중국과 한국인들에게 가능한 한 최대한의 물질적 원조를 해주는 것이다.

1940년 10월 7일부로 일본 정부는 모든 교파를 망라한 일본과 한국의 기독교 교회는 해체되어 기독교 감리협회로 알려진 새 조직을 통해 정부의 통제를 받아야만 한다고 서울과 동경에서 동시에 발표했다. 이 조치의 근본 목적은 외세의 영향을 몰아내고 공산주의와 개인주의, 그리고 일본의 국시國是에 위배되는 모든 이념과 사상을 퇴치하기 위한 것이라고 선포되었다. 중국의 교회도 곧 이와 유사한 정부통제 하에 두게 될 것이다.*

---

* 1940년 10월 7일, 서울발 AP 통신:
  6만여 명의 한국 기독교 신자들의 목회를 감싸온 구舊교파 조직단체들은 다 해체되고, 외세의 영향을 근절한다는 취지의 정부 시책에 따라 모든 종교단체를 정부의 통제 하에 두기 위한 새로운 조직이 형성되었다. 기독교 감리협회로 명명命名한 조직의 새로운 규정이 정비되었다. 외세의 영향을 근절하고 공산주의와 개인주의, 민주주의와 일본의 국시에 배치되는 모든 교리를 배격한다고 명시되어 있다. 해체된 단체의 학교들도 재조직될 것이다. 이 학교에서 군사 교련은 필수과목이 될 것이며, 기독교 신자들도 국가 비상시에 자진 봉사해야 하고, 일본 국교인 신도神道 사원참배도 물론 해야 한다.
  〈워싱턴 이브닝 스타(The Washington Evening Star)〉지는 1940년 10월 8일자로 다음과 같이 보도했다:
  "개혁 성공회교회(The Protestant Episcopal Church)의 총회 개최 전야에, 전국협의회는 일본지부 교회의 재조직에 관하여 예비조치를 취했다. 협의회는 타당성이 있는 재조직을 승인하는 결의문을 채택했다. 동경의 성聖누가 국제병원을 위해 전국회의 명의로 뉴욕시 은행구좌에 있는 42만 불의 기금이 일본지부 교회에 속한 것으로 판명될 경우에는 전액을 일본성공회 본부에 기부금으로 이채할 것을 허용한다. 일본 정부가 채택한 새 종교단체 규제법령으로 인하여 미국의 성직자, 선교사, 의료요원 등 전부 60명을 철수시키고 매년 50만 불 상당의 기관 지원비를 중단해야 할 처지에 놓여 있다.

성聖누가 병원을 포함한 기구 경영의 대부분이 일본 관리의 손으로 넘어갈 것이 틀림없다. 그러나 터커(Tucker) 주교와 일본 교구의 주교들은 800명의 일본 직원들이 계속 일을 할 수 있는 재정적 지원 방법이 강구되기를 바라고 있다.

10월 17일은 외국의 재정적 지원 종결과 일본인 연락관 임용을 위한, 일본 정부가 정해 놓은 마감 날짜이다."

제 7 장
레이디버드 호와 패네이 호 사건

중·일 전쟁이 발발한 지 약 6주 후, 일본 침략군은 점령지구 내에
서 기반이 확고해지자 중국에 거류하는 외국인들에게 대대적인 공격
을 가했다. 중국에 거류하는 모든 외국인들 중에서 미국인과 영국인
을 굴복시키기가 가장 힘들었다. 다른 외국인들은 속수무책임을 통감
하고 불가항력의 사태에 굴복하고 저항을 하지 않았으나 같은 영어를
쓰는 영·미 두 강국의 시민들의 경우는 달랐다.

이들 두 나라 국민들은 사회적, 경제적 및 기타 여러 가지 면에서
최고의 특권을 누려왔으며, 중국인들은 일인을 포함한 동양 사람들보
다 이들을 우월한 사람들로 우러러보았다. 일인들은 자기들을 중국인
보다 우위優位에 놓기 위하여 야마토(大和) 족이 백인보다도 우월하다
는 인식을 심어주려고 외국인들을 난폭하게 취급하며 괴롭힐 작정을
했다. 더 나아가서 정복된 지역 내에서 중국인을 완전히 제압하기 위
해 일인들은 자기들의 권위에 순종하기를 거부하는 자들을 모조리 추
방하는 것이 절대적으로 필요했다. 섬나라 제국을 건설하는 데 최대
한으로 도와준 영국인들이 이전에는 그들의 우방이었던 일인들의 손

으로부터 쓰디쓴 약을 받아 마셔야만 했다.

외국인들에 대한 공격 중에서 가장 심각한 사건 셋을 들자면, 첫째, 주중駐中 영국 대사의 부상, 둘째 영국 포함砲艦 레이디버드 호 (Ladybird)에 대한 공습, 셋째 미국 전함 패네이 호(Panay)에 대한공습과 격침이다.

1937년 8월 26일, 주중 영국 대사 휴 크냇춰불 휴그쎈(Hugh Knatch bull−Hugessen)이 유니온잭(Unioin Jack: 대영제국기)이 펄럭이는 자동차를 타고 여행하던 중 상해 근방에서 일본 공군기의 기총소사를 받고 크게 부상을 당했다. 영국 정부는 사과와 배상, 재발방지 확약을 요구하며 단호한 태도를 취했다. 일본측의 첫 번째 중간보고에 의하면, 두 대의 일본군 비행기는 자동차 두 대를 중국군을 호송하는 군용차와 트럭으로 오인하고 기총소사와 폭격을 가했다는 것이다. 더욱이 그들은, "영국 대사가 일본인들에 의해 부상당했다는 확증이 없다"고 주장하면서, 더 나아가 그와 같은 사건의 재발 방지를 위해 상해시에 있는 모든 공관들은 어느 작전지역을 지나가든지 간에 일본군 사령부의 허가를 받아야 한다고 통고했다.

물론 이 정도의 조처로는 런던의 외무성을 만족시키지 못했다. 결과적으로 동경 주재 영국 대사 크레이기(Robert L. Craigie) 경이 일본측에 두 번째 통첩을 보내서, 일본측의 각서는 영국정부에게는 실망스러운 것으로, 영국 정부는 "일본측 회답 각서의 전문"을 공개할 준비를 하고 있다고 천명했다. 그 당시 런던에서는 일본에 대한 대중들의 분노가 부글부글 끓어오르고 있었다. 그리하여 일본 외무성은 두 번째 답변서를 보내서 사건에 대한 유감을 아래와 같이 표명했다:

"현재 상항에서 현장 검증은 곤란하기 때문에 영국 대사가 부상당했을 당시 그의 승용차의 위치에 관한 각종 보고서들은 서로 조금씩 차이가 있다. 그러나 확인한 바로는, 대사가 처음 부상당했다고 하는 그 지점에 일본군 항공기는 기총소사를 하거나 폭격을 한 사실이 없다. 그러나 일본과 영국 당국이 동시에 상세한 조사를 한 결과, 이 사건은 일본 전투기가 영국 대사의 승용차를 군용버스나 트럭으로 오인한 데 기인한 것이라는 결론을 내렸다. 대사의 부상도 비록 고의적으로 한 것은 아니지만 일본 비행기의 소행으로서, 일본 정부는 영국 정부에 대하여 심심한 유감의 뜻을 전하는 바이다. 관련 조종사의 처벌 문제에 대해서는, 일본 조종사가 고의 또는 실수로 제3국의 시민을 살상 또는 부상시킨 사실이 입증되면 일본 정부가 적법한 절차에 따라 처리할 것임은 말할 필요도 없다.”

이 답변이 어느 정도 런던의 격앙된 감정을 누그러뜨렸다. 일본 정부에 대한 최후통첩에서, 영국정부는 이 해명이 만족스럽다고 표명했다. 결국 양국 정부는 이 사건이 일단락되었음을 선언했다.

“일본측의 사과 전문電文”은 수없이 되풀이해서 들었던 전형적인 ‘사무라이’ 이야기 냄새가 난다.

봉건시대 초기에 사무라이는 세 자루의 칼을 몸에 차고 다녔는데, 그것은 하루에 적을 3명까지 죽일 수 있는 권리를 의미했다.

어느 날, 술(사케)에 취한 상태에서 멀리서 적 한 사람이 걸어오는 것을 보고는 칼을 뽑아들고 그가 가까이 오기를 기다렸다가 앞으로 다가가서 그를 찔러 죽였다. 그리고 나서 죽은 사람의 얼굴을 자세히 살펴보니 그는 전혀 적이 아닌 사람이었다. 아뿔사! 무고한 사람을 죽였구나! 그는 죽은 자에게 머리를 굽혀 사과하면서 “저를 용서해 주시오."라고 말했을 뿐이다.

이런 사무라이 이야기를 자랑스럽게 이야기하는 자만심에 찬 일인들은 전 세계가 자신들을 구舊시대의 사무라이, 즉 하루에 세 사람의 적을 벌 받지 않고 죽일 수 있는 특권이 있었고, 실수로 무고한 사람을 죽여도 사과 한 번으로 끝낼 수 있었던 그런 사무라이처럼 대우해 주기를 바라는 것인지도 모른다.

정상적인 상황에서라면, 만약 대영제국 신민의 생명과 재산에 대한 무차별 공격에 더하여 그러한 국제적 범죄가 저질러졌다면 전체 영연방 국가들은, 전쟁까지는 아니더라도, 즉각적인 보복을 위하여 무기를 들고 일어났을 것이다. 그러나 최근 들어 영국은 일본에 대해 큰소리를 칠 처지에 있지 못하며, 일본은 그의 우월한 군사력을 과시하려는 심리적 호기好機를 포착한 것이다.

영국 포함砲艦 레이디버드 호 사건

1937년 12월 6일, 그리고 13일에, 일본 폭격기들이 남경(南京)과 우후(蕪湖) 공습 때 남경에서 50마일 떨어진 양자강에 정박 중인 영국 포함 레이디버드 호(Ladybird)에 폭탄을 투하했다. 해군 수병 1명이 죽고 바로우(H.D. Barlow) 해군 중령과 오도넬(George O'Donnel) 대령을 포함하여 3명이 부상을 당했다. 동시에 일본측 해안포가 영국의 3척의 포함砲艦, 즉 버터필드(Butterfield), 크리켓(Cricket), 스캐랏(Scarat)에 포격을 가했다. 타퉁(Tatung), 터크워(Tuckwo), 쉬스 호(Suiws) 등 영국 국적의 상선 3척이 동시에 포격과 공습을 당했다.

우후(蕪湖)의 미국 병원의 간호원인 펜실바니아주 알렌타운
(Allentown) 출신의 메이(Wilma May) 양이 당시의 정황을 이렇게 기술
했다:

"2~3분 전 여러 대의 비행기가 병원 위를 날아갔다. 나는 병원 일에
바빠서 거기에 주의를 기울일 수가 없었다. 그때 갑자기 폭탄 터지는
소리가 나서 나는 창문 쪽으로 뛰어갔다. 나는 일본 비행기 4대가 되돌
아오면서 폭탄을 연달아 투하하는 것을 보았다. 나는 상선 터크워가 직
격탄을 맞는 것을 보고 겁에 질렸다. 배의 고물(船尾) 전체가 불길에 휩
싸이더니 대폭발하면서 불기둥이 높이 치솟았다. 다른 폭탄들은, 전부
16개였음이 틀림없는데, 강으로 투하되어 정크(junk) 선과 소형 선박들
을 파손시켰다. 그 뒤에 벌어진 참혹한 광경은 차마 글로 표현하기 어려
울 정도였다. 공포에 질린 20여명은 병원에서 4블록밖에 안 떨어진 강
물로 뛰어들었다. 다른 사람들은 그들을 구하러 급히 달려 나갔다. 모든
배에는 유니언잭이 뚜렷하게 그려져 있었다. 무엇보다도 가장 처절했던
것은 죽은 자나 부상당한 자들이 아니라 부모를 찾으러 병원으로 밀려
드는 아이들, 부두에서 사라진 아이들과 친척을 찾으러 온 부모들과 어
른들로 병원이 차고 넘쳤다는 것이다. 우리는 지금까지 70명의 환자들
을 수용하여 30명에게 수술을 해주었는데, 그 중에서 3명은 수족을 절
단했다. 3개의 수술실은 24시간 가동했다."

물론 이 사건 이후 런던과 동경 간에는 각서 교환이라는 구태의연
한 일들이 뒤따랐다. 일인들은 이전과 마찬가지로 책임회피와 자기변
호만 주장하고 나왔다. 미국 전함 패네이 호(Panay)가 피폭된 후 영국
은 미국처럼 강경한 태도를 취하고 일본에 "사태의 심각성을 강조하

면서" 즉각적인 예방조치를 요구했다. 외무상 이든(Anthony Eden)은 흥분으로 들끓고 있는 영국 하원에서 "영국은 어제의 일본측의 사과에 만족하지 않으며, 일본의 해명도 충분하지 않은 것으로 간주한다. 일련의 사태 전반에 걸친 영국의 입장을 설명하는 항의 통지문이 내일 공표될 것이다"라고 언명했다. 비난여론이 너무나 고조되어 내각은 하원이 일본 문제에 대해 토의하지 못하도록 막았다.

이든 외상이 "충분하지 않다"라고 한 항의각서는 일본 외상 히로타 코키(廣田弘毅)(*주소駐蘇 대사. 사토(齋藤)·오카타(岡田) 내각의 外相. 소화 11년의 組閣과 다음 해의 근위내각 外相. 태평양전쟁 패전 후 군사재판에서 교수형에 처해짐 — 역자)가 영국의 항의에 대한 회답으로 12월 15일에 발표한 것에 들어있는 내용으로, 그것은 같은 날 동경에서 발표되었다. 일본 외상 히로타의 성명은 다음과 같다:

> "일본정부는 12월 12일 영국 전함 레이디버드 호(Ladybird)가 크리켓 호와 스카랏 호와 같이 우후(蕪湖)와 남경(南京) 근방에서 일본군의 과실로 인하여 포격과 공습을 받은 사건에 대하여 심심한 유감을 표한다. 그리고 본인은 본국 정부를 대표하여 각하께 진지한 사과의 뜻을 전하게 된 것을 영광으로 생각하는 바이다."

일인들의 입장에서는 이 각서는 너무 지나친 것이었다. 그것은 오히려 겸손을 가장한 생색이었다. 실수로 영국 수병 한 명을 죽이고, 영국 시민 몇 사람을 해치고, 중국인 70여명에게 부상을 입힌 그 정도의 하찮은 사건 때문에 태양신의 자손인 천조대신(天照大神) '미카도'를 대표하는 황국(皇國) 정부가 정식사과를 했으니 말이다.

그러나 영국인들은 그 이상의 대답을 원했다. 영국이 계속하여 항의를 한 결과 12월 28일에 일본외상 히로타 코키의 또 다른 각서가 영국 대사 로버트 크레이기(Robert L. Craigie)에게 전달되었다. 정통한 소식통은, 그것은 패네이 호 사건과 관련하여 미국측에 보낸 것과 단어 하나하나까지 거의 같았다고 했다.

같은 날 일본 해군의 콘도(近藤) 대좌(大佐)는 영국 대사관의 해군 무관 롤링스(H.B. Rawlings) 대령을 방문하여 양자강에서의 공격 사건의 전후 정황을 설명했다. 일본 외무성은 포격은 순전히 오인誤認으로 인한 것이라는 일본군의 주장을 재강조하는 군 당국의 성명서를 발표했는데, 영국과 미국의 함선을 중국군의 포위 작전으로 오인했으며, 군 고위층도 외국 선박이 작전지역 내에 있으리라고는 꿈에도 생각한 적이 없다는 설명이었다.

다른 곳에서 레이디버드 호 폭격 사건보다 더 심각한 사건들이 터지고 있어서 결국 영국수상 네빌 챔버린(Neville Chamberlain)의 전체적 "유화정책(appeasement policy)"은 더욱 공고해지게 되었으며, 이 논쟁은 해결 방안이 전혀 공표되지 않은 채 무기한 잊혀져버렸다. 그것은 영국이 일본에 베푼 또 하나의 우호적인 제스처였다.

패네이 호 사건

일본군의 엄격한 군율과 상관에 대한 철저한 복종심 체계를 잘 아는 사람이라면 단 한 순간이라도 미국 포함 패네이 호의 격침이 우발적 사고나 과실이었다고는 생각하지 않을 것이다. 일본측은 처음에는 그런 일이 절대 없었다고 일축해 버렸다. 만일 미국 당국이 과거처럼

유화적이었다면 일인들은 문책을 회피하려는 노력에 성공했을 것이
다. 그러나 미국은 단호한 태도로 현장 목격자들의 보고서를 피격 실
황장면 활동사진과 함께 모두 공개하여 일인들이 알리바이를 세워 빠
져나갈 구멍을 완전히 차단해 버렸다. 단계적으로 일본이 굴복하도록
압박하여 죄를 자백하도록 했고 배상금을 지불하도록 했다.

　　1937년 12월 12일, 일본군은 양자강 근처로 대포들을 옮기고, 잠
시 후에는 남경의 중국군 방어군에 맹렬한 포격을 퍼부었다. 수많은
포탄이 강으로 떨어졌으며, 미국 전함 패네이 호 옆으로도 떨어졌다.
그 옆에 정박해 있던 여러 척의 영국 포함들도 불안감을 느낄 정도로
아슬아슬하게 가까이 떨어졌다. 패네이 호 함장인 유스(J.J. Hughes)
해군중령은 소나기처럼 퍼붓는 포탄을 피하기 위해 포함을 강 상류로
이동시키도록 명했다. 상류로 서서히 움직이는 동안 잡지사 기자, 유
니버셜 뉴스 활동사진 기자, 무비톤(Movietone) 촬영 기사를 포함한
미국인 7명이 소형 보트를 타고 가서 함선에 승선했다. 영국 함선들도
천천히 포격지역 밖으로 이동했다. 그러나 미국과 영국의 함선들은
곧바로 포탄이 빗발치는 바로 그 속으로 직진하고 있음을 알아차렸
다. 오직 2~3백 야드 전방에 강물 위로 치솟는 물기둥으로 보아 그들
이 점점 포화 속으로 접근하고 있음이 분명했다. 이따금씩 강의 양쪽
으로 포탄들이 약 15초 간격으로 떨어졌다. 패네이 호가 서서히 신중
하게 움직이고 있을 때 마치 그 항행을 저지시키려는 듯 포탄이 떨어
져서 터졌다. 이때까지만 해도 미 해군 승무원과 대부분 전쟁터를 빠
져나온 미국 피난민 승객들은 이상하게도 사태를 가볍게 보는 듯 침
착하게, 오히려 즐거운 표정들이었다. 유스 함장과 부하들도 흥분하

지 않고 침착했다. 뉴스 활동사진 기자들의 이야기를 승객들은 의외로 즐거운 기분으로 열심히 듣고 있었다. 그러나 긴장감도 완연했다.

당시 패네이 호는 미국 시민을 보호하고 난징(南京)의 미 대사관과 한커우(漢口)의 미 대사 사이의 통신을 유지하기 위한 당면한 임무를 합법적으로 수행하고 있었다.

그날 아침 9시 45분, 강둑 우측에 있는 일본군 부대가 패네이 호로 신호를 보내어 착검이 된 총을 멘 수병들의 호위 하에 일본군 장교 한 사람을 승선시켰다. 그 장교는 서툰 영어로 많은 질문을 했다. 유스(Hughes) 함장은 미국은 일본과 중국 두 나라의 우방이며, 자신은 스탠더드오일사(Standard Oil)의 유조선을 호송하고 있는데, 포화 지역을 벗어나기 위해 난징으로부터 28마일 상류로 옮기고 있다고 설명했다. 짤막한 인터뷰를 끝내고 일인들은 공격이나 포격의 가능성에 대한 어떤 경고도 없이 떠났다.

피격사건 이전에 패네이 호는 확 트인 강 중간에 정박해 있어서 강 양안兩岸에서 여러 마일 떨어진 곳에서도 분명히 그 배를 볼 수 있었다. 오후 1시 20분경, 관측병의 보고에 의하면, 일본 폭격기가 4,000피트 고도에서 급강하하여, 1시 27분에서 2시 25분까지 폭격할 동안에는 고도 100 내지 200피트까지 저공비행을 했다고 한다. 두 대의 폭격기가 동력급강하(動力急降下: *엔진을 건 상태로 하는 급강하) 하여 폭탄 3개를 투하했는데, 그 중 2개가 배 옆의 강물로 떨어지면서 그 파편이 흘수선吃水線 아래의 선체를 가격하여 구멍을 냈다. 세 번째 폭탄은 배를 직격하여 전면에 배치되어 있던 3인치 포를 못 쓰게 만들고 유스 함장을 내동댕이쳐서, 그는 조종타操縱舵에 부딪쳐 다리가 부러졌다. 그 폭발의 진동으로 선내 사무실의 집기들이 내동댕이

쳐져 수병 서기가 중상을 입었다. 모두들 처음에는 그것을 오폭誤爆이
라고 생각했다. 배의 갑판 위에는 이물(船首)에서 고물(船尾)까지 미국
국기가 선명하게 페인트칠 되어 있었고, 미국 국기인 성조기 7개가 펄
럭이고 있었으며, 일기도 완전히 쾌청하여, 누구든지 이들 중 적어도
한두 개를 보지 않을 수는 없었다. 잠시 간격을 두고 나서 일본 폭격
기들이 되돌아와서 직접 급강하 공격을 시작했다. 고막이 찢어질 정
도의 맹폭으로 포함이 격렬히 흔들리면서 유리 파편, 목재, 쇳덩어리
들이 사방으로 튀었다. 적어도 20발은 직격탄이었다. 그러는 한편 폭
격기들은 갑판에 기총소사를 퍼부어 더 많은 부상자를 냈다.

유스(Hughes) 함장은 다리가 부러진 채 몇 초 동안 기절하여 누워
있었다. 앤더스(A.F. Anders) 중위는 폭탄 파편에 목이 찢어져 말을
할 수가 없었다. 더 많은 폭격기들이 급강하 폭격하여 더 많은 폭탄
들을 퍼부어댔다. 포함의 수병들이 기관포대臺로 돌진하여 폭격기들
을 향해 필사적으로 응사應射했다. 앤더스를 포함한 수병 두 명이 유
탄流彈에 맞아 총대 옆 바닥에 쓰러졌다. 급강하 폭격기들은 곧 패네
이 호의 기관포를 의식하고 상당한 고도를 유지하면서 나머지 30분
동안 계속 폭격을 가했다. 함장은 피를 낭자하게 흘리고 있어서 몸을
일으킬 수가 없었다. 앤더스는 목이 찢어져 말을 할 수가 없었으므로
명령을 내릴 수가 없었다. 그는 포함이 침몰하는 것을 보면서 피 묻
은 차트(chart)에 배를 포기하라는 명령을 휘갈겨 썼다. 가장 심하게
중상을 입은 사람들은 먼저 모터가 달린 작은 구명정(sampan: 삼판三
板. 나무로 만든 작은 거룻배)으로 옮겨졌고, 그 구명정은 급히 배에서
내려져 강안江岸으로 보내졌다. 일본군 비행기 한 대가 급강하하여 그
구명정에 기총소사를 퍼부어댔다. 첫 번째로 출발한 구명정에 타고

있던 부상자 한 명이 기총소사의 직격탄을 맞았다. 구명정만이 유일한 수송수단이었고, 침몰하는 포함에서 수병들을 구출하기 위해서는 아직도 몇 번이고 왕복하면서 옮겨야만 될 처지였다.

모든 사람들이 다 뭍으로 피해온 뒤 패네이 호의 상갑판이 물에 잠겼다. 일본 비행기 두 대가 사라져가는 포함 위를 선회하는 동안 일본군 함정이 수병들을 가득 태우고 급히 그곳으로 접근했다. 살아남은 사람들은 일본군들이 자기들을 찾고 있다고 생각하고는 비행기와 론치(launch: 노나 엔진을 쓰는 대형 보트. 기정汽艇)가 되돌아갈 때까지 갈대 숲속으로 몸을 숨겼다. 그들은 패네이 호가 선미부터 시작하여 성조기를 펄럭이며 소용돌이치는 양자강 바닥으로 가라앉는 것을 지켜보았다. 사상자死傷者 명단은 확인된 사망자가 3명, 부상자가 18명으로, 그 중 11명은 중상이었다.

일본측의 억지 주장에 직면한 미국은 패네이 호 논란에서 정의가 실종되는 일이 없도록 하기 위하여 가능한 모든 구체적 실물증거를 확보하려고 온갖 수단을 다 동원했다. 4명의 위원으로 구성된 조사단은 1937년 12월 17일 미 전함 어거스타(Augusta) 함상에 모여 사건을 더욱 철저히 조사했다. 조사단에는 가능한 한 모든 생존자들을 조사하라는 지침이 내려졌고, 그리고 필요시 증인을 소환할 수 있는 권한이 부여되었다. 누구든지 조사를 받는 과정에서 공격행위의 혐의가 입증된 경우에는 야넬(Yarnell) 제독에게 구형을 건의하기로 되었다. 모든 증인들은 사건 발생 중에 어떤 혐의가 짙은 행위를 목격했는지 여부를 질문 받았다. 재판은 비밀리에 진행되었으나 조사 과정의 기록은 미 해군성이 공개하기로 결정만 하면 워싱턴에서 공표하기로 되어 있었다.

일본측의 해명

일본측은 처음에는 사건의 날짜를 혼동시킴으로써 이 문제 자체를 혼란스럽게 하려고 했다. 상해(上海)에서 12월 13일 발표된 일본 해군의 성명서는 폭격이 12일 일요일이 아니라 11일 토요일에 행해졌다고 하였다. 스탠더드 배큐엄 사(Standard Vacuum) 소속 선박 3척을 중국 배로 잘못 알고 일본제국의 항공기가 폭격을 했다는 것이다.

다음날 일본 당국은 자신들의 기만술책에 스스로 빠져들고 말았다. 일본이 중국에 있는 미국인의 생명과 재산을 파괴하려는 주된 목적은 전면대결을 피하고 미국인들을 내쫓기 위한 것이었다. 이런 이유로 모든 일본인 대변인들은 이번 폭격 사건은 고의가 아니었다거나 또는 과실이었다고 주장하고 나왔다. 그러나 상해의 한 일본측 대변인이 "미국과 영국 당국에게 패네이 호 사건과 같은 사건의 재발 방지를 위한 최선책은 모든 제3국의 선박들을 양자강에서 철수시키는 것이라고 사전에 통보했다"고 주장함으로써 자신들의 비밀을 그만 누설하고 말았다(let the cat out of bag). 이 주장으로 패네이 호를 폭격한 일본측의 진짜 동기가 무의식적으로 폭로되고 만 것이다. 만약 미 해군 당국이 이 경고를 받고 조용히 양자강에서 빠져나갔더라면, 그 대변인은 그런 적절한 시점에 경고성명을 발표함으로써 승리를 거두었다는 이유로 크게 칭찬을 받았을 것이다. 그러나 그 대변인을 위해서는 불행한 일이지만, 야넬 제독은 일본의 속셈을 간파하고 즉각 성명을 발표하여, 미국 함정들은 미국 거류민들을 보호하기 위하여 필요한 한 중국 해역에 계속 남아있을 것이라고 천명했다.

이 성명으로 일본이 결정적으로 불리한 입장에 놓여지자, 그 대변인은 도메이(東明) 통신사와의 "인터뷰" 기사 발표를 통해 자기는 그런 경고를 한 적이 전혀 없다고 부인하고 나왔다. 그는 "만약 나의 성명에서 그런 인상을 받았다면, 그런 인상을 받은 것 자체가 잘못이다"고 말했다. 그는 분명히 자신의 인터뷰 기사가 나가기 이전에 이미 자신의 경고 성명이 발표되었다는 사실을 망각하고 있었던 것이다. 즉시 "일본 당국"은 모든 해외 특파원들에게 전화를 걸어 원래의 성명서를 철회하고 "그에 관한 모든 메시지들을 파기해 달라고" 주문했다.

며칠 후 하세가와(長谷川) 해군 중장은 공식 성명서를 발표하여 일본군이 폭격 후에 생존자를 구출하는 구명정(sampan)에 기관총을 쏘았다는 것은 사실무근이라고 부인했다. 이것은 그들 대부분이 계속 부인해 온 점이다. 그들 역시 침몰하는 배나 구조선에 기관총질을 하는 것은 인륜人倫의 도리道理에 어긋나는 흉포한 짓임을 잘 알고 있었기 때문이다. 지난 40년 동안 일인들의 국민적 여망은 자신들을 문명국들과 동일한 반열 위에 올려놓는 것이었다. 구명정에 기관총질을 한 이러한 행위는 그들의 야만성을 드러내고 그들의 위신을 세계 최하위로 떨어뜨렸다. 이런 이유로 동경의 군국주의자들은 이 보도를 한사코 부인해야만 했으며, 내국인들에게조차 그 진실을 감추었다. 일인들은 천황의 명예가 걸려 있을 때에는, 비록 그것이 거짓말이라 하더라도, 기꺼이 믿으려고 한다.

12월 20일자의 하라다 구마기찌(原田態吉) 대장의 보고서는 참모장교들의 조사를 총결總結한 것이라고 하였다. 상해에서 발표된 보고서는 워싱턴의 해군성 보고서와는 완전히 배치되고 심지어 "정당방위(self-defense)"를 위한 공격이었다고 억지를 부렸다. 일본측 보고서가 미국측 보고서와 현저하게 다른 점은: 일본군은 침몰하고 있는 패네이 호에 총격을 가한 적이 없다; 패네이 호가 강안江岸의 일본군에 대포 3발을 쏘았다; 일본 항공기 3대만 공격에 투입되었다; 미국 포함은 사건 당시 항행 중이었다는 것이다. 이런 성명을 발표함으로써 일본군 대장은 외국 통신기자들의 질문에 자신이 한 말과 정반대되는 대답을 해야만 하는 곤혹스런 처지에 놓였다. 그는 사건 조사를 현장에서 하지 않고 난징(南京)에서 했음을 시인했다. 사건에 연루된 장교들을 어느 한 사람도 자기가 직접 심문할 수 없었고, 일본군들은 양자강의 양안兩岸에 주둔하고 있었고, 모터보트를 사용하고 있었다고 시인했다. 이것은 사건 지점 인근에는 일본의 수상水上 함정은 한 대도 없었다고 한 이전의 발표문과는 정반대였다. 거리가 너무 멀어서 패네이 호 갑판 상에 그려진 성조기를 식별할 수 없었다고 하면서도 침몰하고 있는 패네이 호에 일본군이 승선했음을 시인했다.

그 다음 날 하라다 대장은 새로운 성명서를 발표하여 그 전에 발표한 성명서를 수정했는데, 그 내용은 지난밤에 상해로 돌아온 니시 요시아끼(西吉秋) 중좌가 조사해 본 결과 실제로 어떤 발포가 있었는지조차 의심스럽다는 것이었다. 동시에 니시 중좌는 일본의 론치(launch: 기정汽艇)가 구명정이나 패네이 호에 기관총 사격을 한 사실을 부인하는 하라다 대장의 말을 재확인했다.

　더 이상의 어떤 증언도 필요한 것 같지 않았다. 일인들은 과오를 바로잡기 위하여 진실을 추구하고 있었던 것이 아니다. 그들은 세계로 하여금 그들이 무엇을 말하건 그것이 진실이고 법이므로 누구든 그들이 말하는 그대로 받아들여야 한다는 것을 믿게 하려고 혈안이 되어 있었다. 그 외의 것은 중요하지 않았다. 그들이 범한 어떤 과오나 불의로 인해 그들이 양심의 가책을 받는 일은 결코 없을 것이다.

영화 필름

　유니버설 뉴스영화사(Universal Newsreel)의 노만 앨리(Norman W. Alley)와 파라마운트 사(Paramount)의 에릭 메이엘(Eric Mayell)은 둘 다 패네이 호 사건의 생존자들로서 사건 현장을 촬영했다. 그들이 제일 먼저 걱정한 것은 어떻게 필름을 일인들의 검열을 피해 미국으로 빼돌리느냐 하는 것이었다. 이 일에 그들은 무척 애를 먹었다. 일본이 필사적으로 그 필름을 압수하려고 하고 있음을 알아챈 것은 패네이 호 침몰 후 6일 만에 상해에 도착한 앨리 사진기자였다. 일본해군 대변인이 그날 밤 캐세이 호텔(Cathay Hotel)에서 그를 만나자고 했지만, 앨리는 그들의 속셈을 알아차리고 약속을 지키지 않았다. 이틀 후인 12월 20일, 앨리를 마닐라로 급송하려는 4척의 미국 구축함 함대 중의 한 소형함대 위로 일본 비행기 한 대가 나타나서 선회했지만 그 이상의 일은 벌어지지 않았다. 마닐라에서 그는 차이나 클립퍼(China Clipper: 1935년 11월 팬암 항공사가 취항시킨 샌프란시스코와 마닐라 간의 화물·여객기 — 역자)를 타고 3일 뒤 호놀룰루에 도착했다. 그는 필름

보따리를 한 해군 중위에게 건네주었는데, 그 중위는 급히 하와이의 진주만(Pearl Harbor)로 가져갔다. 그 필름 보따리는 미 해군 감독 하에 유나이티드 항공사(United Air Lines)의 특별 전세기편으로 캘리포니아를 거처 뉴욕으로 보내졌다.

그러나 앨리가 호놀룰루로 가고 있는 도중에 패네이 기록영화 한 세트가 이미 백악관에 도착했다는 보도가 나왔다. 그 필름이 먼저 워싱턴으로 가게 된 사정은 다음과 같다:

현장 사진을 찍었던 두 사진기자들은 간신히 상해로 **빠져나갈** 수 있었다. 일본군은 이 필름에 관한 정보를 입수한 후 그것을 압수하려고 나섰다. 두 사진기자는 국제 조계에서 중국 땅에 상륙한 여객들을 통제하는 미 육군중위에게 보호를 요청했다. 그 중위는 필름을 야넬(Yarnell) 제독에게 전했고, 제독은 다시 그것을 광동으로 보내서 그곳에서 미국행 첫 차이나 클립퍼에 실을 수가 있었다. 이렇게 해서 일인들이나 미국인들이 하나밖에 없는 폭격장면 사진이 아직도 태평양을 건너가고 있는 중이라고 믿고 있을 때 미국 정부는 이미 사진을 검토할 충분한 시간을 가질 수 있었던 것이다.

미국인들은 진실을 알기를 원했는데, 이 필름들은 국민들에게 일본군의 공격을 사진으로 증명해 보임으로써 그들의 목적이 달성되었다. 일부 친일파 인사들은 그 필름이 전쟁 "열기熱氣"를 조장하게 될 것을 우려하여 그 사진의 공개를 노골적으로 반대했다. 그러나 그와 같은 반대가 대통령의 마음을 움직이지는 못했다. 보도에 의하면, 대통령은 미국 국민에게는 검열받지 않은 사진을 볼 권리가 있다고 주장했다고 한다. 대통령의 생각은 미국 정부가 할 일은 증거를 제시하는 것이고 판단은 국민들이 하도록 해야 한다는 것이었다.

일본, 배상금을 지불하다

처음에 일본은 단호한 태도를 취했다. 그들은 폭격과 기총소사, 그리고 자기들에게 불리한 것은 전부 다 부인했다. 그들은 정당방위(self-defense)였다고 주장했다. 그들은 비난을 받아야 할 것은 중국측이나 미국측이라고 우겼다. 이런 술책으로 그들은 미국 국민들을 기만하려고 시도했다.

만약 미국이 오래 전의 "쉬쉬하는 정책(hush-hush policy)"으로 패네이 호 사건을 평화적, 우호적 방법으로 해결하려고 했더라면 일인들의 방식이 성공했을는지 모른다. 그러나 워싱턴에서는 일본측이 꾸물거리면서 어물쩍 넘어가도록(dilly-dally) 내버려두지 않았다. 워싱턴에서는 즉시 이 사건에 대한 유스(Hughes) 함장의 공식 보고서를 언론에 공개하여 국민들이 실제로 일어났던 사건의 실상을 알 수 있는 기회를 주었다. 일본측 해명에 대한 대답으로, 국무성은 해군 조사단의 보고서 한 부를, 미국 정부는 상기 조사단의 조사 결과를 신임한다는 성명서를 첨부하여, 일본측에 전달했다.

12월 13일 미국 대통령은 본인이 직접 국무장관 코델헐(Cordell Hull)에게 구술한 다음과 같은 각서를 주駐동경 미 대사에게 보냈다: "귀관이 일 외상을 면담할 때, 본국의 대통령은 양자강에서 미국과 비非중국 소유의 함정들에 대한 무차별 폭격 소식을 접하고 경악과 우려를 금치 못한다고 전해주고, 이 사실을 히로히토(裕仁) 천황에게도 알려주도록 요청하시오. 그리고 우리는 곧 모든 관련 사실을 수집하여 일본

정부에 전달할 것이라고 말해 주시오. 한편 우리는 일본 정부가 미국에 대해 심심한 유감의 뜻을 명확하게 표시해 줄 것과, 유사한 사건의 재발 방지 보장은 물론 충분한 배상금 제공을 고려해 주기 바란다고 전하시오."

수일 후 헐(Hull) 국무장관은, 조사단의 공식 보고서는 기총소사 사건을 기술한 언론의 기사가 사실임을 확인하였다고 발표했다. 패네이 호의 모터 달린 구명정(motor sampan)에서 총 맞은 구멍들이 발견되었으며, 패네이 호가 침몰되기 직전에 일본군의 모터 보트 2대가 접근하여 기관총 사격을 하였다는 새로운 정보를 일본에 대한 미국의 공식 항의문에 삽입시켰다.

동시에 헐(Hull) 장관은 격분한 어조로 세 번째 항의각서를 일본에 전달하면서 일본은 그동안 이러한 사건들의 재발이 결코 없을 것이라고 거듭 확약해 왔음을 지적했다. 그리고는 결론적으로, 미국 정부는 이러한 상황에서 이러한 사건이 재발하였으므로 일본 정부가 공식적으로 유감의 뜻을 표명할 것과, 완전하고 포괄적인 배상을 할 것, 그리고 앞으로 중국 내의 미국의 이권과 재산이 일본군에 의해 공격을 받거나 간섭을 받지 않도록 명확하고 구체적인 조처를 취해 줄 것을 요구했다.

일본은 결국 속임수를 써서 이 복잡하게 꼬여든 상황에서 벗어나려고 한 시도가 헛수고임을 자각하게 되었다. 히로타 코키(廣田弘毅) 외상은 12월 15일 그루(Grew) 미국 대사에게 다음과 같은 사과문을 전달했다:

"일본 정부는 일체의 손해배상은 물론 사건의 책임자를 적법한 절차에 따라 문책할 것이다. 나아가 현지 부대에게 유사한 사건의 재발을 방지하도록 엄중한 명령을 하달했다. 이 최악의 불행한 사태로 인하여 일·미 양국간에 우호관계가 저해되어서는 안 된다는 것이 우리 정부의 열망이다. 일본 정부는 자신의 성실한 태도를 솔직하게 개진하였는바, 이 점을 각하께서 귀 정부가 알도록 해 주시기를 희망한다."

이 사과 성명에서 일본인들은 미국측의 각서가 정확했다는 점을 솔직하게 인정하지 않았다. 그 정도로 지나치게 할 수는 없었다. 양측 각서의 차이점을 무한정 묻어두어 시간이 지나면 저절로 망각되게 함으로써 자국민에 대하여 체면을 유지하려고 했다. 좌우간 그들은 "우호관계"를 유지하기를 원했다. 그러나 어떻게? 그 이후에 일어난 사건들로 미루어 볼 때, 그들이 말하는 우호관계란 곧 일본은 계속 미국의 뺨을 갈기고 미국은 더 때리라고 계속 다른 뺨을 내미는 것을 상호 이해함으로써 유지시키자는 것이다. 어쨌든 미국은 통지서, 각서 등을 중단하고 1938년 3월 23일 인명 사상과 포함 패네이 호와 3척의 유조선의 재산피해를 합친 $2,214,007의 배상 청구를 일본에 보냈다. 세부 항목을 보면 재산피해 액수가 $1,945,770이고 인명 사망과 부상 피해액수가 $268,377이었다. 이 청구서가 일본 외무성에 헐 장관의 아래와 같은 설명과 함께 전해졌다:

"이 액수는 신중한 검토 후에 산출된 것이다. 이것은 재산과 인명피해의 최소한의 실질적 액수만을 반영한 것으로, 여기에는 징벌적 손해 배상금(punitive damage)은 포함되지 않았다."

4주 후에 일 외무성 대변인은 폭격으로 인한 손해배상으로 청구된

금액 전액을 환어음으로 결재했다고 발표함으로써 이 중대한 사건은
일단락되었다.

　무엇보다도 가장 중요한 것은 미래에 그러한 무도한 난폭행위의
재발방지에 대한 보장이었다. 들끓는 미국민의 분노의 감정을 진정시
키는 데 열중한 일본 정부는, 이전에 엄숙히 서약했듯이, 여하한 재발
가능성도 방지하겠다고 재서약을 했다. 1938년 4월 이후 과연 그들은
서약을 준수해 왔는가? 그 서약 이후로도 중국 내의 일인들이 미국
시민들에게 오만방자하게 굴고, 인격적 수모를 주고, 재산과 인명 피
해를 준 사례가 너무나 많이 공개되었다. 이 사건이 해결되고 난 이후
사태는 점점 더 악화되어 결국 국무성이 미·일 통상조약의 파기를 선
언할 정도까지 되었다. 여기에서 다시 한 번 강조해 두거니와, 일본을
다루는 데 있어서는 무력 사용 이외에는 다른 방도가 없다.

해리 E. 야넬 제독

　해리 E. 야넬(Harry E. Yarnell) 제독은 일인들의 난동을 저지할 수
있는 방법을 알고 있는 백인 인물들 중의 한 사람임에 틀림없다. 만약
그가 자신의 방법으로 사태를 수습하게끔 허가되었더라면, 그는 틀림
없이 자기 휘하의 소수 정예부대만 거느리고 압도적으로 우세한 일군
에 대항하여 사태를 평정했을 것이다. 그러나 미국 정부는 사태의 진
실에 대한 정보가 충분치 못하여 그에게 필요한 모든 지원을 해줄 준
비가 되어 있지 않았다. 그의 노력은 결정적으로 제약을 받고 있었다.
그럼에도 불구하고 순전히 그 자신의 용기와 훌륭한 판단과 신속한

행동으로 여러 차례에 걸쳐 미국의 이익을 보호했다.

독일과 이태리를 제외한 모든 서구 열강들은 그들의 이권을 보호하기 위해 온갖 노력을 다했으나 모두 실패했다. 그들은 자신들에게 부족한 것이 무엇인지 몰랐다. 그들은 일본이 중시하는 유일한 현실은 무력이란 사실을 깨닫지 못했다. 일인들이 완전히 준비가 되기 전에는 외교적 항의나 엄중한 각서로써 그들을 항복시킬 수도 있었을 것이다. 그러나 그러한 시기는 이미 지났다. 그들보다 우월한 군사력만이 소기의 결과를 가져올 수 있다.

예컨대 열강 세력이 일본으로 하여금 "문호개방(Open Door)" 원칙에 동의하도록 할 수 있다고 하더라도, 그것은 기회균등의 실질적 혜택이란 점에 관한 한 아무런 의미가 없다. 그 어느 서구 열강도 표리부동하고 이중적인 일본에 대항해서 이길 수가 없다. 샌프란시스코의 아름다운 차이나타운을 예로 들어보자. 그곳은 미국법에 의해 절대적으로 "문호가 개방된" 지역이다. 그러나 그곳의 상점이나 사업체의 85%를 일인들이 소유하고 있다. 일인들은 그들이 어디에 있건 국수주의자(國粹主義者: nationalist)들이다. 그렇기 때문에 그들은 일치단결하여 하나의 주된 목적, 즉 제국의 확장이란 유일한 목적 달성에만 열을 올리고 있다.

역설적으로 들리지만, 일인들은 자신들이 가는 길을 가로막는 사람은 그가 누구이건 간에 반대하지만, 한편 자신의 권리를 지키기 위해 분연히 일어나 용감하게 대항하는 사람은 존경한다. 그들은 영웅숭배英雄崇拜 경향이 강하다. 서구인들을 추방하기 위해 시작한 난폭한 도발을 통해 그들은 한 장군을 숭배하게 되었다. 그는 바로 당시의 중국 해역에 배치되어 있던 미국의 아시아함대 사령관 야넬 제독

(Admiral Yarnell)이다. 사람들은, 그는 자기의 임무 수행을 가로막는 자는 적이건 친구건 불문하고 일체 용납하지 않는 사람으로 알고 있었다. 일본 군부에서는, 그는 자신의 임무 수행상 필요하다고 판단하면, 결과에 대해서는 전혀 고려하지 않고, 정부로부터의 훈령도 기다리지 않고, 태평양함대를 투입하여 일본과 일전을 불사할 인물이라고 생각하였다. 바로 이 점이 그가 다른 사람들은 경멸하고 무시하는 일본인들로부터 높이 존경을 받았던 이유이다.

일인들은 전쟁이 끝난 후에는 많은 장애물들이 그들의 진로를 가로막을 것이므로 지금 전쟁을 구실로 무슨 일이건 자행하고 있는데, 이는 어찌 보면 지극히 당연한 일인지도 모른다. 이러한 생각에서 일본 육군과 해군은 어디로 진주하든 그곳에서 첫 번째로는 외국인들에게 나가라고 요구하고, 그리고는 외국의 상선은 물론 해군 함정들을 철수시키라고 요구하는 것이다. 이러한 요구는 대체로 외국인의 생명과 재산의 안전을 위해서라는, 생색내는 경고문의 형식으로 이루어졌다. 경험이 부족하고 그들을 신뢰하는 순진한 사람들은 우호적인 충고로 받아들여 위험지대를 벗어나는 한편, 다른 한편으로는 침략군의 요구에 순응한다는 의사표시로 가정과 사업체를 다 버리고 떠났다. 그러나 어떤 외국인들은 그렇게 단순하지 않았다. 그들은 동양에서의 경험을 통해 침략군은 결코 애타적愛他的인 이유로 와 있는 것이 아니라는 사실을 알고 있다. 그들은 일본군의 명령에 일단 복종하게 되면, 일본군은 그 후로는 어떠한 상황하에서도 자기들의 명령에 복종할 것을 고집할 것이며, 일본군에 의해 위험지구로 정해진 곳에서 물러나자마자 그들은 전쟁이 끝난 후에도 다시는 돌아갈 수 없다는 것을 잘 알고 있었다.

여러 차례에 걸쳐 일본 해군 당국은, 그들의 해군 항공대가 국적 식별이 곤란해서 적의 함선으로 오폭하는 일이 없도록, 모든 외국 함정들은 특정한 색깔로 페인트칠을 하라고 정식 요청을 했다. 그들은 또한 양자강이나 내해로 진입하는 모든 외국 선박들은 일본 관리의 허가를 받으라고 요구했다. 이렇게 함으로써 누구나, 군사적이건 그 외의 일이건 간에, 그들의 명령에 무조건 복종하도록 만들려고 노력했던 것이다. 동양 또는 그 외 지역에서 일인들을 상종해온 미국인들은 모두 이러한 사실들을 충분히 알고 있었어야 했다. 그리고 야넬 제독은 분명히 그것을 알고 있었다.

1938년 6월 13일, 일본군이 한커우(漢口)로 진격할 것이므로 양자강 지역에서 소개疏開하라는 일본군의 요청에 대해 야넬 제독은, 미국 전함은 "미국인이 위험에 처한 곳이면 어디든지" 갈 것이라고 맞섰다. 그는 아시아 해역에서 미 해군의 작전 요강要綱 원칙을 아래와 같이 정리했다:

1. 양자강에서의 완전한 이동의 자유를 확보하고, 미국인이 위험에 처한 곳이면 어디든지 갈 것이다.
2. 일본의 제안에 따르기 위해 미국의 함선을 그 어떤 색깔로도 도색하지 않을 것이다.(일본은 붉은 색으로 도색하기를 제안했다.)
3. 미국은 일본이 경고를 했다고 해서 "미국 함선에 피해와 손상을 입혔을 경우 단 한 치의 책임도" 면할 수 없음을 분명히 한다.

함선에 대한 도색 문제에 대하여 야넬 제독은 "양자강의 전 유역에서 미국 함정의 색깔은 백색이며, 갑판 위의 천막에는 거대한 미국기가 그려져 있다. 그래서 어느 조종사라도 국적 식별을 용이하게 할 수 있다."고 말했다.

야넬 제독은 일본군에게 강의 수로를 열어달라고 요청하지 않고 양자강 유역의 전체 상태를 조사하기 위해 항진航進하겠다고 발표하자 일본해군 당국은 신경을 바짝 곤두세웠다. 전혀 "누구도 간섭할 수 없다(unable to interfere)"고 공언해 온 일인들의 불쾌감을 자극할 위험에도 불구하고 시찰 항진을 강행한다는 것은, 특히 일본군이 도하 작전 직전에 강의 제방堤防들을 포격해서 카이펑(開封) 서방 30마일 지역이 파괴되어 범람하고 있던 당시로서는, 그로서는 상당한 용기를 필요로 하는 결단이었다.

국내외의 미국인들은, 극동지역의 모든 외국인들과 마찬가지로, 그 폭풍전야 같은 시점에 야넬 제독의 영웅적 복무를 미국 정부가 크게 표창한 사실에 만족을 표했다. 로저스(Edith N. Rogers) 하원의원이 야넬 제독을 표창하자는 결의문을 하원에 상정하자 해군장관 크로드 스완슨(Claude Swanson)은 그 결의문을 진심으로 승인했다. 1938년 10월 1일, 그의 복무기간이 만료되자 국무성은 "외교적 중요성이 존재하는 한" 제독이 유임해 주기를 바란다는 뜻을 공개적으로 발표했다. 그리고 해군 고위층은 제독이 복무기간 만료 후에도 아시아함대 사령관직에 그대로 유임될 것이라는 보도를 확인해 주었다.

제 8 장
미국 국민과 그들의 권익

해외에 살아보지 않은 사람들은 패트릭 헨리(Patrick Henry: 미국 독립전쟁 당시 버지니아주 출신의 정치인 — 역자)의 저 유명한 "자유가 아니면 죽음을 달라(Give me liberty or give me death)"라는 구호의 진정한 의미를 잘 이해하지 못할 것이다. 많은 국가에서 자유가 없는 생활은 주검보다 못하다. 미국에서만큼 시민들이 많은 자유를 구가謳歌하는 나라도 없다. 성조기는 이 고귀한 자유의 나라를 보호하기 위해 우뚝 서 있다. 저 국기 아래에서 시민의 특권을 누리면서 살고 있는 미국 사람이라면 누구나 마땅히 미국의 선구자들이 이러한 축복의 향유를 위해 바친 대가가 얼마나 컸던지 기억해야 할 것이다.

공화국을 창건한 선조들과 이 나라의 자유 수호를 위해 몸 바친 수많은 남녀 애국자들의 숭고한 희생은 물론, 제1차 세계대전시 유럽의 격전장에서 "세계의 민주주의 수호"의 희망과 결단을 가지고 기꺼이 생명을 바친 수많은 미국인들의 희생을 상기해야 한다. 그 전쟁은 목적 달성에 실패했다고 말할 수는 있어도, 그 실패의 원인이 "전쟁으로서 전쟁을 막을 수는 없기(war never ends war)" 때문이거나 또는 민주주의는 그렇게 전쟁을 해가면서까지 수호할 만한 가치가 없는 것이기 때문은 아니다. 그 전쟁이 실패한 원인은 연합국이 끝장을 보겠다고 총력을 기울이지 않았기 때문이다. 연합국은 개인이든 국가든 불법을 자행하면 반드시 처벌을 받게 된다는 것을 전 세계가 믿도록 끝까지 밀고 나가지 못했다. 그리하여 독일이 그의 군사력을 재정비하기 위해 숨 돌릴 틈이 필요하여 휴전 의사를 표했을 때, 연합국은 평화에 대한 갈망으로 그것에 동의해 줌으로써 전쟁을 종결지었던 것이다. 독일은 강제적으로 굴욕적인 조건을 받아들였지만, 그러나 곧바로 재무장에 착수했다. 독일은 평화가 유지되는 기간을 이용하여 전쟁준비를 한 결과 다음 전쟁에서 상상과 예측을 불허하는 속전속결의 성공을 거두었다. 그 책임은 민주주의 국가들에게 돌아갔다. 평화가 선포되자마자 민주주의 국가 간에는 상호 질시와 의심이 팽배해졌다. 그들은 민주주의 수호를 위해 세계를 안전하게 하려는 그들의 공동의 목표를 잊어버렸다. 짜깁기해서 이루어 놓은 평화는 미봉책에 불과했다. 반면 독일은 필요한 과제를 설정하고 국가의 목표에서 잠시도 눈을 떼지 않았다. 바이마르(Weimar) 공화국(*사회민주당에 의해 수립되어 1919년~1933년까지 존속한 독일 최초의 공화국. — 역자)은 출산의 고통을 극복하고 살아남을 수가 없었다. 그러므로 베르샤이유(Versailles) 조약에서 패한 측은 독일이 아니라 연합국이었다. 잠정적 평화 회복을 가능케 했던 용맹스런 병사들의 숭고한 죽음은 다 물거품이 되었고, 세계는 민주주의를 안전하게 지킬 수가 없게 되었다.

　폭력배를 처벌하지 않고 놓아두면 그가 다시 돌아올 힘이 생기면 반드시 되돌아온다는 사실을 연합국들은 완전히 잊어버렸다. 연합국은 자신들의 공동목표를 수호하기 위해 공동대처하면서 독일 사람들을 감시하는 대신에 자기들끼리 서로 감시하는 데만 몰두했다. 전비戰費로 인한 국가부채 문제도 악화되어 미국인들 사이에서도 애초에 참전을 하지 말았어야 했다는 여론이 비등했다.

이것은 바로 폭력배 국가들이 원한 것이었다. 추축국들이 세계를 자기들끼리 나누어 먹으려고 했는데도 민주주의 국가들은 거기에 대처할 준비가 되어 있지 않았다. 추축국 중의 하나인 일본은 아시아 전체를 장악하여 공산주의와 민주주의적 요소들을 완전히 제거하려고 했다.

우리는 이미 일인들이 신문기자들과 선교사들을 어떻게 축출하려고 했는지를 살펴보았다. 정상적인 상황에서라면, 이러한 잔혹한 사건에 대한 보도는 자유를 애호하는 미국인들을 격분시켜서 치솟는 국민감정을 진정시킬 수가 없었을 것이다. 그러나 지난 세계대전에 대한 반작용으로 반전反戰 감정이 강한 친일 감정과 결합하여 미국 내에서 고조되고 있는 반일 감정을 억눌러버렸다. 그 결과 일본은 언론과 종교의 자유를 마음대로 탄압할 수 있게 되었던 것이다.

중국은 자기 자신의 나라처럼 중국을 애호해 온 수많은 미국인들의 제2의 고향이자 활동무대가 되어 왔다. 다른 외국인들이 각기 자기들 정부의 보호하에 살고 있듯이, 그곳에서 미국인들은 미국 정부의 보호하에 가정을 이루고, 사업을 하고, 노동의 결실을 향유하며 살아왔다. 그곳에 있는 미국인 모두에게 동등한 권익을 보장하는 문호개방 조약, 통상조약, 그리고 기타 수많은 국제협정들이 있지 않은가? 일인들이 또 다른 비적匪賊 행위를 저지를 준비를 하고 있는데도 자국의 정부는 방어할 준비조차 되어 있지 않음을 알 리가 없는 미국인들은 정부가 그들의 권익과 안전을 보호해 줄 수 있으리라고 믿었다.

그런데 갑자기 그 섬나라 인간들이 총검과 포탄을 가지고 나타나서는 바다에서, 육지에서, 하늘에서 죽음과 파괴를 폭우처럼 퍼부어 대어 그들이 가는 모든 도시와 부락과 촌락을 생지옥으로 만들었다. 중국인에 대한 이 전쟁은 백인종에 대한 전쟁이기도 했다. 일인들은 미국인 남자뿐만 아니라 여자들까지도 뺨을 후려갈기고, 발길로 차고, 폭탄으로 위해를 가했다. 일본은 "아시아의 먼로 닥트린(Asiatic Monroe Doctrine)"(＊1823년 미국 먼로 대통령이 유럽 열강으로부터 미 대륙을 보호하기 위해 선포한 군사 외교 불간섭주의. — 역자)이라는 새로운 "범汎 아시아주의"의 기치를 높이 쳐들고 이 지역에서 서양인들을 모조리 추방할 결의를 확고히 하였다.

이러한 상황에서 미국인들이 정부의 보호를 요청한 것은 너무도 당연한 일이었다. "정부는 우리를 위해 무엇을 하고 있는가?" 이러한 또는 이와 비슷한 질문이 도처에서 나왔다. 사실을 말하자면, 워싱턴 정부는 현지 사람들과 마찬가지로 어떻게 대처해야 할지를 모르고 있었다. 통상적인 외교절차를 통해 항의를 거듭하면서 동경 정부에 사과와 배상 등을 요구해 왔지만, 곧 그런 것들은 다 무용지물임이 드러났다. 적절한 반응도 얻어내지 못하면서 항의만 계속하는 것은 굴욕적인 일이다. 전에는 워싱턴의 국무성이 요구하면 무엇이든 충족시켜 주려고 일본 정부가 모든 수단을 다 동원했던 때도 있었다.

지금은 이 모든 것이 바뀌었다. 거만한 군국주의자들과 그들의 도구인 외무성은 국무성의 요구를 묵살하고는 태연하게 "조사를 해보고 나서 대답하겠다"고 말할 뿐이다. 1940년 2월 15일에, 일본의 아리타(有田) 외상은 그 당시 미국인에 대한 피해 사건 232건을 조사 중이라고 발표했다. 워싱턴의 국무성은 600건이 넘는 피해 건수에 대해 일본 정부가 해결해 주기를 기다리고 있다고 보도되었다. 문제의 이런 측면은 이 책에서 별개의 주제 하에 더 자세히 다루게 될 것이다. 여기서는 대통령과 국무장관은 그들이 외교적으로 할 수 있는 모든 일을 다 했다고 말하는 것으로 충분하다. 대통령과 국무장관은 대외적으로 맹렬히 항의하지 않는 한 아무런 효과도 없다는 것을 깨닫고는 일인들의 국제적 불법행위에 대한 비난과 유감의 뜻을 공개적으로 언명했다. 그 결과는 어떻게 되었는가? 많은 사람들은 정부가 취한 입장에 크게 고무되어 전폭적 지지를 표명한 반면, 반대 진영의 많은 사람들은 대통령과 국무장관이 나라를 전쟁으로 이끌어 간다고 비난성명을 냈다. 사태가 이쯤 되자 남아있는 해결책으로는 어떤 종류가 되었건 간에 경제적 제재를 가하기로 하고, 헐(Hull) 장관이 1940년 1월 26일부로 발효되는 미·일 통상조약의 폐기를 선언했는데, 이것은 미국이 일본에 대해 사용한 최초의 경제적 무기였다.

일인들은 평화시와는 달리 전쟁 수행을 전적으로 통제하기가 힘든 사정으로 인하여 몇몇 사건이 발단되었다고 변명하는지 모른다. 모든 증거를 종합해 보면 이 주장과는 반대이지만, 어떤 사건은 고의적인 게 아닐 수도 있고, 고의적인 경우에는 군사적 필요에 의해 불가피했다는 점도 사실일 수 있다. 좌우간 그들이 범한 범죄 중 어떤 경우는 의심스럽기는 하나 그들에게 유리한 해석을 해줄 수도 있지만, 그들의 교전 상대국이 아닌 정부의 재산은 물론 공무 요원들에 대한 고의적이고 반복적인 파괴와 잔학 행위는 완전히 경우가 다르다.

문명국가들은 언제든지 외국의 외교관과 해군 당국자들을 존중하

고 보호해 준다. 소위 문명인이라고 자칭하는 일인들이라면 국제법은
아닐지라도 적어도 국제적 윤리에 부합되게끔 외국 관리들을 정중히
대하고 면책특권도 부여해야 할 의무가 있음을 상기해야 한다. 만약
열강 세력이 국제법의 범위 안에서 엄정하고 정당하게 중립을 지키지
못할 경우에는 일본은 그들에 대하여 선전포고를 하여 사태를 적법하
게 처리할 수도 있을 것이다. 그런데 이런 절차도 밟지 않고 일본은
의도적으로 중국에 대하여 선전포고도 없이 전면전에 돌입한 것이다.
일인들은 그렇게 함으로써 자신들이 국제전쟁에 관하여 확립된 일체
의 관례를 위반하고 있다는 것을 잘 알고 있었다. 그런데도 그들이 그
렇게 한 것은, 한편으로는 서방 국가들로부터 평화시의 모든 특권들
을 요구하는 데 유리한 점이 있기 때문이었다. 그렇기 때문에, 다른
한편으로는, 백인들의 영향을 단 한 점의 흔적도 없이 다 청산하고 그
약탈한 자리에 자기들의 절대권력을 행사하기 위하여 자기들이 알고
있는 부당한 모든 방법들을 동원했던 것이다.

　만약 미·영 양대 강국 중 어느 한 국가가 단호하게 대처했거나,
미국인들만이라도 이 침략을 단호하게 막기 위하여 단결했더라면 일
본은 지금처럼은 성공하지 못했을 것이다. 예리한 판단력을 가진 일
인들은 그러한 저항이 일어나리라고 보지 않았다. 군화발로 짓밟아
백인들을 내쫓아버리기에는 기회가 너무도 좋다고 본 것이다.

　비록 중국이 영국의 아편전쟁 범죄와 유럽 제국의 침략을 용서했
거나 망각했다고 하더라도, 일인들은 스스로 서구인들의 이러한 잘못
을 복수할 "성스러운 사명"을 띠고 있다고 주장했다. 서구 열강의 위
상을 단번에 아주 영원히 분쇄해 버리려던 그들의 숙원을 실현시키려

고 했을 때, 그들이 예상했던 것보다 반도 어렵지 않다는 것을 발견하
고는 그들 스스로가 놀랐다. 그들의 진격 앞에 지금까지 성스럽고 범
할 수 없는 것으로 존중되어져 왔던 외국인 조차지(foreign cocession:
租差地), 국제 조계지(settlement: 租界地), 치외법권(extra-territoriality)의
특혜, 세력 영향권(spheres of influence) 등등의 경제적·정치적 구조가
완전히 익은 과일처럼 맥없이 떨어져 수중에 들어왔다. 이것은 그들
의 선조인 태양신께서 서구에서 히틀러와 무솔리니가 자행한 바로 그
계획을 극동에서 심리적으로 최적의 순간에 재현할 수 있도록 도와주
려는 것이 아닌가? 하고 생각했다.

　　패네이 호 폭격사건 다음으로 가장 심각한 사건은 앨리슨(John
Allison) 씨의 뺨을 후려갈긴 것이다. 왜냐하면, 엘리슨 씨는 3등 서기
관으로서 존슨(Johnson) 주중 미 대사가 그 본부를 중국의 임시수도인
한커우(漢口)로 옮긴 후 남경(南京)의 미 대사관을 관장하고 있었기 때
문이다. 그의 지위로 보아 앨리슨 씨는 중·일 교전국 쌍방으로부터
특정한 예우를 받고 면책특권을 누릴 자격이 있는 사람이었다. 동·서
양을 막론하고 전 세계의 외교가外交街는 1938년 1월 27일 그가 한 일
본군 보초병으로부터 뺨을 맞았다는 경악할 뉴스에 깜짝 놀랐다.
　　엘리슨 씨가 미 국무성에 보낸 공식보고서에 따르면:
　　"두 미국인, 즉 베이츠(M.S. Bates) 교수와 릭즈(Charles Riggs) 씨와 함
　　께 현재는 일본군이 점거하고 있는 전직 신부의 거처를 가르쳐줄 수 있
　　는 한 여인을 면담하러 가는 중이었는데, 그 여인도 그곳에서 잡혀갔던
　　것이다. 일본인 조사관을 따라가고 있을 때 한 병사가 달려 나와서 영어
　　로 "Back! Back!(돌아가라! 돌아가!)"하며 소리쳤다. 우리가 발길을 돌

릴 겨를도 없이 그 병사가 우리 두 사람의 면상을 후려갈겼다. 한 헌병이 그 병사에게 우리는 미국인이라고 말해주었다. 그런데도 그 병사는 극도로 화를 내며 릭즈 씨에게 달려들려고 했지만 헌병이 그를 말렸다. 그런데도 그는 릭즈 씨의 셔츠 칼라를 찢고 단추를 여러 개 뜯어버렸다. 나는 이 사건을 일본 대사관에 보고했지만, 그곳의 일본 관리들은, 일본군 지역에 출입하는 것은 미국인들의 권한 밖이므로 그 병사가 떠나라고 말한 이상 그 병사가 우리들의 면상을 친 것은 그의 권한에 속한 것이라고 믿고 있는 듯한 인상을 받았다."

앨리슨 씨가 일본 대사관이 그 병사의 소행을 두둔하고 있다고 보고했을 때, 그의 판단은 잘못되지 않았다. 일본의 외교를 대표하는 기관이 그 보초병의 편을 들었다면, 하물며 군부는 말하나마나이다. 동경의 일본군 대변인은 성명을 통해 말했다:

"앨리슨 씨의 면상을 후려친 보초병은 자신의 의무를 다했을 뿐이므로 처벌을 받지 않을 것이다. 일본군 보초병의 명령에 불복하는 자는 누구든지 총살감이다. … 앨리슨 씨에게 사과를 한 것은 단순히 예우 차원이었을 뿐이다. 이전에 군 당국은 앨리슨 씨의 행동을 면밀히 조사해 보았다.… 지난 화요일 헌병이 앨리슨 씨 자동차의 발판에 오르려고 하자 엘리슨 씨는 그를 떠밀어내면서 바보라고 욕을 했다."

한편 미국 내의 일본인 거류민들은 자유자재로 옮겨 다니며 아무런 장애 없이 생업에 종사하고 있는데도 미국인들이 그들에게 보복을 가한 사례가 단 한 건도 없었다는 사실은 흥미로운 대조를 이룬다. 금년 봄 카가와 토요히꼬(賀川豊彦)(*기독교 사회운동가. 고베(神戶) 사람.

고베 빈민굴 전도를 시작으로 관서(關西)의 우애회友愛會 지도자가 되어 농민
조합, 소비조합 운동에도 관계했다. 전후에는 전도와 생활협동조합, 세계연방
운동에 진력했다. ― 역자) 씨의 미국 방문 때 그가 뜨거운 환영을 받고
나서 그것은 바로 초청국의 기독교 정신의 증거라고 찬사를 표한 것
만 보더라도 미국인들이 잘한 일로 영원히 기억 속에 남을 것이다.

앨리슨 씨 사건으로 다시 돌아가서, 국무장관은 보고를 받고 데이
비스(Norman Davis) 미국 무임소대사(ambassador at large)와 웰스
(Summer Welles) 국무차관이 배석한 가운데 대통령과 두 시간 동안 협
의를 거쳐 일본측에 강력한 항의를 했다. 그 항의각서의 정확한 문서
를 입수하지는 못했으나 전반적 내용은, 미국은 일본측의 해명을 거
부하며, 이 문제가 적절하고도 신속하게 해결되지 않으면 패네이 호
폭격사건의 문제점을 다시 제기할 것임을 시사하는 것이었다고 이해
된다. 이야말로 외교적인 고단수高段數였다. 동경의 일본 정부는 이것
이 무엇을 의미하는지 알아차렸다. 국무성이 이 문제를 다시 쟁점화
하여 그 사건의 내막이 공개된다면 미국의 여론이 크게 악화될 것이
다. 일본은 그런 위험부담을 감수할 여유가 없었다.

1938년 1월 29일 미국측의 항의각서가 동경에 전달되었다. 다음
날, 동경 정부는 서둘러 태도를 바꾸고 머리를 숙였다. 외무성 차관이
공식성명을 통해 "당시 어떤 상황에서 사건이 발생했든지 간에, 한 일
본 병사가 미국 영사의 면상을 후려친 것은 지극히 불행한 사건이었
다."고 발표했다. 그리고 난징(南京)의 일본군 참모장교 혼고(本郷) 소
좌가 미 대사관으로 찾아가서 난징 주둔 일본군 최고사령부의 이름으
로 유감과 사과를 표명했다. 아울러 일본 정부는 심심한 유감을 표하

고 "철저한 조사 절차가 완결되는 대로 책임자에게 응분의 처벌을 가할 것을 보장한다"고 말했다. 1월 31일, 국무성은 공개적으로 일본 외무성의 사과와 처벌 보장을 수락한다고 발표함으로써 앨리슨 씨 사건은 일단락되었다.

돌이켜보면, 패네이 호 사건을 다시 문제 삼아 악화되고 있는 미·일 관계의 실상을 국민들이 더 잘 알도록 했더라면 소기의 목적 달성에 더 유리하지 않았을까 하고 생각하는 사람들도 있다. 필자는 많은 "사건들"이 미국인의 인내심과 단결을 시험해보기 위해 고의적으로 자행된 것이라는 사실을 의심해 본 적이 없다. 만약 일본이 미국은 당치않은 모욕과 상해를 당하고도 외교적 해결 이상은 요구하지 않을 것이라고 믿게 된다면, 일본은 미국의 국민적 의지에 직접 도전할 시기가 왔다고 결론을 내릴지도 모른다. 그리고 우리가 알고 있기로는, 일본은 자발적으로 독일·이태리와 연합하고 소련과 불가침조약을 체결함으로써 그러한 단계를 밟을 준비를 하고 있는 것이다.

국기國旗 사건

선교사들의 뒤를 국기國旗가 따라가고, 그 국기의 뒤를 사업가들이 따라간다는 것은 잘 알려져 있는 사실이다. 생명의 위험을 무릅쓰고 복음 전파를 위해 입경入境이 금지된 땅을 찾아가는 사람들은 사실 선교사들이다. 그 다음에 그들 나라의 정부가 그들의 뒤를 따라간다. 그리고 국기가 가는 곳마다 상인들이 그 국기의 보호 하에 통상을 하기 위해 따라간다. 그러므로 선교사들이야말로 사실상 국제교역의 길을 튼 개척자들이고 국기는 그들의 신변 안전을 위해 게양되어 있는 것이다. 그러나 많은 경우 선교사들은 국기의 보호 없이 생명의 위험을 무릅쓰고 가는 쪽을 더 선호한다. 왜냐하면 토착민들은 흔히 선교사들을 침략 국가의 앞잡이로 간주하기 때문이다.

1897년 11월 쟈오저우(膠州)의 중국인들이 독일 선교사들과의 분쟁 끝에 선교사 두 명을 죽였다. 1개월 후에 독일이 쟈오저우를 탈취하고 결국 독일 영토로 만들었다.

성조기가 안전의 표시라기보다는 저주의 표시로 보도된 사례가 허다했다. 이 국기가 더 크고 뚜렷하게 게양될수록 일본군의 공격은 더욱 빈번하고 극심해졌다. 예를 들면 산시성(山西省)의 펀차오(汾朝)의 미국 선교본부가 피격당했을 때 미국 선교사 8명과 1천여 명의 중국인들이 일본군의 4시간에 걸친 포격에도 무사할 수 있었던 이유는 한 달 전에 만들어 놓은 포격 대피호를 이용했기 때문이다. 미국 깃발의 보호 하에 있으므로 안전하다고 생각한 중국인 수위 하나는 일본군이 쏜 총알에 맞아 죽고 말았다.

일본인들은 외국 국기에 대하여 침범해서는 안 된다는 국제법, 즉 불가침법不可侵法을 고의로 위반하면서 그것을 무자비하게 짓밟으면서도, 자기들의 일장기日章旗에 대해서는 모든 나라 사람들에게 허리 굽혀 경의를 표하도록 기회 있을 때마다 강요해 왔다. 이것이 바로 자신들에게 저항하는 아시아인들에게 "기꺼이 순종하는 미카도 제국의 신민臣民"이 될 때까지 공포와 위엄으로 영향을 주려는 수법이다. "미국과 영국도 저지하지 못하는 대일본 제국의 위력을 누가 감히 저지하겠는가?"라고 그들은 말한다.

그들이 생각하는 방식은 이런 것이다:

"서구 열강의 국기의 보호를 받는 인명과 재산에 대하여 수도 없이 포격과 파괴를 해왔지만 우리가 고작 당한 것은 우리가 태연히 무시해버린 그들의 외교적 항의 정도 아니었는가? 우리는 서방의 양 대국 국민들이 경의를 표하고 충성을 맹서한 미국과 영국의 성스러운 상징인 그들의 국기를 끌어내려 갈기갈기 찢고 발로 짓밟아 버렸다. 그러고도 우리가 보상한 것은 고작해야 우리 육·해군과 외교기관의 하급 장교나 서기관들의 "고멘나사이(ごめんなさいい: 미안합니다)"라는 사과의 말한 마디뿐이었다. 과연 누가 감히 세계 정복의 위세를 떨치는 일장기日章旗에 경의를 표하기를 거부하겠는가? 이미 백인들로 하여금 절을 하도록 만들지 않았는가?"

어떤 근대국가가, 비록 아무리 막강하다고 할지라도, 자신은 다소 비우호적인 다른 나라의 국기를 무시하고, 끌어내리고, 발로 짓밟으면서도 자신들의 국기에 대하여는 허리 굽혀 경례를 하도록 강요한다는 것은 거의 상상할 수도 없고 믿을 수도 없는 일이다. 그러나 이것이 바로 지금 일본이 자행하고 있고 앞으로도 계속 그렇게 할 짓이다. 수많은 사건들 중에서 몇 건만 예를 들어 보겠다.

국무성은 1937년 11월 30일, 상해에서 일인들이 성조기를 훼손한 사건에 대해 상해에 있는 미국 총영사 가우스(Clarence Gauss)가 한 보고서를 공개했다. 그의 보고서에 의하면, 표식도 없는 일본 해군의 예인선이 수병들을 태우고는 불란서 조계에 정박해 있던 미국인 소유의 예인선 페이팅 호(Feiting)를 나포했다. 나포 당시 예인선에는 성조기가 펄럭이고 있었다. 일본군은 선박의 국적 표기를 떼어버리고 성조기를 끌어내려 황푸강(黃浦江)에 내던져 버렸다. 그들은 그 깃발을 건져내려고 노력하기는커녕 그 자리에 일장기를 대신 게양했다.

패네이 호 폭격사건이 있었던 다음날에 일어난 또 다른 사건은 이러하다. 일본 군인들이 미국 병원 소속의 배 한 척을 나포한 후 성조기를 끌어내려서 양자강(揚子江)에 내팽개쳤다. 병원 당국이 그 국기를 건져낸 다음 그 사실을 일본군 사령부에 통보하고, 12월 4일 미국 정부가 강력한 항의를 했다.

1938년 8월 15일에는 영국의 예인선 빅토리아(Victoria) 호에 일본 수병들이 승선하여 선장의 양팔을 밧줄로 결박하고는 유니언잭(Union Jack)을 마구잡이로 끌어내린 다음 그들의 욱일기(旭日旗)로 갈아 달았다. 그래서 사건 발생 경위를 조사하도록 영국 포함을 현장으로 급파하게 된 것이다.

1938년 4월 30일, 일본의 화물선 노무라 마루(野村丸) 호가 뉴욕 항에 서서히 입항할 때 선박의 이물(船首)에 있는 국기 게양대에 성조기 위에 일장기가 매달려 있었다. 미국의 항만 규정은 물론이고 국제적 관례는 미국 항구에 입항하는 모든 외국 선박은 이물의 국기게양대에 자국의 국기를 미국 국기보다 더 높이 매달지 못하도록 규정하고 있다. 그래서 해양 경비대원이 노무라 호에 승선하여 깃발을 바꾸어 달도록 지시했다.

이러한 모든 사건들은 일인들이 자기들의 우월성을 인정받으려는 의도적이고 조직적인 노력의 일환이다. 그들은 그런 사건이 개별적이고 산발적으로 서로 연관 없이 일어난 고립된 사건처럼 보이도록 하려고 했으나, 이들은 다 동경의 해당 부처와 긴밀히 연락하여 그들의 지시에 따라 일어난 사건들이다. 그들이 관철시키려는 어떠한 사안이나 정복하려는 한 줌의 땅도, 수단의 옳고 그름을 떠나서, 자신들의 국위를 높이는 데 보탬을 주려는 것이다. 그 방법이 평화적이건 무력을 사용했건 간에, 승리를 쟁취한 병사는 훈장과 특진의 영예를 받는다. 이러한 이유로 모든 국민들은 일본 민족의 위상을 높이고 국부國富를 증진시키려고 혈안이 되어 있다.

일본 선박의 선장이라면 누구나 다 항만 규정을 알고 있고 그것을 준수해야 된다는 것 정도는 알고 있다. 그런데 노무라 호의 행동은 확립된 규정을 위반했을 뿐만 아니라 분명히 한 대국大國의 명예를 모욕한 것이다. 그것이 고의가 아니라 부주의에서 일어난 실수, 한 말단 선원의 단순한 실수였던가? 일인들은 의전절차에 관한 일이라면 너무나도 세밀하고 꼼꼼하여 그런 실수를 할 사람들이 아니다.

지금까지 우리는 일본인들이 미국 국기를 뉴욕 항에서는 물론이고 중국에서 어떻게 취급해 왔는지 살펴보았다. 이제 미국에서 그들이 자국의 국기를 미국인들이 어떻게 취급해 주기를 요구하고 있는지 알아보자.

일인들은 중국과 기타 여러 곳에서 미국 국기를 의도적으로 모욕하고 있는 반면에, 그들은 미국 영토 내에서도 미국인들이 자기들의 국기에 경례를 하도록 강요하고 있다.

다음과 같은 일이 1939년 겨울 일본의 해군함정 3척이 하와이를 "방문했을" 때 일어났다. 일본의 해군함정들은 하와이군도를 "공식적으로 또는 비공식적으로" 방문한 일이 종종 있었다. 그들이 호놀룰루 항에 기착할 때마다 대부분 일본계 "미국 시민"인 하와이 거류민 일본인들 수백 명이 부두에 나와서 동포 방문객을 열렬히 환영했다. 열광적인 군중들이 일장기를 흔들고 "반자이(萬歲)"를 외치면서(＊지금은 일장기를 흔들면서 '반자이'를 외치는 것은 중단시켰다. ─ 저자) 뜨거운 환영의 뜻으로 일본 해군과 해병대 병사들의 목에 꽃다발과 종이 '레이(lei)'(*하와이 사람들이 손님을 영송할 때 목에 걸어주는 화환─ 역자)를 걸어주면서 열렬히 환영했다.

호놀룰루(Honolulu) 시장을 포함한 하와이 지방정부 요인들도 일인들과 나란히 그들을 환영했다. 일본 영사관은 일본 해군장교와 사병들의 환영 만찬의 중심이 되었다. 이 큰 행사를 위해 널찍한 잔디밭, 높고 아름다운 야자수와 열대 화초들이 온갖 색깔의 등불과 장식깃발들로 치장되었다. 초대된 내빈에는 상공회의소와 기타 실업계와 민간 단체를 대표하는 유지들은 물론 미연방과 미국령 지방정부와 하와이에 있는 미국 육·해군 사령부의 대표들이 포함되었다. 그들은 현지 일인들은 물론이고 방문온 일인들과 뒤섞여 교제하며 친선과 우의를 다졌다.

내가 기억하기로는, 이 특별한 행사에 일부 미국인들은 참석하기를 거부했다. 그들은 중국 주둔 일본군이 미국 전함을 폭격하여 침몰시켰고 중국인 수천 명을 살상하고 있는 판에 어떻게 친선을 하자고 말이 나오겠는가 라고 반문했다.

감정을 표면에 나타내지 않고 있어서 내가 확언할 수는 없지만, 하와이 지역에 사는 상당수의 미국인들이 이와 같은 반일감정을 품고 있다고 본다. 이 영사관 환영연 행사를 전후해서 일본측 초대招待 위원회는 특정한 날 해군 방문자들을 초대하여 호놀룰루 시가 위치한 오아후(Oahu) 섬을 자동차로 일주할 계획이라고 알리면서, 미국인과 일본인 개인, 가족 또는 기관에게 우정의 표시로 운전기사가 있건 없건 상관없이 자동차를 대여해 주기를 요구했다. 이들의 방문 기간에 거리는 코닥 등 카메라를 둘러맨 백색 유니폼을 입은 일본 해군병사들로 북적였다. 물론 이것은 모두 한 우방국가의 해군부대가 비공식으로 친선 방문한 것에 불과하다. 이것은 단지 태평양의 양대兩大 강국간의 우호의 감정을 성실히 표출한 것으로 믿어 의심치 말아야 할 근거도 있다. 그러나 그것이 전부가 아니다. 일본인 개개인이 다 제국의 건설자들이다. 이 건설자들은 세계 정복이라는 거창한 계획의 한 부분과 한 조각의 역할을 담당한다. 예컨대 국기 사건도 치밀한 계획의 한 부분이지 어느 곳에서 발생하건 관련이 없는 동떨어진 사건일 수가 없다.

이런 일본 해군의 빈번한 하와이군도 친선방문 중에 최근에 일어난 사건은 다음과 같다.

그 선조가 하와이 원주민인 미국 시민 데이빗 카마이(David Kamai)는 호놀룰루 수도국 요원으로서 1939년 10월 22일 일본 해군함정 야쿠모(野雲)에 물 사용료를 청구하기 위해 승선하려고 했다. 배다리(gangplank: 배와 부두 또는 선창을 연결하는 다리)에 총검을 멘 한 일본군 보초가 서서 그를 제지하고는 유창한 영어로 상의를 착용하지 않았다고 문책했다. 그리고는 카마이 씨에게 승선하고 싶으면 먼저 일본 국기에 절을 하라고 명했다. 카마이 씨가 "나는 아무에게도 절을 안 한다"고 말하며 그 명을 거절했다. 그가 돌아서면서 일본인 몇 명 이상 의를 입지 않았는데도 승선이 허용되는 것을 보았다. 하와이에서는 아열대성 기후로 대부분의 사람들이 셔츠 바람으로 일들을 다닌다. 한편 하와이 주민인 한 일본인이 보초에게 말해서, 보초가 카마이 씨를 다시 불러서는 승선하여 일을 보도록 했다.

호놀룰루 〈스타 뷸리튼(Star-Bulletin)〉지는 10월 24일자에서 이 에

피소드를 차분하나 품위 있는 어조로 사설로 다루면서 다음과 같이
결론을 내렸다:

> "일본 전함의 한 일본 보초병이 공무로 승선하려고 하는 미국 시민에게
> 일본 국기에 경례를 하라고 한 사실은 국제적 사건으로 되기 쉽다. …
> 만약 그것이 단순히 오해로 일어났다면, 전함의 일본군 장교가 적절히
> 처리할 수도 있는 일이었다. 그렇지 않고 그것이 만약 일본군의 오만함
> 을 드러낸 것이라면, 이 사건은 비교적 간략하게나마 적절한 방법으로
> 사회에 알려져야만 관계 당국에 교훈을 주게 될 것이다."

이 보도에 이어 일본 총영사는 그 보초병이 카마이 씨에게 일본
국기에 절을 하라고 했다는 〈스타 뷸리튼〉지의 보도를 단호하고 거의
격분한 어조로 반박하는 성명을 냈다. 그 성명에 의하면, 그것은 전혀
허위보도라는 것이다. 총영사는 "물론 이 보도를 믿을 사람은 단 한
사람도 없을 것이다. 일본 병사가 그런 일을 절대로 한 적이 없었기
때문이다."라고 주장했다.

그러나 방문한 함대는 그 다음 주에 호놀룰루를 출항하여 하와이
군도 중 가장 큰 섬인 하와이 제도의 수도 힐로(Hilo) 시를 같은 식으로
친선 방문했다. 이곳에서도 똑 같은 일이 재발되었다. 이번에는 약삭
빠른 기자가 일본인들을 앞질러 가서 임시로 설치한 문 옆에 서 있는
보초병의 스냅사진을 살짝 찍었다. 그 문에는 영어와 일어로 경례의
지시가 쓰여 있었다. 1939년 10월 30일자 〈호놀룰루 애드버타이저
(Honolulu Advertiser)〉지에 그 사진이 다음과 같은 사설과 함께 실렸다:

> "천자天子인 일본 천황 히로히토(裕仁)의 말 없고 엄숙한 사자使者인 일
> 본 전함 야쿠모(野雲)가 삼엄하고 근엄한 자태로 물 위에 떠 있다. 일본

군의 전통적 군사 및 해군 예규禮規에 따라 일본인이면 누구나 허리를 굽히거나 가볍게 모자에 손을 대거나 보초병에게 거수경례를 하여 천황에게 경의를 표해야만 한다. 일본 국내의 일본인은 이것을 다 잘 알고 있다. 그러나 외국인들에게는 그것은 아무런 의미도 없는 일이다. 지난주 두 번이나 미국의 항구 호놀룰루와 힐로(Hilo) 항에서 일본 전함 야쿠모에 승선하려는 미국인들에게 보초병에게 경례를 하고 욱일기旭日旗에 고개를 숙이라고 요구하는 일이 벌어졌다. 그 요구는 두 번 다 거부되었다. 힐로(Hilo)에서 찍은 위의 사진에는 보초병에게 경례를 하라는 영어와 일어로 쓰인 지시문이 보인다. 그러나 이 사진을 찍은 잠시 후에 게시판을 돌려놓아서 더 이상 사진을 찍을 수가 없었다."

국무성은 힐로(Hilo)에서의 일본인의 "국기 사건"에 관한 보고를 기다리고 있다. 힐로 사건의 발단은 백인인 미국 세관 검사관 윌슨 (H. Stanley Wilson)이 야쿠모 호 함장에게 미국의 항만 예규禮規를 전하려고 할 때 생겼다. 그가 승선하려고 하자 배다리 입구에 있던 한 수병이 그의 팔을 잡고 당신은 누구냐면서 거친 목소리로 물었다. 그가 자신은 세관원이라고 밝히자, 그 일본군 수병은 윌슨 씨에게 무장한 보초병을 가리키면서 그에게 절을 하라고 했다. 그가 거절하자 그 수병은 화를 내면서 "이것은 일본의 배다"라고 소리쳤다. 결국 일본군 장교를 불렀고, 그가 배다리를 내려왔다. 윌슨 씨는 그에게 서류를 전하고 그곳을 떠났다.

다음날 힐로 시 수도국의 수금원인 요나 버취(Jonah Burch) 씨가 물 사용료를 받으려고 야쿠모 호에 승선하려고 했을 때, 그가 배 위의 일본 국기에 허리 굽히기를 거부했다는 이유로 그의 승선이 허용되지 않았다. 보초는 그에게 일본 국기에 절을 하지 않으려면 떠나라고 명했다. 그 후 힐로 시의 수도국장인 에밀 오소리오(Emil Osorio) 씨가 한 일본인과 함께 그 배에 갔을 때에는 아무런 의식儀式을 행하지 않고서도 배에 들어갈 수 있었다. 호놀룰루의 일본 대리영사와 미국 세관 관리가 협의를 거쳐 이 사건을 원만히 해결했다.

체면을 살리는 방안으로 힐로 시의 환영위원회 회장인 마치무라 토모지(町村友治)가 1939년 11월 10일, 경례를 명하는 게시판을 붙이도록 한 것은 전적으로 자기의 책임이라는 성명을 냈다. 그러나 자신은 일본어로 쓴 게시판을 붙이라고 하였지 영어로 쓴 게시판을 붙이라고 하지는 않았다고 말했다. 그 게시판에는 일어와 영어로 승선하는 자는 보초에게 경례를 해야 한다고 쓰여 있었다. 흔히 쓰는 말로 표현하자면, 마치무라는 스스로 일본 총영사를 위한 속죄양이 되었던 것이다. 이 모든 문제를 일으킨 발단은 일본군 보초의 사진을 찍은 그 사진사였다. 그가 아니었으면 일본 총영사는 그런 일이 전혀 없었다고 완강히 부인함으로써 골치 아픈 일을 쉽게 끝낼 수도 있었을 것이다.

제 9 장
9개국 회담

　중 · 일 전쟁은 미국 정부를 가장 난처하고 괴로운 입장에 처하도록 했다. 지난 30년간, 그리고 현재의 위기에 이르기까지, 미국은 일본과 평화적인 관계를 유지해 왔으며, 양국 간에 그리 심각한 충돌은 없었다. 그러나 지금 미국은 일본의 도전에 응전할 것인가 아니면 외면할 것인가 하는 정책의 방향을 결정해야 할 중요한 시점에 와 있다. 방향이 결정되지 않은 상태는 항상 괴로운 법이다.

　그보다도, 미국 정부는 중국의 영토 보전과 독립을 보장한 제반 국제조약은 물론 9개국 조약(*미국 · 영국 · 네덜란드 · 이탈리아 · 프랑스 · 벨기에 · 포르투갈 · 일본 · 중화민국이 문호개방 · 영토보전 · 기회균등 · 주권존중의 원칙하에 일본의 중국 진출을 억제함과 동시에 중국의 권익 보호를 표명한 조약으로 그 발효 시기는 1925. 8. 5.이다. ― 역자)을 준수해야 할 입장에 있는데, 바로 이 중국이 지금 또 다른 조약 당사국인 일본에 의해 침공을 당하고 있는 것이다. 일본의 침략을 당하자 중국은 조인국들이 상호 협의하여 무슨 조처를 취해 주기를 촉구했다. 그러나 추축국을 제외한 세계 각국과 미국에서 반일 여론이 비등하고 있었음에도 불구하고, 이들은 아무런 조치도 취하지 않았다.

문명국가에 대한 일본의 이 대담한 도전이 세계의 모든 나라들, 특히 미국에게, 위협이 되고 있다는 사실이 이제 여지없이 드러났다. 이러한 상황이었으므로, 미국 대통령과 국무장관은 책무를 통감하고 미국이 조약상의 의무를 이행하기 위해 단호한 행동을 취하는 것이 자신들의 의무라고 느꼈어야 했다. 미국이 관·민 합동으로 군장비와 보급품 등 차관 형식으로 중국에 군수물자 원조를 하고 있는 것은 사실이다. 그러나 처음부터 미국이 더욱 적극적으로 나왔더라면 일본군의 행로를 저지했을 것이고, 중국으로 하여금 지금 겪고 있는 환란과 고통을 면하게 할 수도 있었을 것이다. 그리고 확실히 말할 수 있는 것은, 처음부터 미국 국민들이 정부를 전폭적으로 지지했더라면, 유럽에서든 아시아에서든, 온 나라를 전쟁으로 끌고 들어가지 않고서도 국제적 비적匪賊 행위를 저지시킬 평화적 방법이 찾아질 수 있었을 것이다.

그러나 정당간의 대립, 세계정세에 관한 국민 대중의 무관심과 냉담 등의 사정도 고려되어야만 했으므로 천천히 대처할 필요가 있음을 알게 되었다. 지금은 세계 사태로 인해 미국 국민 대중도 자기 자신들의 안전이 위태로워졌음을 확신하게 되었다.

9개국 조약은 1921년의 워싱턴 회의의 산물로서 1925년에 비준되었다. 그것은 엘리후 루트(Elihu Root)에 의해 결의문 형식으로 본회의에 상정되었던 것이다. 조인국들이 의결한 결의문 조항은 다음과 같다:

1. 중국의 주권, 독립, 영토 및 행정의 보전을 존중한다.
2. 중국이 능률적이고 안정적인 정부를 발전·유지할 수 있도록 충분한

　　기회를 제공한다.

　3. 모든 나라들과의 통상과 산업 촉진에 기회균등의 원칙을 수립·유지
　　시키기 위하여 조인국들이 영향력을 최대한 행사한다.

　4. 우방국 시민의 권리를 침해할 수 있는 권리와 특권을 추구하기 위하
　　여 현재의 조건을 유리하게 이용하는 것을 자제한다.

　　앞의 9개국 회의에서는 4개국 협정으로 알려진 미·영·불·일 4개
국이 조인한 별도의 조약도 체결되었는데, 이 조약에서는, 만약 극동
에서 체결 국가들 간에 분쟁이 일어날 경우에는 관련된 국가들은 무
력을 행사하기 전에 회의를 통하여 해결할 것을 규정하고 있다. 이들
두 가지 국제조약 중 9개국 조약의 주된 목적은 중국 땅을 열강들이
분할해서 차지하려는 경향을 방지하려는 것이다. 그 후 10년간 중국
이 이 조약의 혜택을 누려온 것은 조인국 열강 세력들이 그들의 엄숙
한 계약에 따라 영토 확장이나 경제적 이권을 일체 포기했기 때문이
다. 그 당시 일본은 중국에 대한 악명 높은 21개 조항의 요구 사항들
을 철회하지 않으면 안 되었다.*

---

* 1915년 1월 18일 중국에 대한 일본의 21개 조항의 요구사항을 아래의 5개
　조항으로 요약할 수 있다.
　1. 중국은 산동성(山東省)에서 독일이 가졌던 일체의 권익을 일본이 취득
　　하도록 그 소유권을 양도하는 데 동의한다. 중국은 산동성에서 어떤 제
　　3국에게도 영토를 양도할 수 없으며, 항구도시를 추가로 더 개방하고
　　철도 영업권을 제공한다.
　2. 남만주와 동부 내몽고에서 여순항(Port Arthur)·대련항과 철도의 조차
　　권을 99년간으로 연장하고, 이 지역 어디에서든지 일본인은 토지를 차
　　용할 수 있고 여행과 거주를 할 수 있다. 거기서도 역시 채광권과 철도
　　권과 차관을 일본이 관장하며 자문으로 일본인을 채용한다.
　3. 중국 최대의 철광 및 제련업체인 한야평공사(漢冶平公社)를 중·일 합

　　그러나 실제로는 이러한 조항으로 인해 조약 체결국들 중에서 가장 혜택을 많이 본 나라는 일본이다. 일본이 제1차로 군사작전 준비를 하여 만주 침공을 할 때 아무도 간섭하지 못하도록 한 것이 문호개방 정책의 도움이었던 것과 마찬가지로, 일본이 제2차로 중국 침공 준비를 할 때에도 이 9개국 조약 때문에 아무도 간섭을 할 수 없었다.

　　그러나 1931년 철저하게 무장한 일본은 문호개방 조약을 일방적으로 파기하고 만주로 진격하여 다른 조인국들에게 완전히 등을 돌렸다.

　　헨리 스팀슨(Henry L. Stimson) 국무장관은 만주 침략을 저지시키기 위한 조처를 취하자고 호소했지만, 영국 외상 존 시몬(John Simon) 경卿의 우유부단함으로 인해 조약의 준수를 법으로 관철시킬 기회를 놓쳐버렸다. 일본 대표단은 참석한 모든 연맹국가들을 공공연히 무시하고 국제연맹 회의장을 퇴장해 버렸다. 이제 다시 일본은 대륙정복의 가도를 행진하고 있다.

　　이 행진을 막기 위한 뒤늦은 시도가 이루어졌다. 1937년 9월 20일 제네바에서 영국 대표단은 중·일 분쟁을 해결하기 위해 9개국 조약을

　　작회사로 개편하고 중국은 일본의 동의 없이 자신의 지분을 매각할 수 없다.
　4. 중국은 연안 해역의 항구·만灣 또는 도서를 제3국에 양도하거나 조차권을 줄 수 없다.
　5. 중국은 중앙정부와 특정 지역의 경찰국에 일본인을 고문으로 위촉하여 일·중 공동으로 행정을 담당한다. 중국은 50% 또는 그 이상의 탄약을 일본으로부터 구입하거나 또는 중·일 합작의 병기창을 건설하고 일본산 원료를 사용하여 일본인 감독 하에 운영한다. 일본인에게 학교·병원·사원 등을 위한 중국 내지內地의 토지 매입을 허용하고, 양자강 계곡의 철도부설권을 약속하고, 복건성(福建省)의 채광과 공장을 위한 외국차관 일체를 면밀히 조사·검토할 수 있도록 한다.

적용하자고 제창했다. 이러한 움직임은 미국을 평화구축 노력에 전적으로 협조하도록 끌어들일 것이고 일본은 조약체결 국가들의 회의 참석을 거부할 수 없게 될 것으로 믿어졌다.

9개국 조약에 대한 일본의 태도

일본이 9개국 조약에 조인할 때만 해도 일본은 자기들의 의지를 관철시킬 만큼 충분히 강하지 못했다. 그러나 이제 중국 정복을 시도할 만큼 충분히 강해졌다고 판단했을 때 그들은 그것의 결행을 추진했다. 너무도 당연히 다른 조약국들은 일본을 회담으로 불러들여서 책임을 추궁하기로 결정했다.

1937년 10월 30일 브뤼셀(Brussel)에서 개최하기로 한 9개국 회담에 참석해 달라는 공식 초청장이 10월 21 동경에 전달되었다. 그보다 거의 3주 전에 아사히(朝日)신문은 사설에서 9개국 조약의 시행은 합리적인 조건하에서는 수용이 가능할지 모르나, 적절한 표현을 쓴다면, 그것은 사실상 사문화死文化된 문서이고, 최소한 현재의 극동 정세에는 전혀 적합하지 않다고 논평했다. 이 사설은 일본 정부의 실제 태도를 비공식적으로 표현한 것에 지나지 않는다. 결과가 그것을 증명하고 있다.

회담 초청에 일본 정부가 공식 회답을 한 것은 회담 개최 불과 3일 전이었다. 일본 정부는 회담 참석을 거부하면서, 국제연맹은 "중·일 분쟁을 공정하고 적절하게 해결하려는 과정에 심각한 장애물을 놓기 위해" 회의를 추진하고 있는바, 일본은 현재 "정당방위 전쟁(defensive war)"을 치르고 있으며 "9개국 조약은 어쨌든 낡아빠진 고문서古文書일 따름"이라는 공개성명을 발표했다.

〈오쿠가이 쇼교(屋外諸行)〉 신문은 11월 5일자 사설에서 일본은 "성전(聖戰: the holy war)"을 통해 극동에서 정치적 우위를 점거했으며, 기타 열국들은 일본의 양해 없이 동아시아 문제를 논할 자격을 상실했다고 주장했다.

수일 후(11월 12일), 결국 일본 각의는 회담에 참석하라는 두 번째 초청을 거부했다. 그 다음날 브뤼셀의 각국 대표들은 동경 정부에 3개 항목의 최후통첩을 보냈다: (1) 즉각적인 휴전 수락, (2) 중재를 통한 해결, 그리고 (3) 9개국 조약의 기본 원칙에 입각해서 평화 수립 노력을 한다는 단서.

상기 "최후 통첩(final appeal)"은 평화를 달성하기 위한 평화적 수단으로서는 완전한 조건을 갖춘 것처럼 보였다. 그러나 중요한 한 가지가 빠져 있었다. 즉, 그 안에는 이빨이 빠지고 없었다. 동경의 외교관들이 국제연맹의 "바보 같은 실패작(stupid fiasco)"을 보고 속으로 크게 비웃었던 이유는 바로 이 때문이다.

일본이 9개국 조약은 "사문서(dead letter)"이고 "폐기된 문서(obsolete)"라고 말했고, 독일도 국제조약을 "종이 조각(a scrap of paper)"이라고 불렀다. 그 차이는 다만 미국은 독일의 위협에 대한 위험성은 충분히 인식하고 있었던 반면에 그것의 동양판 원형인 일본에 대해서는 그 위험성을 충분히 인식하지 못하고 있었다는 점이다. 바로 여기에 위험 요소가 잠재해 있다. 어느 국가이건, 심지어 미국까지도, 이런 나라들과 조약관계를 맺는다는 것은 단지 파국을 초래할 따름이다.

일본은 자신들이 "정당방위 전쟁", "성전(聖戰)"을 치르고 있다고 주장한다. 그러나 그들의 통치자가 "태양 여신의 직계후손"이라고 자신들이 떠들어대는 소리 말고는 도대체 어디에 이 성전의 "성聖"자가 들어갈 여지가 있는 것인지 간파하기가 어렵다.

"정당방위"란 용어 자체도 서양인들의 사고방식으로는 이해할 수 없는 것이다. 일본인들이 사물을 보는 관점은 서양인들과 큰 차이가 있다. 예컨대 당신이 이웃집에 강제로 들어가려고 할 때, 그 집 주인은 당연히 당신의 침입을 강제로 막을 것이다. 그러지 않겠는가? 이런 경우 당신은 집밖으로 나가거나 아니면 일본인들이 말하는 "정당방위"로 맞서서 싸우거나 해야 한다. 바로 이것이 9개국 회의 참석을 놓고 "분쟁은 중·일 쌍방 간에 해결될 문제"라고 맞서는 일본인의 심리인 것이다. 즉, 쌍방雙方이란 곧 권총을 빼어든 강도와 그 강도의 발 앞에 엎드려 있는 피해자 외에는 아무도 없는 그런 사이를 말한다.

미국의 외교관들이 성명을 발표할 때에는, 미국이 타국의 내정간섭에 몰두하고 있다는 국내의 비판을 피하기 위하여, 용어 사용에 세심한 주의를 하고 있다는 점을 반드시 주목할 필요가 있다. 이와 동시에, 그들은 시련과 고통을 겪으며 환란에 처해 있는 세계 각처의 인민들이 가장 강력하고 영향력이 있는 미국에게 구원해 달라고 외치는 소리에 귀를 막고 있을 수는 없다. 더욱이, 중국의 주권과 영토를 보호함에 있어서 9개국 조약의 조인국 중의 하나인 미국은 중국을 백방으로 도와야 할 도의적 책임은 물론 법적 의무도 지고 있는 것이다. 다른 이유가 아닌 바로 이 이유 때문에도 정부는, 전쟁까지는 가지 않더라도, 일본의 침략을 막기 위해 최선을 다해야 한다. 그러나 대내외對內外 정책을 수립하는 미국인들은 평화주의자와 선전가들의 영향과

1차대전의 쓰라린 경험도 있기 때문에, 다시 국외 분쟁에 휘말릴 기미가 있으면 그것이 어떤 것이건 무조건 반대한다. 현재 이러한 상태에 있으므로 정부는 상당히 곤혹스러운 입장에 처해 있는 것이다.

무방비 상태의 민간인 지역에 대한 일본군의 공습에 대해 헐(Hull) 장관이 거듭 규탄성명을 냈는데, 이것이 일본측에 국제적 압력을 가하는 일에 미국의 협력을 이끌어낼 수 있을 것으로 국제연맹이 희망하게 된 근거가 되었다. 그가 9월 22일 일본 정부에 전한 각서에서 "평화롭게 생업에 종사하고 있는 대도시의 민간인 지역에 대한 무차별 공습은 법과 인류애의 원칙을 위배하는 행위"라는 그의 입장을 분명히 했다. 이 각서에 대해 일본측은 전혀 대답을 하지 않았다. 1주일 후 헐 장관은 연맹을 거명하지는 않고 민간인 지역 폭격을 규탄하는 국제연맹의 결의를 간접적으로 지지하는 항의각서를 재차 보냈다. 미국은 국제연맹의 회원국이 아니므로 연맹과 공식적으로 연관을 가질 수는 없었다.

국제연맹이 미국의 참석을 곧 통지하려고 하자, 미국은 본회의에는 참석할 수 없다는 점을 상기시키고, 연맹의 소위원회에만 참석하도록 하라고 주駐 스위스 미국대사 해리슨(Leland Harrison)에게 훈령을 내렸다. 이것이 연맹 주최 하의 회담 대신에 브뤼셀 9개국 회담이 개최되게 된 이유이다. 다른 회원국들은 미국의 협력 없이는 그 어떤 성공도 기대할 수 없었고, 또한 미국은 조인국들 중의 하나로서 참석을 거절할 수가 없었다.

이제 미국의 입장이 분명히 밝혀졌으므로 헐 장관은 순회대사 노만 데이비스(Norman Davis)가 미국 대표로 회담에 참석할 것이라고 발표했다. 데이비스 씨는 극동문제의 탁월한 권위자인 국무성 극동과장

혼벡(Stanley K. Hornbeck) 박사, 로버트펠(Robert Pell) 공보관, 찰스 보렌(Charles Bohlen) 비서관을 대동했다. 이 대표단은 별 의욕도 없이 브뤼셀 행 배를 탔다.

그러나 회담을 어느 정도 성공시키려면 진정한 국제적 공조가 필수적인데, 세계는 그런 준비가 되어 있지 않았다. 전 국무장관이자 켈록 브라이언드 협정(The Kellogg—Briand Pact)의 공동 입안자인 프랭크 켈록(Frank Kellogg)이 이때 다음과 같은 성명을 발표할 때에는 틀림없이 이 점을 염두에 두고 있었을 것이다:

"국제적 의무의 신성함을 믿는 정부는 협정의 원칙이 그 효력을 발생할 수 있도록 하는 제반 조치들을 매우 신중하게 고려해야 한다. 나는 1928년과 마찬가지로 지금도, 세계평화는 조인국들 전체가 조약의 조건과 원칙들을 준수하는 데 달려 있다고 믿고 있다. 현재 일본의 대對중국 정책이 파리조약의 조문이나 정신에 부합된다고는 결코 생각하지 않는다. 어떤 정부가 자신이 서약한 말을 스스로 무시하고 있다니 참으로 개탄을 금할 수 없다. 왜냐하면 그런 행위는 협정을 파괴할 뿐만 아니라 국제사회의 존립의 근간인 상호신뢰를 파괴하기 때문이다. 그러한 신뢰가 파괴된다면 그 결과는 국제사회의 무정부상태가 있을 뿐이다."

11월 4일자 브뤼셀 회담의 1차 회의 결과는, 브뤼셀 회담에 큰 기대를 걸었던 평화를 애호하는 전 세계인들에게 낙담과 굴욕을 가져다 주었다. 이 회의에서 일본이 토의 참석을 거절했기 때문에 영국 대표단은 회담의 무력함을 느끼고 "일본과 같이 놀아남(flirting with Japan)"으로써 체면을 유지하려고 했다. 이 회의 직후 벨기에 주재 영국대사 로버트 클라이브(Robert Clive) 경卿은 주駐 벨기에 일본대사 쿠루세(S.

Kuruse) 씨와 협의하여 보다 광범위한 기초 위에서 중·일 분쟁해결을 토의하기 위한 다른 회의에 참석할 용의가 있는지 여부를 타진했다. 다른 나라의 회의 참가자들은, 이 제의는 영국이 일본에 대한 강압적인 수단을 고려해야 할 필요성에 직면한 난처한 상황을 회피하려는 의도에서 취해진 것이라고 공공연히 천명했다.

미국 대표 노먼 데이비스는 회의 중에 한 그의 간략한 연설에서 세계평화에 긴요한 것은 분쟁의 종식뿐이라고 경고했다. 불란서 외상 이본 델보(Yvon Delbos)도 데이비스의 연설에 이어서 9개국 조약의 신성함을 강조했다. 이태리 대표 루이지 알드로반도 마레스콧투(Luigi Aldrovando Marescottu) 공작은 중국과 일본을 토의에 참석시키지 않고서는 아무것도 할 수 없다고 발언하여 불협화음을 일으켰다. "이 회의는 일본을 고립시킬 수 없다"고 한 그의 발언은 1937년 루즈벨트 대통령이 시카고에서 한 연설을 그대로 인용한 것이다. 대부분의 대표단이 1차 회의를 실망과 불쾌감 속에 마쳤음은 의심의 여지가 없다.

회의는 1937년 11월 20일까지 계속되었다. 영국과 불란서 대표단은 미국이 일본을 저지하는 일에 선두에 나서지 않을 것임을 깨닫고는 회의에 정기적으로 참석하지도 않았다. 회의의 전 기간을 통하여 회의에서 토의된 가장 중요한 안건은 어떻게 일본을 징계할 것이며, 또 일본의 중국 침략을 막을 "최후의 수단(last resort)"으로 어떻게 주요 조인국들이 중국에 무기를 차관으로 공급해 줄 수 있겠느냐 하는 것이었다. 일본 징계의 문제가 대두되자 이태리 대표단은, 무솔리니와 일본의 친밀한 관계에 발맞추어, 퇴장하고 말았다. 이태리의 항의를 무시하고 회의에서는 극동에서의 평화 노력이 실패로 돌아가고 유혈이 계속되고 있는 것은 일본의 책임이라는 선언문을 채택했다.

　최후의 수단으로서 조인국들이 무기 차관을 통해 중국을 원조해 주자는 제안에 동조하기로 의결했다. 회담은 11월 20일 무기한(sine die) 연기되었다. 대표단들은 미국의 "엄정 중립(strict neutrality)" 정책이 극동의 분쟁을 중재하려는 국제적 노력을 무산시켰다고 공개적으로 비난했다.

　여기에서 짚고 넘어가야 할 흥미로운 점은, 막상 자신이 9개국 회담을 제안했으면서도 일본의 만주 정복을 항의하고 그 불행한 나라에 대한 일본의 주권 행사를 거부하려는 스팀슨(Stimson) 미 국무장관의 선도적 노력을 따르지 않았던 것은 영국이라는 사실이다.

　그러나 미국 역시 비판을 면할 수 없었다. 만약 미국 정부가 침략 국가에 대해 강압적 조치를 앞장서서 할 의사가 없거나 할 능력이 없었다면 회담에 참석한 것 자체가 실책이었다. 왜냐하면, 단지 친선의 제스처로 회담에 참석했다면 그 회담은 열리기도 전에 이미 실패할 운명이었기 때문이다. 일본이 압박을 느낄 수 있도록 도의적 또는 경제적 무기를 충분히 효과적으로 휘두를 수 있는 나라는 미국을 제외하고는 아무 나라도 없었다. 그것이 바로 과거나 현재 세계가 바라고 있는 것이었다. 동시에 미국인들은 분쟁에 얽혀드는 것을 반대하고 있었다는 점도 잊어서는 안 된다. 그들은 여전히 미국은 모든 일에 상관 말고 뒤로 물러나 있어야 한다고 믿고 있었다. 아마 이것이 미국의 대표단이 회담의 전향적 추진을 거부했던 이유를 잘 설명해주고 있을 것이다. 그렇게 회담은 종결되고 말았다.

　시작 때부터 회담에 대해 큰 희망을 걸지 않았기 때문에 아무도

회담의 실패에 대해 놀라지도 실망하지도 않았다. 회담 참가국들도 전혀 준비가 안 된 상태였다. 일본을 침략국으로 규탄하는 소위원회의 보고서에는 3개국이 기권을 했다. 왜 그랬을까? 일본을 규탄해도 되는지 확신이 서지 않아서일까? 아마도 그들이 표결을 거부한 이유는 일본의 감정을 상하게 하고 싶지 않았기 때문일 것이다. 모든 증거들을 살펴보면, 조인국들 중 소국小國들이 그러한 영향 하에 있었다면 대국들도 분명히 그와 같은 영향 하에 있었다고 할 수 있다. 이미 지적한 바와 같이, 영국은 체면을 잃지 않고 그 회담에서 빠져나갈 길을 찾았던 첫 번째 나라였다. 다시 말해서, 소국이건 대국이건 간에 똑같이 그들은 마치 살얼음판 위를 걷는 것처럼 몸들을 사리고 있었다. 만약 이 나라들이 국제적 해적질을 당장 종식시키지 못한다면 조만간 그들도 그 해적질의 희생자가 되리라는 절대적 확신을 가지고 대처했더라면 상황은 달라질 수도 있었을 것이다. 전체 참가국들의 경향은 너무나 편협하고 이기주의적이어서 집단 안전보장을 위한 어떤 조치든 취할 의사가 없었다.

열강은 일본의 군사력을 과소평가했다. 그들은 아직도 일본을 30년 전의 이류 내지 삼류 국가로 보고 있었다. 당시 일본은 이미 전 세계를 대적하여 담대히 맞설 수 있는 위치에 도달해 있다는 사실을 그들은 별로 인식하지 못했다. 그들은 아직도 일본이 서방국가들의 여론을 존중하리라고 판단했다. 일본은 아직 조약상의 의무를 무시할 여력이 없다고 과신한 나머지 "우의友誼의 설득"만으로도 전쟁을 종식시킬 수 있다는 희망을 갖게 된 것이다. 물론 그들은 도의적 또는 경제적 제재의 필요성은 생각해 본 적도 없었다.

회담에서는 일본에 대해 경제적 제재를 적용할 것인가, 아니면 중국에 무기와 군수물자를 차관으로 제공하여 중국의 사활을 건 투쟁을 지원할 수 있도록 주요 조인국 간의 합의를 도출할 것인가 하는 두 가지가 의제議題로 다루어졌다. 그러나 이 두 가지 방안 모두 실현 불가능해졌다. 왜냐하면 일본이 "미국과 그 외의 조인국들이 일본에 대한 압력을 뜻하는 항의를 계속할 경우, 일본은 그들의 견해를 수정하도록 촉구할 것"이라고 주장하고 있기 때문이다.

일본은 이처럼 회의 참석을 거부함으로써 브뤼셀 회담의 평화수립 노력을 좌절시켰다. 이러는 사이에 일본의 육·해군은 중국뿐만 아니라 세계의 도처에서 타나카(田中) 예언을 실현하기 위해 끊임없이 진군하고 있다.

제 10 장
계속되는 일본의 정복 행진과 그 파장

일본이 중국의 나머지 지역을 정복하기 위해 분투하면서 나날이 팽창해 가고 있는 제국의 범위 내에서 모든 것을 장악하려고 노력하는 동안, 그 군사행동의 파장은 세계 전역에 미치고 있었다. 추축국 동맹을 통하여 영국, 불란서, 화란이 동양에서 소유하고 있는 식민지들을 구제불능으로 만들고, 대서양 지역에서는 미국에 대한 나치 독일의 위협을 간접적으로 증가시키고 있었다.

반면에 중국의 방대한 물적 자원, 인력, 외국시장을 독점하려는 기도 및 태평양의 종주권宗主權 주장은 미국뿐만 아니라 남북 미주美洲 대륙(Western Hemisphere: 서반구. 그러나 본서에서는 남북 아메리카 대륙 전체를 가리킨다. — 역자) 전체의 평화와 안전을 위협했다.

상해(上海)

불란서 조차지와 국제 조계지를 접수하려던 일본의 원래 계획은 미국이 조약상의 권리 포기를 거부하면서 신속히 하와이 해역에 해군 함대를 집결시켜서 국가 방위체제를 강화시키자 그만 교착상태에 빠지고 말았다. 태평양에서의 이러한 무력 이동은 중국 내에서의 일본 군사력의 증강 속도를 완화시켰다. 동경의 군국주의자들이 미국을 위협했으나 미국으로부터 그들이 바랐던 반응을 끌어내는 데는 실패했다. 그 결과 당분간 온건하게 나아가기로 결정했다. 그러나 그것은 더 이상의 침략을 단념하겠다는 뜻이 아니었다. 오히려 그들의 육·해군이 우세한 한, 온갖 다양한 방법으로 잔인하게 침략할 것이다. 그들은 한 책략을 버리면 아마도 효과는 같으나 덜 시끄러운 다른 책략으로 대체할 것이다. 은밀한 선전과 중국어 신문을 통한 여론조성 작업이 상해광역시 전반에 걸쳐 수 개월간 전개되었다.

1940년 9월 하순, 국제 조계지역으로 파업과 폭력사태가 확산되었다. 버스와 전차 승무원들의 직장 이탈로 수일간 시의 교통이 마비되었다. 곧 파업으로 상해시의 산업 전체가 마비될 위험에 직면했다. 쓰레기를 수거하는 시청 직원들이 파업에 합세했다. 파업 선동자들은 만약 가스, 전력, 수도국 직원들이 경고문을 게시판에 붙인 후 1주일 내로 동맹파업을 하지 않으면 그들의 가족을 해치겠다고 협박했다. 일본 신문은 택시기사들도 곧 파업에 돌입할 것이라는 사실상의 지령을 보도하면서 "미국 해병대는 치안을 유지하기에는 병력 수가 너무나 적으므로 곧 철수할 것"이라고 했다. 외국의 관측통들은 일인들이 마침내 불란서 조차지와 국제조계지를 차지하게 될 위기상황을 두려워하고 있었다. 이것은 일인들이 "질서 회복"이란 구실 하에 상해 시 정부를 장악하기 위하여 조성한 위기상황이었다. 전기, 수도, 가스 등공기업의 중역들은 이 소동 기간 동안 인신공격이 두려워서 접촉을 피하며 실내에 칩거하고 있었다.

30년 전 일본인들은 한국에서 이 음흉한 방법을 써서 서울, 제물포, 부산과 기타 도시에서 사업을 하고 있던 모든 외국인들을 쫓아내는 데 크게 성공했다. 당시 한국인들은 미국 친구들에게 실제로 소요사태를 야기하는 자들은 일본인들이지 한국인이 아니라고 말했지만, 그것을 믿어주는 외국인은 별로 없었다. 그들은, 외국인들에게 그렇게 친절했던 일본인들이 그런 표리부동한 행동을 할 수 있다고는 믿을 수가 없었다. 물론 그 당시에는 일인들의 선동책동이 지금보다는 신중하게 행해졌다. 미국 사람들은 이제 와서야 한국에서 지난 30년간 발생했던 대부분의 폭력사태가 일인들의 직접 사주에 의해 자행되었다는 사실을 알게 되었다.

상해에서 긴장사태가 더욱 고조되고 있는 동안 상해광역시의 일본인 꼭두각시 시장 후샤오엔(福少恩)이 본치우(本丘)의 자택에서 피살되었다. 일본군 사령부는 즉각 계엄령을 선포하고 수색대가 전 시가지를 뒤졌지만 암살범은 도주해 버리고 말았다. 이 범행은 소요사태를 촉발觸發시키려고 일본 군국주의자들이 자체적으로 계획한 사건임은 의심의 여지가 없다. 바로 그때 외국 조계지 근방에서 일본군 장교 하나가 총에 맞아 중상을 입었다는 소문이 나돌았다. 이로 인해 마치 도시 전체가 바늘방석에 앉아 있는 것처럼 긴장이 더욱 고조되었다.

그 결과, 워싱턴의 국무성은 절대 필요한 요원을 제외한 미국인 남자, 여자와 자녀들은 모두 중국과 일본과 한국에서 가급적 빨리 본국으로 돌아오라는 훈령을 내렸다. 반미운동이 일본 전역으로 확산되는 와중에 서양인이면 누구도 그곳에서 신변의 안전을 느낄 수가 없었다. 교통수단이 부족했기 때문에 미국 정부는 동양에서의 미국 난민들을 시급히 철수시키기 위해 미국 기선 마리포사(Mariposa) 호와 몬터레이 호(Monterey) 2척을 수배했다. 10월 10일 현재 상해에는 아직도 4천여 명이 넘는 미국인이 남아 있었다. 그들 중 상당수는 떠날 준비가 되어 있었음에도 불구하고 배편을 예약할 수가 없어서 몇 달을 기다려야 하는 형편이었다. 게다가 중국 북부나 인도지나 지역의 수백 명은 교통수단이 없어서 떠날 수가 없었다. 결국 여객선인 맨해튼 호(Manhattan)와 워싱턴 호(Washington) 2척을 미국인들을 귀환시키기 위해 동양으로 급파했다.

인도차이나

1940년 9월 중순에 인도차이나 주민들은 전쟁의 불똥이 자기들 앞에 당장 떨어질 것으로 예견했다. 그러나 일인들은 처음에는 자신들의 목적을 평화적 수단으로 달성하려고 시도했다. 불란서의 비쉬(Vichy) 정부(*불란서가 나치에 항복한 후 독일에 협력한 괴뢰정부— 역자)가 히틀러의 지시대로 움직이게 되자, 일인들은 인도차이나의 불란서 식민지 당국을 억압하여 자기들의 명령에 따르도록 할 수 있을 것으로 생각했다. 만약 그들이 "칼을 뽑지 않고도 모기 한 마리를 잡을 수 있다면 (kill a mosquito without drawing a sword)" 그 이상 더 바랄 게 없었다.

한편 영국이 독일의 침략을 성공적으로 방어하고 있고 하와이 해역에 미국 함대가 포진하고 있다는 것은 일인들에게는 결코 마음을 놓을 수 없는 불안요소였다.

비쉬 정부는 싫든 좋든 일본의 요구를 들어주어야 했으며, 그리고 이미 통킹(Tonking)의 비행장 3곳을 일인들이 사용하도록 허용했고, 또 불란서 철도를 이용하여 2만여 명의 일본군 병력을 중국 국경까지 수송할 수 있도록 허용했다. 이제 일인들은 4만여 명의 군 병력을 더 수송할 수 있도록 허용해 줄 것과 싱가포르 근처의 불란서 해군기지 인 사이공(Saigon) 항을 자유로이 사용할 수 있도록 허용해 줄 것을 요 구하고 나왔다. 그들은 불란서 식민지 당국에 직접 요구하는 것이 비 쉬 정부를 상대하는 것보다 용이할 것으로 생각했다.

9월의 어느 날 한밤중이었다. 불란서령 인도차이나 총독인 쟝 드 꾸(Jean Decoux) 제독이 하노이에 있는 총독 관저에서 잠자리에 들었 을 때, 돌연 일본군 소장 니시하라 잇사꾸(西原一幸)가 관저에 당도하 여 즉시 면담을 하자고 요청했다. 화가 난 제독은 "나는 일어나지 않 는다. 일인들이 선전포고를 하려면 내일 아침에 하라고 해!"하고 소 리를 질렀다. 이 담대한 불란서인의 대갈일성大喝一聲 거절에 일인들 은 깜짝 놀랐다. 이 사건이 있은 직후 불란서령 인도차이나 군의 르네 마르땡(Julian Francois Rene Martin) 장군은 만약 비쉬 정부가 더 이상 일본의 요구에 굴복하다면 사표를 내겠다고 선언하였다. 그러자 일인 들은 여기서는 평화적 방법으로는 되지 않을 것으로 판단하였다.

9월 말 일본 전폭기가 불란서군 진지와 하노이의 특정 지역에 공 습을 감행하여 수많은 사상자를 내고, 일본군 공격부대는 하노이 시 동북방 80마일 지점에서 불란서 방어군을 포위해 버렸다. 50마일에 걸친 전선에서 치열한 전투가 벌어졌다. 요새화된 진지에서 불란서군 이 일본군 선두부대에 기관총과 야포로 맹포격을 가하여 일본군 사상자가 매우 많았다고 보고되었다. 그럼에도 불란서군은 하노이에서 철수하지 않으면 안 되게 되었다.

불란서군은 본국 정부로부터의 증원병도, 심지어는 격려조차 기대할 수 없는 상황에서 3만 명의 막강한 일본 침략군을 물리치려고 악전고투했으나 완강하게 공격해 오는 일본군을 당해내지 못했다. 상황이 이렇게 되자 불란서 진영은 비관적으로 될 수밖에 없었다.

그들은 니시하라(西原) 소장을 대표로 한 일본군 교섭단에 속아 넘어간 것을 뒤늦게 알아차렸다. 하노이 협상에서 니시하라는 무력 충돌 일주일 전에 일본군 병력을 6천 명으로 제한하는 조건을 걸고 불·일·인도차이나 협정을 조인하는 데 성공했다. 이 협정으로 불란서인들은 일인들이 제한된 병력 이상은 상륙시키지 않을 것이라고 믿었다. 그 이상의 병력은 불란서군 자체를 열세에 놓기 때문이다. 전투가 거의 끝나갈 무렵이 되어서야 불란서군은 놀랍게도 6천 명이 아니라 3만 명의 일본군과 대적하여 싸운 것을 알게 되었다. 반복하여 강조하건데, 일본과 그 어떤 협약을 맺고 거기에 중요성을 두는 일은 전혀 수고할 가치가 없는 것이다. 불란서측도 한 공군장교를 포함하여 상당수의 사상자를 냈다. 그리하여 부녀자들과 아이들을 하노이(Hanoi)의 항구인 하이퐁(Haiphong) 항으로 급히 소개疏開시켰다.

정치적 힘과 외교적 힘이 결합하여 인도차이나 당국을 압박하게 되자, 불란서인들은 더 이상의 저항을 접고 비쉬 정권의 명령에 따라 뒤로 물러설 수밖에 없었다. 1940년 9월 26일 2만 명의 일본군 증원군이 인도차이나에 상륙하여, 강력하지만 조용해진 불란서 무기들이 지켜보는 가운데 아무런 저항도 받지 않고 하이퐁 항을 점령해 버렸다. 한편 일본 전폭기들은 폭격으로 여러 건물들을 파괴하고 사망 15

명, 부상 18명의 민간인 사상자를 냈다. 항상 그래 왔던대로, 일본군 대변인은 폭격이 "실수"로 일어난 것이라고 변명했다. 왜소한 갈색 피부의 병사들이 의기양양하게도 시내로 승리의 행진을 해 들어오는 한편에서 불란서 식민지 군대의 최정예 대대병력은 그들의 대포와 기관총 포구를 다 막아놓은 채 마치 장례행진처럼 퇴각하는 광경은 너무나 대조적이었다. 그리하여 또 하나의 불패의 군대가 총 한 방 쏘지 못하고 적에게 요새화된 진지를 고스란히 내주고 말았다.

일본의 인도차이나 점령은 우리의 관심사가 아니라는 미국 사람들이 많이 있으나, 사실 이것은 바로 "그들의 관심사이다." 미국은 자동차와 기타 산업에 필요불가결한 고무 원료의 공급을 인도차이나에 의존해 왔다. 1940년 10월 13일 일본의 경제사절단이 하노이에 도착하여 고무원료 공급 일체를 일본군이 사용하도록 장악해 버렸다. 그리하여 미국의 산업뿐만 아니라 국방을 위해서도 중대한 원자재 하나의 공급이 끊어져 버렸다.

홍콩

중국의 개방되었던 문호는 이제 서양인들에게는 닫혀져 버렸다. "아시아는 아시아인에게(Asia for the Asiatics)"라는 구호는 "아시아는 일본 국민에게(Asia for the Japanese)"라는 더욱 요란한 구호로 바뀌었다. 서양인들이 그 권리를 주장할 수 있는 중국 내의 유일한 발판은 영국의 직할식민지인 홍콩과 국제조계지뿐이다. 불란서가 항복한 이

후 불란서 조차지는 사실상 일본이 장악하게 되었다. 그러나 국제조계지 내에서의 일본의 지위는 미국의 강경한 태도 때문에 여전히 해결되지 못하고 있었다.

동양에 있는 서양인들의 거점이 급속히 번지는 화재 앞의 장난감 집처럼 타서 무너져 내리자 백인들은 왜소한 갈색 인종들이 만족스럽게 구경하고 있는 가운데 달아날 수밖에 없었다. 1940년 6월 영국 육·해군 병사들의 부녀자들이 먼저 소개되기 시작했다. 다른 외국인들은 사태의 심각성을 인식하지 못하고 정부 관리들이 먼저 떠나지 않는 한 움직이려고 하지 않았다. 점차적으로 대부분의 부녀자들은 집과 남자들을 뒤에 남겨둔 채 마닐라로 떠났다. 이 피난민들 중에는 거의가 여자와 자녀들로 이루어진 미국인 약 300명과 900명이 넘는 영국인 부인들 및 1,000여 명의 영국인 자녀들이 있었다.

이 대량 피난행렬은 10월 하순까지 지속되었는데, 이때 영국 정부는 피난민들의 생활비를 런던 정부가 영연방 정부를 통해 매주 지급해 준다는 조건으로 부녀자들을 홍콩에서 호주로 완전히 철수시키도록 명령을 내렸다. 한편, 홍콩의 식민정부는 방공시설과 1백만 명을 수용할 수 있는 지하대피소 건축비로 1백만 홍콩달러를 예비비로 할당했다. 이 방공계획과 더불어 산허리에는 상당수의 터널을 뚫었다. 이것은 영국인들은 어떠한 일이 있어도 홍콩을 떠나지 않을 것이라는 홍콩의 영국정부 당국의 의사표시이기도 했다.

위험 요소는 아시아에 있는 영국 식민지정부에 있지 않고 런던에 있는 영국정부에 있었다. 위기가 발생했던 초기에는 영국이 현재보다도 비교적 강한 위치에 있었으나, 초기에 영국 내각의 우유부단하고 주저하는 태도가 수년 후 일본의 입지를 강화시키는 결과를 초래했다. 중대한 위기상황에 처한 현재로서는 영국은 일본을 회유하기 위해서는 거의 모든 것을 포기하지 않으면 안 된다고 생각할지도 모른다. 이러한 상황에서, 그럴 리는 없을 것으로 생각되지만, 싱가포르의 무기도 인도차이나의 무기처럼 총 한 방 쏘아보지 못하고 적의 수중에 떨어질지도 모르며, 홍콩에 주둔하고 있는 영국군은 인도차이나에서 불란서군이 그랬던 것처럼 자신들을 방어하기 위한 싸움 한 번 해보지 못하고 퇴각명령을 받게 될지도 모른다. 이러한 위험성은 상상에 지나지 않는 것이라 생각된다면, 1940년 10월 9일 영국 수상이 하원에서 한 연설 중에서 "우리는 무력충돌을 피해야만 한다. 우리는 일본과 전쟁을 하고 있는 것이 아니다."라고 말한 것을 들어볼 필요가 있다.

일본은 영국과의 무력충돌이 불가피한 국수주의적 모험을 반드시 감행하게 될 것임을 예견하지 못한 과거의 잘못에 대하여 영국은 현재 그 대가를 치루고 있는 것이다.

중국으로 통하는 버마의 도로

사실 이 세계적 위기상황에서 가장 실망스러운 특징은 영국의 우유부단한 정책이었다. 때로는 영국이 어떤 일정한 정책을 가지고 있는지조차 헤아리기가 매우 어려웠다. 아시아와 유럽에서의 분쟁 초기에 쳄버린(Chamberlain) 수상의 대 일본 유화정책宥和政策은 영국의 위치를 그 어느 때보다 더욱 위태롭게 만들었다. 처칠(Churchill)이 새 정부의 수상으로 취임하자 일본에 대하여 더욱 강경하고 확고한 정책을 펼 것으로 기대되었다. 그러나 전쟁준비와 훈련된 병력과 물자의 부족 때문에 그는 자제하고 신중한 태도를 취하지 않을 수 없었다. 더욱이 거대한 수수께끼 같은 나라인 러시아를 고려하지 않을 수 없었다. 스탈린을 영국의 정책 노선으로 회유懷柔하려던 기도는 영국의 외교적 실패와 독일의 승리로 끝났다. 설상가상으로 일본이 독일·이태리와 동맹을 맺고 소련과도 조약을 맺는 결과를 초래했다.

그러나 로마·베를린·동경의 3국동맹이 영국 국민들에게 새로운 항전 의지를 불어넣어, 영국은 그제야 독일의 군사기지와 베를린시에 대한 대대적인 공습을 전개했다. 독일군의 대대적인 공습에도 불구하고 영국군은 공격군에게 완강한 반격을 가했다. 히틀러는 중심을 잃고 당황하게 되었다. 영국의 승리를 바라 온 사람들에게 최근 영국이 거둔 전과는 고무적이었다. 사람들은 이 시점 이후로는 영국이 추축국을 패퇴시키는 과업에 박차를 가해 주기를 진심으로 바라고 있다.

런던 정부가 여전히 모호한 정책을 유지하고 있는 동안, 1940년 7월 12일 처칠 수상은 일본에게 중국으로 가는 버마의 도로를 폐쇄하겠다고 제안했는데, 이 도로는 당시 중국이 침략군에 대항하는 데 필요한 군수물자의 대부분을 반입하는 데 가장 중요하게 이용되던 도로이다. 일본은 영국에게 이 도로의 폐쇄를 전부터 거듭 요구해 왔었다. 마침내 처칠은 그 요구를 조용히 들어주겠다고 했다. 원래는 2개월만 폐쇄하겠다고 제안했으나 그 후 패쇄 기간을 3개월로 연장하겠다고 제안하자 일본은 그 제안을 받아들였다. 이것은 중국에게는 큰 타격이었다. 왜냐하면 그것은 중국이 외부 세계와 통하는 주요 통로였기 때문이다. 영국이 그것을 폐쇄하기로 한 것은 일본을 달래기 위해서였다. 그러나 일본은 이 제안에 만족하지 않고, 그 제안에 대해 감사를 표하기는커녕 반영反英 운동을 계속 전개했다.

한편, 추축국 3국동맹은 영국으로 하여금 더 이상의 우의정책友誼
政策은 무익한 것임을 깨닫게 해주었다. 10월 9일 처칠은 만장滿場한
하원의원들에게 한 연설에서, 버마 도로를 3개월 기한이 만료되는 10
월 17일에 재개하겠다고 언명했다. 그리고 덧붙여서, 영국과 미국의
함대가 제해권을 장악하고 있는 이상 일본의 동맹국들은 일본을 도울
수 없을 것이라고 단언했다. 영국 수상의 이 단호한 입장은 영국의 모
든 우방국들을 안심시켰다.

버마의 도로는 예정된 날짜에 재개되어 다시 중국이 외부로 통하
는 유일한 열린 문(Open Door)이 되었다. 도로를 재개하기 오래 전부
터 일본 군부는 교량과 국도와 철도와 화물을 폭파하겠다고 협박했
다. 당연한 일로서, 일본군은 중국측 도로에 공습을 자행했으나 큰 피
해를 주지는 못했다. 일본의 위협을 무릅쓰고 중국 기사들은 도로가
재개되기를 기대하면서 랑군(Rangoon)과 중국 국경 사이에 있는 기지
에 미국의 트럭과 화물들을 집결시켜 놓았다. 개통 2일 전에 30만 갤
런의 휘발유가 중국 국경까지 운송되었는데, 1940년 10월까지 운송에
이용된 트럭이 5천 대나 되었다.

중국은 이제 침략군과 맞서 저항을 계속하기 위한 군수물자를 확
보할 수 있게 되었다. 도로가 재개된 지 10일 후인 1940년 10월 28일,
일본군은 거의 1년 동안 점령하고 있던 전략적 교통 요충지인 광서성
의 난닝(南寧)에서 철수한다고 발표했다. 광동(廣東)의 남중국 사령부
는 일본군의 철수에 관해 언급하면서 "중국군이 광서성의 일본군을
부단히 공격하고 압박한 결과 일본군이 난닝(南寧)에서 퇴각하게 되었
다"고 발표했다. 이것은 중국군이 군수물자만 충분히 공급받는다면

일본군을 패퇴시킬 수 있음을 증명하는 것이었다. 군수물자를 공급해 줄 수 있는 유일한 나라는 미국이며, 미국으로서는 중국에게 절대적으로 필요한 물자를 공급해 주어야 할 충분한 이유가 있다.

화란령 동인도제도

오늘날과 같은 과학문명 시대에 살고 있으면서도 다른 대륙에서 벌어지고 있는 일들은 우리와 전혀 상관없다고 아직도 믿는 사람이 있다면, 그 사람은 이 지구가 얼마나 작아졌는지를 깨닫지 못하는 사람이다. 세계 어느 곳에서 벌어지는 일이건 우리가 그 영향을 받지 않는 사건은 거의 없다. 화란과 불란서의 함락은 중·일 전쟁에 심대한 영향을 끼쳤으며, 미국의 방위계획을 가동시킨 직접적인 원인이 되었다.

일본의 팽창주의자들은 오랫동안 화란의 "보물 상자"인 화란령 동인도제도에 눈독을 들여왔다. 이 제도에서는 여러 종류의 전쟁물자 공급에 필수적인 수많은 원자재들이 생산될 뿐만 아니라, 석유·주석·생고무·차·금·쌀·납·키니네·코프라(야자열매 말린 것)·연초 등과 같은 산업용 원자재들이 다양하게 생산되고 있다. 한 유명한 작가는 적절하게 "화란령 동인도제도를 수중에 넣기만 하면 일본은 전 세계를 깔볼 수 있다"고 말하기도 했다.

1940년 5월 11일, 일본 정부는 "화란이 유럽전쟁에 휘말려 있음에도 불구하고 화란령 동인도제도에서의 현상태 유지(*status quo*)를 주장하는 바이다"라는 통보를 미·영·불·독·이 정부에 전달했다고 발표했다. 이 당시에는 최종적으로 사태가 해결될 때까지 미국이 화란령 동인도제도를 관장할 것이라는 풍문이 나돌 때였다. 사실 이 통고는 미국에 대하여 "손을 떼라(hands-off)"는 경고의 의미였다. 미국으로서는 그것은 매우 만족스러운 것이었다. 왜냐하면, 일본 자신이 다른 나라들에게 경고를 하면서 "현상태 유지"를 지속시키겠다는 서약을 자발적으로 한 것이기 때문이다. 일본이 한 경고 속에 자신들도 포함시키려고 했는지 여부를 떠나서, 미국으로서는 일본이 그렇게 하겠다는 뜻으로 추정하는 편이 훨씬 편했다. 그리하여 일본의 통보를 일본의 "선의의(bona fide)" 의사표시로 받아들였다.

일본은 전에는 화란령 동인도제도로부터 비교적 소량의 석유를 수입했었다. 1년의 구매량이 3천만 배럴을 넘지 않았다. 화란을 항복시킨 직후 일본은 특별사절단을 바타비아(Batavia)로 파견하여 화란정부에게 일본이 동인도제도에서 유전 조차권을 획득하고 싶다는 의사를 통보했다. 이 사절단은 은밀히 화란이 경영하고 있는 정유시설을 일본이 관장하겠다는 의사를 전했다. 화란 당국은 이에 저항하지 못하고 화란령 동인도제도 대표와 정유회사 대표들에게 일본 사절단과 교섭을 진행하도록 위임했다. 1940년 10월 14일부터 16일까지 일본 상공상商工相을 의장으로 하여 협의가 시작되었다. 회의의 개회사에서 일본 상공상은 "일본은 화란령 동인도제도와 친선관계를 유지하고 발전시킬 것을 열망한다"고 언급했다. 일본의 일방적 요구대로 체결된 계약에 의하여 향후 6개월간 일본의 전체 유류 수요량의 40%를 동인도제도로부터 공급받고, 나머지는 미국 정유회사로부터 공급받도록 하겠다고 했다.

미국인들은 화란령 동인도제도의 쓰라린 경험으로부터 아무것도 배우지 않으려고 작심한 것 같다. 전 세계가 일본으로 하여금 공격적

인 팽창을 계속하도록 방조하고 있는 것 같다. 여러 나라 정부들은 이
인류의 자살自殺 성향을 촉진시키고 있는 것 같다. 미국의 금수조치禁
輸措置의 경우를 예로 들어보자. 미국 정부는 일본에 고高 옥탄(octane)
휘발유 수출을 막아버렸다. 당시 미 정부의 의도가 일본의 무장을 저
지하려는 것임은 분명히 드러났다. 미국인이면 개인이건 상용 또는
기타 기관이건간에, 누구든 침략자에게 물자 공급을 중단하려는 정부
의 노력에 협조해야 함에도 불구하고 일본인들은 계속해서 저低 성능
의 휘발유·원유·디젤유·석유와 기타 석유제품들을 수입해 갔다. 다
른 장章에서 지적한 바와 같이, 철로 레일 등 일본이 국제 강도질을
자행하는 데 없어서는 안 될 필수적인 원료들이 아무런 제한 없이 일
본으로 유입되고 있다.

　　최근에 더글라스(Henry H. Douglas) 씨는 잡지 〈아시아(*Asia*)〉 지에
놀라운 글을 실었다:
　"사실 일본은 1939년 우리로부터 전례 없이 많은 물자를 수입해 갔지
만, 1939년 10월의 수입량과 1940년 10월의 수입량을 비교해 보면 깜
짝 놀랄 것이다.
　　많은 품목의 수출량이 1940년 8월에는 1939년 8월의 그것과 비교할
때 놀라울 정도로 증가했다. 왜냐하면, 1940년 7월에는 일본인들이 우
리가 그들의 필수품목 수출을 정말로 중단시킬 것으로 믿고 있었는데,
그러나 수주일 후 그들은 우리가 단지 엄포만 놓고 있다고 단정했다.
3국 추축동맹의 발표로 야기된 1940년 10월 16일의 금수 조처로 11월
달 일본에 대한 고철 수출량은 25톤으로 급감했다."

	1939년 10월	*1940년 10월*
휘발유	148,000배럴	627,000배럴
철 및 고철	259,000톤	148,000톤
철 · 철봉 · 철근 · 철선	1,715톤	17,623톤
흑색철판	43톤	1,554톤
정련 동	11,148톤	27,815톤

미국인들은 과연 얼마나 오랫동안 일본에 자기들을 공격하게 될 무기를 계속 공급할 것인가? 언제면 자신의 정보와 물자를 자체 파멸 대신 자체 방위를 위해 사용할 것인가? 만약 미국인들이 지금 머리를 쓴다면 나중에 가서 무기를 쓰지 않아도 될 것이다.

태국

아시아 고대국가들 중의 하나인 태국(Thailand), 일명 샴(Siam)은 일본의 외교적 술수에 걸려들어 현재는 사실상 일본의 보호령(protectorate)으로 전락했다. 태국은 약 1천4백만 명의 인구를 가진 불란서와 같은 크기의 나라이다. 광대한 자원은 아직 미개발된 상태에 있는데, 일본은 태국의 영토 깊숙이 "평화롭게" 침투해 들어갔다. 모든 하천과 항구의 준설공사가 일인들에 의해 진행 중이다. 태국은 자국에 대한 일본의 내정간섭은 일본국 팽창의 또 다른 수단에 불과한 것임을 배우고 있다.

워싱턴 D. C.의 메이플라워(Mayflower) 호텔에서 열린 라이온스클럽(Lion's Club)의 오찬 연설에서 프라모즈(Mom Rajawongse Semi Pramoj) 주미 태국 대사는 태국과 인도차이나 간의 분쟁과 일본의 중재로 분쟁을 타결한 배경 설명을 했다. 연설 후 질의응답 시간에 라이온스클럽의 회원 한 사람이 남의 땅 정복에 굶주린 일본이 중재자 역할을 한 것에 대해 질문을 했다: "그것은 마치 양배추 밭에서 싸우고 있는 토끼 두 마리를 중재하겠다고 나선 여우와 같지 않은가? 토끼 두 마리를 살찌운 다음에 두 마리를 다 잡아먹으려는 것이 그 여우의 심보가 아닌가?"라고 물었다. 프라모즈 대사는 그 질문자를 바라보고 웃으며 대답했다. "그런데 당신이 그 중 한 마리 토끼라면 어떻게 하겠소?" 그러자 그의 재치 있는 대답에 좌중은 박장대소를 했다.

필리핀군도

1938년 3월 초 미 육군과 해군성은 제1의 방어선을 필리핀에서 하와이로 후퇴시키는 방안을 고려하고 있었다. 이것은 태평양 해안지역의 안전을 튼튼하게 하기 위해서는 미국의 방어 전선이 북미 대륙 본토에 가까워야 한다는 전략가들의 관점에 근거한 것이다.

해군 작전본부장 리히(William D. Leahy) 제독은 약 1년 전 해군 군사위원회에 제출한 보고에서, 빈슨(Vinson) 법안으로 제안된 해군 예산의 20%인 약 8억 달러를 증액시키더라도 세계 일류의 해군 국가를 상대로 필리핀군도를 방어하는 것은 거의 불가능하다고 증언했다.

일본은 필리핀군도에서의 경제적 자원개발에 한몫을 달라고 요구했다. 마닐라의 일본 상공회의소는 1937년 10월 20일 군도 내에서 합

동경제위원회의 설립을 제창하는 "놀라운 신청서"를 필리핀 연방정부에 제출했다. 신청서에는 미국, 필리핀, 일본 3국간의 통상이 "삼각 협정"의 최상의 본보기라고 기술했다.

일본에 대한 미국의 전쟁물자 금수조치는 별 의미가 없어졌다. 동경의 군벌들은 금수조치의 강행을 반대한다고 계속 경고해 왔다. 최근에는 일본으로의 전략물자의 수출이 급격히 증가했다. 법적인 기술적 문제를 피하기 위해 이 물자의 어떤 품목들은 미 본토 항구에서 마닐라로 수출된 후 거기에서 다시 일본으로 수출되고 있다. 덧붙여 일본은 필리핀의 민영 광산업자들로부터 모든 철광석을 직접 구매하고 있다. 1938년 1월에는 수리가오(Surigao) 주의 풍부한 철광 매장지를 조차하여 개발한다는 "가장 매력적인 오퍼"를 필리핀 연방정부에 제출했다. 그런 조차권은 필리핀 헌법 조항에 위반되지만 그 오퍼가 상당히 구미에 닿는 것이어서 필리핀 당국은 "오랜 숙고" 끝에야 결국 기각하기로 결정했다.

1938년 4월 12일부터 23일 사이에 22척의 "정체불명의 소함대"가 다바오(Davao) 만灣에 출현했다는 보도에 미국 여론이 들끓었지만, 결국 그것은 "적의 함대"가 아니라 소수의 일본 포경선捕鯨船에 불과했음이 밝혀졌다. 한 세관 관리는 그것이 구축함이거나 잠수함이라고 보고했고, 또 어떤 사람은 "전함이 다바오 해역으로 출동"한 것이 틀림없다고 했다. 퇴역한 한 육군 장교는 "약 17척의 전함이 대오를 편성"하여 항해하는 것을 목격했다고 주장했고, 한편 많은 사람들은 "여러 가지 색깔의 신호등을 켜고서 전함들이 야간 기동훈련을 하는 것"을 목격했다고 하였다.

4월 23일에 일본 포경선단의 단장이 선단의 연료 보급을 위해 모함母艦 니시마루(西丸) 호를 도중에 정박시켰을 뿐이라고 태연하게 설명했다. 그리하여 "서태평양 전선에선 다시 모든 것이 조용해졌다(All was quiet again in the western Pacific front)."(*라 마르크(Remarque)의 명작 소설 "All Quiet on the Western Front(서부 전선 이상 없다)"처럼 들리도록 저자가 수정을 가한 표현이다. ─ 역자).

괌(Guam)

1938년 8월 초 일본 관리들은 미국 당국에 비공식적으로 '팬암 항공사'의 태평양 횡단 노선과 연결할 수 있도록 괌도에 그들의 항공기가 착륙할 수 있도록 허가해 주기를 바라는 뜻을 내비쳤다. 이 무렵 동경의 미 대사관 상무관은 일본이 이 공사 자금으로 약 2백만 불의 예산 책정을 시도하고 있다고 보고했다.

그러나 이 계획은 무산되었다. 미 당국은 그런 제안이 일고의 가치도 없다고 거절했다. 일본인들은 자기들의 영토에서 외국 항공사의 착륙권을 법으로 금하고 있음을 스스로 상기해 봐야 할 것이다. 더욱이 미국이 괌도를 요새화할 제안을 할 때마다 일본 정부는 그들의 해군기지에 근접해 있다는 이유로 강력하게 반대해 왔다. 일인들은 괌도가 마닐라의 미 해군기지에 근접해 있다는 바로 그 점을 미 해군 당국이 가장 중요시하고 있다는 사실은 의도적으로 무시하고 있다.

1941년 2월 2일, 사모아(Samoa)와 괌(Guam)과 기타 서태평양의 미국령 전초지에 해군 기지를 새로 건설하기 위한 $898,392,932의 예산안이 미 의회에 상정되었다. 여기에는 투투일라(Tutuila)와 사모아의 요새화를 위한 $8,100,000과 함대 작전 시설과 괌에 방공 대피호를 위한 $4,700,000이 포함되어 있었다. 지난 2년간은 의회가 일본에 대한 침략적 행동이란 이유로 위의 요청을 기각했었다. 미 해군 작전국장 스타크(Harold R. Stark) 제독은 "그들의 항의는 전적으로 무시해야 한다. 어쨌든 괌은 미국의 영토이다. 무엇이 미국을 위한 최상책인지에 의해 우리의 행동이 결정되어야지 타국의 강요에 의해 결정되어서는 안 된다."라고 천명했다. 2월 19일 의회에서 표결이 재개되어 그것은 만장일치로 통과되었다.

위임통치 군도(Mandate Islands)

국제연맹으로부터 일본에 부여된 위임통치권에 따르면, 일정 기간 동안 일본이 관장하도록 허가된 군도들을 일본이 요새화할 수 없도록 되어 있었다. 그럼에도 불구하고 일본은 의도적으로 이 섬들을 요새화하고 해군기지를 건설했다. 그리고는 이것들을 포기할 의사를 전혀 내비치지 않고 있다. 위임통치 기간이 만료된 후 "무슨 수단을 써서라도" 이 섬들을 관장하겠다고 국제연맹에 솔직히 통보하면서도 그 섬들을 요새화했다는 사실은 부인했다. 연맹이 실태를 조사하려고 하자 이 도서들의 어느 곳에도 외국인의 방문을 허용하지 않을 것이며, 만약 국제연맹이 일본의 해명을 믿기를 거부한다면 일본은 그것을 모욕으로 간주하겠다고 언명했다. 다른 국가들은 분규 발생을 두려워하여 그때 이 문제는 여기에서 일단락되었다.

1937년 11월 30일, 일본의 체신성은 오래 전부터 계획해 온 위임

도서들과 본국을 연결하는 민간항공편이 12월에 취항할 것이라고 발표했다. 이 발표에 의하면, 캐롤라인(Caroline) 군도의 팔라오(Palao)와 동경 간 약 2천마일 거리를 월 2회 운항할 것이라고 했다. 괌에서 거의 눈으로 볼 수 있는 사이판(Saipan)이 경유지 중의 하나가 될 것이라고 했다. 순전히 전략적 관점에서 괌과 필리핀의 군사적 중요성에 균형을 맞추기 위해 일본이 이 위임도서를 내놓지 않고 있는 것이다.

1938년 4월 2일, 동경의 일간지 〈호치(報知)〉 신문은 자정이 지난 후 미국 국적으로 추정되는 정체 모를 배 한 척이 위임도서 중의 하나인 트럭 도(Truck Island) 항구에 입항하여 탐조등으로 항구를 살펴본 후 사라졌다고 보도했다.

한편, 또 하나의 뉴스 보도가 널리 유포되어 일본 전체에 큰 센세이션을 일으켰다. 즉, 훼닉스(Phoenix) 군도와 하우랜드(Howland)와 베이커(Baker) 섬을 포함하여 웨이크 군도(Wake Islands)와 미국령 사모아 섬 사이에 미국이 주력함 10척, 500대의 전폭기, 항공모함 함대와 기타 함정들을 집결시켜 놓았다고 보도했다. 이 지역 미국함대 사령관 블로크(C. C. Bloch) 제독이 "집결시켰다고 보도된 것은 사실무근"이라고 반박성명을 내자 〈호치〉 신문은 즉시 "선박의 신원이 밝혀진 바가 없다…. 아마도 어선이었을 수도 있다"라고 정정했다.

하와이

만약 일본의 중국 침략이 1세기 전에 일어났더라면 하와이군도처럼 동양에서 그처럼 멀리 떨어진 곳까지는 그 소식이 전해지지 않았을 것이다. 그러나 더 이상 대륙이 육지와 바다로 갈라지지 않고 오히려 연결되어 있는 오늘날과 같은 기계문명 시대에는 하와이는 거의 사건의 중심지처럼 보인다. 하와이를 미연방의 한 주로 승격시키려는 청원이 미 의회에 상정되어 그 승인을 기다리는 것은 중·일 전쟁의 영향임은 말할 나위도 없다. 그러나 하와이 거주 일본인 인구 문제가 이 문제를 애매하게 만들고 있다.

투표권이 주어지는 연령에 도달하는 일본계 미국시민이 급증하고 있는데, 그들이 하와이 지방정부의 입법의원을 선출할 때에는 예외 없이 일본계 후보에게만 투표하는 것으로 알려져 있다. 이런 현상은 군도에서 가장 큰 하와이 섬의 경우 더욱 두드러지게 나타난다. 이러한 경험은 지난 수년간 반복되고 있다. 전반적으로 일본계 미국 시민들이 그곳 지방정부의 요직을 점점 더 많이 차지하고 있는 추세인데, 이것을 막기는 곤란하다.

하와이의 선견지명이 있는 지도급 시민들이 이 변칙적인 상황의 급속한 확산을 불길한 예감을 가지고 조용히 관망해 왔다. 전 하와이 지사 맥카시(Charles McCarthy)는 이런 인사들 중의 한 사람이다. 그가 미 의회의 하와이 대의원으로 있을 당시, 그는 내무성과 국무성에 조용히 접근하여 제한된 수의 한국인 노동자들을 그 지역이 받아들이도록 건의했다. 당시 하와이의 사탕수수 재배지는 값싼 노동력을 필요로 했다. 그가 한 제안의 주목적은 일본인과 동수의 한국인들을 일본인들과 나란히 정착시키도록 하여, 미국의 전략상 가장 중요한 도서의 평화와 안전을 기하기 위한 것이었다. 한국과 일본인은 대대로 원수지간임을 잘 아는 맥카시 지사는 그 정책의 현명함을 인식하고 있었다. 결과적으로 내무성은 일본이 한국을 합방한 1910년 이전에 국외 거주하던 한국인을 하와이 영토로 이주시키는 방안을 워싱턴의 한국위원회에 건의했다. 한국위원회는 즉시 이 사안을 이민국에 통보했고, 이민국은 국무성의 재가 없이는 실행이 불가하다고 알려왔다. 국무성 당국은, 일본과 맺은 "신사협정(gentlemen's agreement)"을 위반할 수 없으므로, 일본 여권이 없는 한국인은 받아들일 수 없다고 한국위원회에 통보했다. 그것으로 협의가 무산되었다.

한국인에 대한 특정한 제한이 없었으므로 이민국 관리들이나 기선회사들은 한국 유학생들을 관대하게 처우했다. 한국의 정치적 망명자들이 동양의 어느 한 항구에서 미국 기선을 타는 데 성공할 경우, 선장이 그들을 일본 경찰로부터 보호해 준 사례가 적지 않게 있었다. 이들 난민들이 미국에 도착하면 그들이 한국 학생이라는 것을 증명하자마자 입국을 허용했다. 이러한 특별한 배려는 일본인들에겐 너무나도 화나는 일로 참기 어려웠다. 이러한 한국인 유입의 허점을 봉쇄하기 위해 일인들은 소위 "신사협정"에 별도의 조항을 삽입하여, 미카도(Mikado) 제국 신민인 한국인은 일본 여권 없이는 미국에 입국을 하지 못하도록 하려고 온갖 노력을 다했다. 일본인에게는 누구에게나 발급되는 여권이 한국인에겐 극히 힘든 일이었다. 이렇게 하여 일본은 한국 학생들의 미국 유입을 막아버리려고 획책했다. 이 협정 조항의 한국적 해석은, 합방 당시 한국 내에 있지 않았던 한국인으로서, 대부분이 그랬고 현재도 그렇듯이, 일본인으로 분류되는 것을 거부한 사람은 국적이 없는 자로 간주되어야 하며, 따라서 일본여권 소지의 필요성에서 제외되어야 한다는 것이었다. 내무성은 이 해석을 이의 없이 받아들였지만, 당시의 국무성은 동경의 감정을 상하게 하지 않으려고만 애를 쓰는 바람에 이 문제도 폐기되고 말았다.

이제 하와이 거주 일본인들을 살펴보자. 일본인들의 이중국적 문제는 수년간 공론公論의 대상이 되어 왔다. 미국의 헌법은 미국 국토 내에서 출생한 일본인은 다른 모든 현지 태생의 시민들처럼 미국 시민으로 규정하고 있다. 반면에 일본은 출생지에 관계없이 일본인이면 누구나 일본제국의 신민이라고 주장한다. 이 문제의 핵심은 미국 태생의 일본인 2세는 어느 나라에 충성할 것이며 어느 나라 깃발을 위하여 싸울 것인가 하는 것이다. 이 논쟁에서 만일 일본 정부가 그런 2세들은 마땅히 일본을 위해 싸워야 한다고 적극 주장한다면 미국 정부는 그런 수천 명의 사람들을 '거류 외국인'(영주권자)으로 분류하게 되어 일본에 결정적으로 불리하게 된다. 따라서 동경정부는 결국 이 범주의 일본인들에게 미국에 귀화할 수 있는 기회를 주기로 동의했다. 모든 당사자들이 이 해결책을 만족하게 받아들였다.

1940년 발효한 외국인 등록법에 의거하여 미국 법무성은 한·중 협회의 대표인 한길수(韓吉秀)의 청원서를 수리하면서 한국인은 일본의 신민이 아닌 한국인으로서 등록할 수 있도록 규정했다. 워싱턴의 외국인 등록국의 해리슨(Earl G. Harrison) 국장도 이와 유사한 규정을 발표했다. 이 규정에 따라 하와이의 2,276명의 한국인은 한국인으로서 등록을 하게 되고, 그 외의 한국인 약 6,500명은 최근 호구조사에 의해 모두 시민이 되었다. 일인들은 이 규정에 대해 불만이 많았다. 일본 총영사는 한국 부모를 가진 미국시민 2세들은 이중국적자들로서 미국에 귀화수속을 밟기 위해서는 호놀룰루의 일본 영사관에 서류를 제출해야 한다고 공표했다. 이 어리석은 성명이 호놀룰루의 한인 사회를 극도로 자극시켜 한국시민협회는 즉시 군중집회를 소집하여 일인들을 비난, 성토한 후 다음과 같이 만장일치로 결의문을 채택했다.

즉 첫째, 한국인은 일본의 강제합방을 결코 인정한 적이 없다. 둘째, 한국인은 자신들이 일본인으로 간주되는 것을 절대 허용하지 않았다. 셋째, 미국 이외의 어느 국가에도 충성을 서약한 바가 없다. 넷째, 과거에도 그랬듯이 미래에도 미국의 보람 있는 시민으로서의 의무를 완전히 다할 것이다.

호놀룰루의 일본 총영사는 성조기 아래에서 태어난 한국인이 일본 관청에 찾아가서 미국 귀화 신청을 하는 일은 절대 없으리라는 것을 알고 있었고, 또 미국의 일본인들이 그것을 강요할 수 있는 길도 없음을 잘 알고 있었다. 일본인을 제외하고는 그 누구도, 단 한 순간이라도, 일인들은 그렇게 하도록 되어 있다고 해서, 젊은 코리안-아메리칸 2세들이 귀화 신청을 해야 한다고 생각할 사람은 단 한 사람도 없다. 일본인이 미국 시민이 되기를 원할 때 일본 국적을 포기해야만 하는 이유는, 이중국적을 허용하는 구법舊法을 따른다면 전쟁이 발발했을 때 그들은 자발적으로 일본을 위해 싸울 수 있는 자유가 있기 때문이다. 그러나 한국인 치고 어느 누구도 일본을 위해 미국이나 그 어떤 나라에 대항해서 싸울 사람이 없기 때문에 이것은 한국인에게는 적용이 되지 않는다. 오히려 일본에 대항하여 싸우라면 한국인은 그런 기회를 환영할 것이다.

그러므로 완전무장으로 잘 조직된 한국 독립군이 중국에서 일본군에 대항하여 싸우고 있다는 사실 자체는 매우 의미심장하다. 일인들의 선전을 제외하고는, 일본을 위해 싸울 한국인은 존재하지 않는다. 무장한 한국인을 일인들이 감히 믿지 못한다는 사실이 이를 웅변으로 증명하고 있다.

지난해에 한국에 최악의 기근이란 재앙이 닥쳤다. 기근의 참상이 너무도 극심하여 철저한 보도검열에도 불구하고 미국 언론에 널리 보도되었다. 그러한 재난이 중국, 인도, 일본 등지에서 일어났다면 미국의 자선구호 단체의 심금을 울려서 구원 요청이 줄을 이었을 것이다. 그러나 한국인에 대한 일본의 탄압정책은 그 불행한 나라와 외부세계를 완전히 격리시켜 버렸다고 해도 과언이 아니다. 1940년 조국의 기근 피해를 덜어주기 위해 하와이와 본토의 한국인들은 구호금 모금을 전개하고 캘리포니아와 기타 지역의 미국 친구들의 도움으로 일반시민들에게 구호금 모금을 호소했다. 대통령 부인 엘리노 루즈벨트 (Eleanor Roosevelt) 여사는 주 1회 라디오방송과 일간신문에 매일 기고하여 한국의 기근사정을 알리면서 이렇게 호소했다:

"세계에는 고통을 겪고 있는 나라가 많은데 멀리 떨어진 한국이라는 나라가 하나 더 추가되었습니다. 여러분이 미국 적십자사에 수표를 보내려고 한다면 이번에는 거기다가 '한국인들을 위함'이라고 표기해 주시기를 간절히 바랍니다. 저는 요즈음 집도 없이 희망을 잃고 살아가는 그들이 꿈에 선하여 밤잠을 이룰 수가 없습니다."

고통을 겪고 있는 국민을 돕자는 이 애절한 호소는 결실을 맺었다. 자진하여 한국인을 도우려는 구호금을 내는 사람이 부쩍 늘어났다. 한국인들은 만족해하면서 미국인들에게 크게 감사해 했다.

그런데 그 다음 문제는 어떻게 일인들의 대행기관을 거치지 않고 기근 피해자에게 구호금을 직접 전달하느냐 하는 것이었다. 이것을 일본 영사관에 건네주어 일인들이 처리하도록 한다면 일본 입장에서는 마다 할 이유가 없을 것이다. 그러나 한국인에게 그런 일은 상상도

할 수 없는 일이었다. 그리하여 한국의 미국 대표부로 하여금 가장 심한 이재민부터 구호금을 지급해 주도록 조처를 했다. 일인들이 이것을 묵과할 리가 없었다.

호놀룰루의 일본 총영사는 한국에 기근이 일어난 일이 없었다는 망발 성명을 발표했다:

"최근 이곳까지 보도된 바 있지만, 한국에서 대규모 기근이 발생했다는 것은 믿을 수 없는 일이다. 나는 아직 그런 기근 같은 재앙에 대해 들어본 적도 읽어본 적도 없다. 그런 기근이 발생했다면 일본 정부가 응당 즉시 대처하여 사태를 수습했을 것이다."

이런 터무니없는 성명을 내서 일본 총영사는 사태를 더욱 악화시켰다. 바깥 세계는 일본 영사관보다 더 믿을만한 소식통들을 통해 한국의 기근이 지금까지 알려진 것보다도 훨씬 심각하다는 것을 알게되었다. 왜 일본인들은 미국인들의 구호금이 한국으로 전해지는 것을 극구 반대한 것일까? 그것은 탄압정책의 일환인가? 그렇다면 그 정책이 '한국인의 얼'을 말살하거나 저해한 것이 아니라 오히려 반대로 대외적으로 말살 압력이 커질수록 내부적으로 '한국의 정신'은 더욱 공고해진다. 일인들이 이것을 못 본 척 외면하고 있을 따름이다.

중·일 전쟁과 관련하여, 일본은 국내·외적으로 인적자원을 확보해야만 한다는 사실이 여실히 들어났다. 동경 정부는 해외의 모든 영사들에게 해외 거주 일본 신민들의 인구조사를 하도록 훈령을 내렸다. 인구조사란 명목하에 일본군에 복무할 일본 남자들을 모병하기 위해서였다. 워싱턴은 이 사실을 발견하고 조사에 착수했다. 이에 대해 주駐 뉴욕 일본영사는 질문을 받고는 "이것은 우리 정부가 매 5년 마다 정기적으로 해외 거주 일본인들의 호구 조사를 실시하는 것일 뿐"이라고 대답했다. 이와 관련하여 영사는 무의식중에 의미심장한 말을 했는데, 즉 동경으로부터의 훈령에는 "1920년 2월부터 1921년 12월 1일 사이에 태어난 사람들에 대한 특별한 언급이 일체 없었는 데, 일본법에 의하면, 이들은 1941년에 징집 해당자가 되기 때문이 다"라고 발표함으로써 중대한 사실을 무의식중에 폭로하고 만 셈이 되었다. 이것은 미국에서 태어난 일본인들은 그들이 군복무 적령기가 되면 자발적으로 일본으로 돌아가서 군복무를 해야 한다는 것을 간접 적으로 시인한 것이 되었다.

이렇게 인정한 것은 그동안 일본의 외교관이나 선전가들이 미국에 서 태어난 일본인들은 일본 군복무에 해당되지 않는다고 누차 말해온 것과 배치되는 것이다. 사정이 이렇다면, 미국의 전 해안선과 하와이 와 필리핀군도 해역을 측정하여 해도海圖를 파악하고 있는 일본의 어 부들과 기타 지역의 미국 상사에 고용된 모든 일본인들은 제국 건설 에 이바지하도록 부름을 받으면 자기 나라로 다 돌아가려고 시도할 것임이 분명하다. 특히 미국을 공격할 경우에는, 그들이야말로 일본 군국주의자들에게 한없이 값진 자산이 될 것이다.

알래스카

미국의 해군과 공군 전문가들은 태평양에서 마닐라·괌·하와이에 이르기까지 광대한 지역을 차지하고 있는 전략적 요충지들 중에서 알래스카(Alaska)가 군사적 측면에서 가장 전략적으로 중요한 위치에 있다고 한다. 거기에서 가장 가까운 아시아대륙 해안까지는 25마일 밖에 되지 않는다. 충분한 장비만 갖추면 미군은 거기에서 소련과 일본의 폭격기가 미국 영공을 침범하려고 하는 경우 쉽게 대처할 수 있을 것이다. 1941년 4월 13일, 일본 외상 마츠오카 요스케(松岡洋右: *政友會代議士. 소화8년 국제연맹에서 탈퇴할 때 수석대표. 만철滿鐵 총재를 거쳐 근위내각近衛內閣의 外相으로서 日·獨·伊 삼국동맹과 日·蘇 중립조약을 체결했다. 전후 전범으로 재판 중에 병사했다. ─ 역자)가 소련과의 조약에 서명을 했지만 소련의 일본에 대한 태도는 상당히 불투명하다. 이 양국의 이해관계가 판이하게 대립되고 있어서 어떤 조약을 맺든지 간에 거기에는 실질적 내용이 없다. 좌우간 미국 조종사들은 이곳 기지에서 그 어느 지역에서보다 일본령 도서를 신속히 공격할 수가 있다. 해군은 일본에 가장 가까운 미국 영토인 코디악(Kodiak)과 운알래스카(Unalaska)에 비행장을 건설하기 위해 $4,305,000 상당의 건설자재를 주문했다. 한편 미 해군은 이 기지에 보병, 포병, 대공포 부대의 육상부대를 증강시키고 방어를 위해 수백 대의 항공기를 배치했다.

호주(Australia)

대영제국의 외로운 전초기지에 위치하고 있는 호주인들은 일본과 직접 관계를 하지 않고 지내왔다. 팽창주의자들인 일본인에겐 이것은 참기 힘든 태도였다. 협소한 국토에 인구 과잉으로 고통을 받고 있는, 소위 "못 가진(have not)" 나라들 중의 하나인 일본은 비교적 소수의 백인들만이 살고 있는 저 광대한 대륙이 일본인 이민을 막고 있는 것에 대해 공정치 못하다고 불만을 품어왔다. 일본은 오래 전에 남태평양의 군도들을 자기들의 군사·해군 작전상의 청사진 속에 포함시켜 놓았다. 그들의 속셈은 이 군도들의 정치적 위치에 대해 문제를 제기하지 않고 내버려두었다가 자신들의 해군력이 막강해진 후에 모든 문제를 일본의 주장대로 자동적으로 해결하려는 것이었다. 이것이 바로 다나카(田中) 남작이 그의 회고록에서 술회한 "남태평양 군도들은 곧 우리에게 항복할 것이다"라는 것이다.

1940년 8월 18일에 멘지스(Robert G. Menzies) 영연방 호주 수상이 로댐 경(Sir John Greig Lotham)을 초대 주일 호주 대사로 임명한 것은 주목할 만한 일이다. 그는 주 호주 일본 대사가 임지로 곧 부임하기를 희망한다고 하면서 "외교관을 대표로 상호 교환함으로써 양국간의 보다 직접적인 우호관계를 증진하려는 희망이 큰 결실을 보았다"고 말했다.

호주가 이 시점에서 이런 외교적 제스처를 쓴 것은 결코 자발적인 것이 아니었다. 연방정부가 정책을 바꾸어 이민 제한을 약간 완화시킨 것은 런던의 압력이 아니면 동경에 대한 두려움 때문이었다. 일본 외교관들에 의한 "우의友誼와 선린善隣"의 제안에 무조건 "아니오(No)"라고 말하는 대신에 그들을 약간 수용하는 편이 현명하다고 판단했던 것이다. 이러한 방식으로 일본은 호주로 하여금 백호주의(白濠主義: white man's country)의 문을 열도록 강요하면서 자기들은 백인들이 들어오지 못하도록 모든 문을 철저히 폐쇄했던 것이다.

그럼에도 불구하고 호주가 일본과 외교관을 교환하며 국교를 튼 것은 그 징조가 불길했다. 호주의 사정은 1876년에 이웃 섬나라와 통

상을 위한 개국開國을 강요당했던 한국이 겪었던 사정과 유사한 점이
있었다. 그것은 마치 낙타가 처음에는 머리만 텐트 속으로 들어가게
해 달라고 해놓고는, 몸 전체를 집어넣고 난 후에는 텐트 속의 주인
행세를 했다는 이야기와 흡사하다. 한국인들은 인정하기를 거부하지
만, 일본은 한국의 유일한 지배자이다. 한국이 겪었던 경험으로부터
호주인들이 교훈을 배울 수 있기를 바란다.

멕시코

멕시코는 하바나(Havana)에서 개최된 범汎 북·남미 회의에서 "먼
로 닥트린(Monroe Doctrine)" 원칙에 입각하여 남북 미주美洲대륙을 외
세로부터 보호하기 위해 미국과 협조하기로 서약한 21개 공화국 중의
하나이다.

미국과 친선과 협력을 도모하기 위한 정책으로 멕시코 정부는 일
본 정부에 대한 전쟁물자와 식량의 엄격한 금수조치를 취했다. 미 법
무성의 비밀요원들은 멕시코의 여러 항구에서 선적을 기다리고 있는
유류·밀가루·몰리브덴(molybdenum)·고철·수은·안티모니·섬유제품
등을 압류했다. 얼마 후 멕시코 시티에서 금수조치가 해제될 것이라
는 보도가 나왔다. 즉 "이 시점에 일본에 전쟁물자 수출을 금지할 경
우 국가경제가 흔들릴 위협을 받게 되기 때문"이라는 것이 그 이유였
다. 그러나 정부 대변인은, 만약 국제적 사정 악화로 필요할 때에는
"멕시코는 다른 공화국들과 더불어 미국에 협조하여 금수조치를 취할
것임을" 분명히 했다.

아르헨티나

상기해야 할 것은, 미 국무장관 주관 하에 21개 공화국이 참가한 하바나 회담에서 상정된 먼로 닥트린 원칙에 입각한 남북 미주美洲대륙 보호정책에 아르헨티나(Argentina)가 처음으로 반기를 들었다는 사실이다. 그 당시 일본은 미국에 대항하여 중·남미 제국과 통상관계를 유지하기 위하여 특별한 노력을 기울였으나 아르헨티나와 우루과이(Uruguay)만을 제외하고는 실패했다. 범미 대륙회담에서의 아르헨티나의 태도가 이것과 관련이 있다고 단정하기는 곤란하지만, 1940년 4월 하순 일본은 아르헨티나와는 통상조약을, 우루과이와는 항해조약을 체결했다. 동년 5월 3일 동경과 부에노스아이레스(Buenos Aires)에서 조약의 비준을 동시에 발표했다. 일본과 조약 운용에 관한 아르헨티나 정부의 수입허가서 규정에는 원래의 규정보다 미국에는 차별, 일본에는 호혜적인 조항이 들어 있음이 드러났다. 대부분의 경우에서 일본은 미국보다도 더 유리한 최혜국대우最惠國待遇를 받고 있었다.

미국이 차별을 받은 50개 수입품목 중에서 31개는 미국과 아르헨티나 간 무역의 가장 중요한 품목이었다. 미국으로부터 이 품목의 수입은 전면 금지되거나 극히 제한되었다. 일본이 아르헨티나에 수출하는 방직물은 쿼터제로 제한되어 있지만 미국의 수입은 금지되었다. 더군다나, 정통한 해설자에 의하면, 일본은 수입허가증을 발행할 특권을 획득하였으므로 미국은 "사실상 블랙리스트에 해당하는" 별도의 취급을 받게 된 것이다.

우루과이

일본·아르헨티나 통상조약이 체결될 때와 거의 같은 시기에 체결된 일본·우루과이 조약에는 거의 동일한 조항들이 들어 있다. 그러나 이 조약에는 특별히 단서 조항이 있는데, 그것은 조약국 쌍방에 의해 그 이웃 국가들에 허여許與되는 특권들을 배제한다는 것, 또한 관세동맹에 근거한 특권들을 배제한다는 것이다. 이 조약에는 "무조건적" 최혜국대우 조항이 들어 있으므로, 관세동맹 회원국들이 누리는 특권을 양 조약국 상호간에 적용해서는 안 된다. 이 단서 조항에 근거하여 일본은 어떤 협정이든 자유롭게 맺을 수 있게 되었다. 다시 말해서, 일본이 미주 대륙의 독립 국가들과 새로운 통상관계를 맺는 것은 적어도 현재로서는 불길한 일이다.

태평양·대서양 두 대양의 미국 해군을 연결하는 주요한 통로로 파나마 운하가 있음을 상기해야 한다. 브라질과 다른 남미 제국에 거주하는 많은 일본인들은 긴장상태가 오면 "트로이 목마(Trojan horses)"와 같은 역할을 할 것이다. 그들이 필요한 것은 통상을 빙자한, 아니면 이 새로운 "통상과 항해 조약"을 통한 상호 연결이다. 미국의 남북미주美洲대륙 보호정책은 주로 대서양의 미국 쪽에서 나치스의 활동 상황에 초점을 맞추고 있기 때문에 일본의 위협은 간과할 수 있다.

동경과 베를린 정부는 "신 세계질서(new world order)"를 끊임없이 부르짖어 왔다. 즉, 그 신질서란 일본에 대해 '아시아를 위한 먼로 독트린'과 나치스 독일에 대해 '유럽을 위한 먼로 독트린'을 미국이 인정

한다면, 자기들도 미국에 대해 '미주 대륙을 위한 먼로 독트린'을 인정
하겠다는 것이다. 그들 자신이 전에는 시도해 본 적도 없는 독트린을
이제 와서 "인정하기" 위해서라고 하는 것은 이 독재자들이 미국의 역
사와 미국의 성격에 대해 지독한 무식을 드러낸 것에 불과하다.

　그러나 이런 술책으로 일본은 아시아제국을 건설하려는 그들의 희
망이 방해받지 않기를 바라고 있다. 독일이 서방 나라들을 분리 책동
함으로써 유럽 정복을 획책하듯이, 일본은 지금 아시아를 정복하려고
기도하고 있다. 우리는 그것을 미친 발상이라고 말할 수 있겠지만, 군
국주의자들은 모두들 정복의 영광에 도취된 광신도들이란 것을 잊어
서는 안 된다. 바로 여기에 위험이 도사리고 있다. 많은 사람들은 우
리가 이 광적 상태를 이처럼 오랫동안 지속되도록 내버려두었던 것을
후회하고 있다.

제 11 장
미국 해군력의 증강

테어도어 루즈벨트(Theodore Roosevelt) 미국 대통령은 1905년에 캘리포니아주의 반일 법령에 반대하면서 일본의 조약상의 권리를 보장해 주어야 하며, "우리가 일본에 대항하여 싸우려면 미국 해군과 영국 해군을 합친 정도의 해군력을 확보해야만 한다"고 말했다. 미 해군이 그렇게 강력하지 못하므로 일본의 요구를 수용해야 한다는 것을 공인한 셈이다. 바로 이때 루즈벨트는 "부드럽게 말하되 굵은 몽둥이를 갖고 다녀라(Speak softly but carry a big stick)"라는 명언을 남겼다.

그 이후로 미 해군이 지금처럼 강력하지 못했던 기간 동안 미국의 정치인들이 수모를 당한 경험은 너무나 많다. 히틀러의 침략주의로 인해 온 나라가 위태로워졌다고 각성하게 되기까지는 사람들이 별로 의식 없이 지냈다. 세계 사정에 어둡고 자만자족自慢自足하며 살아온 사람들은 국가의 군비증강 경향을 결코 용인하려고 하지 않았다. 전국의 평화애호 시민들은 일본의 외교와 선전술에 의한 주장을 신뢰하며 국방력 증강의 필요성을 인정하지 않았다. 지난 날 미국이 스스로 초래한 해군력의 취약함은 거만한 동경의 군국주의자들을 기쁘게 하고 흐뭇하게 만들었다. 그리하여 그들은 미국을 견제해 가면서 자신들의 군사력 증강에 박차를 가할 수 있다고 생각하게 되었다. 그들이 성공하면 할수록 더욱 더 거만해지고 위협적이 되어 이제는 시도 때도 없이 대담하게 "만약 미국이 우리 민족의 예민한 감수성을 무시한다면 '중대한 결과'를 초래할 것"이라고 협박하거나, "만약 미국이 극동문제에 대한 간섭을 중단하지 않으면 곧 엠파이어스테이트 빌딩 꼭대기에 일본의 욱일승천기旭日昇天旗가 휘날리는 것을 보게 될 것"이라는 등의 말을 하고 있다. 이 말의 뜻을 이해한 미국인들은 대체로 그것을 너그럽게 받아들였고, 그 말의 뜻을 이해하지 못한 대부분의 사람들은 전혀 주의조차 기울이지 않았다.

소수의 선견지명이 있는 미국의 정치인들은 태평양에서의 위험이 고조되고 있는 현실을 깊이 인식하고 늦기 전에 방지하려고 노력했다. 영국과 일본의 동맹관계가 아직도 유효한 지금, 그것은 미묘한 사태를 초래할 수 있다고 불안감을 가지고 내다보았다. 이 동맹에 대해 영국인과 캐나다 사람들 간에 반대여론이 비등하여 1921년 워싱턴의 군축회담에서 상호협의 하에 이 동맹관계는 폐기되고 그 뒤를 이어 해군력 5 : 5 : 3 비율의 5개국 해군조약이 체결되었다.(*1921. 11. 11~1922. 2. 6.까지 미국 워싱턴에서 개최된 〈워싱턴 회의〉 안에 포함된 각국의 해군 군비축소에 관한 조약. 미국 대통령 월렌 G. 하딩의 제안으로 전승 5개국의 군비축소를 실시하려는 것으로, 건조중인 함선을 모두 폐기함과 동시에 미국, 영국, 일본, 프랑스, 이탈리아가 보유한 함선들의 총 배수량 비율을 5 : 5 : 3 : 1.67 : 1.67로 하기로 정했다. — 역자)

미국은 전함 여러 척을 퇴역시키고, 전함 건조계획에 자발적으로 상한선을 정해 놓고는 이런 자기 부정의 예를 다른 나라들이 따르기를 바랐다. 일본이 따른 것은 오직 말뿐이었다. 일본은 함선 건조를 계속 비밀리에 추진하여 경쟁국의 전력과 거의 맞먹도록 증강시키는 데 성공했다. 1935년 비밀리에 전쟁준비 태세가 최고 목표치에 달했을 때 가면을 벗어던지고 전 세계를 무시하면서 다른 나라들과 체결한 모든 조약을 파기하고 무방비 상태에 있는 중국을 침공했다.

애석하게도 뒤늦게야 미국은 좀 더 일찍이 세심한 주의를 기울이고 일본이 장차 도모할 계획을 설계하는 단계에서 그들을 의심했더라면 오늘의 위기를 방지할 수 있었을 것이라는 사실을 알게 되었다. 그 어느 사건보다도 패네이(Panay) 호 포격 사건으로 미국은 일본이 수단 방법을 가리지 않고 무슨 도발이든 자행한다는 사실을 철저하게 깨닫게 되었다.

이와 동시에 일본의 서양 복사판인 나치스의 위협이 미주 대륙에 점점 더 크고 가깝게 다가오고 있었고, 한편으로는 일본의 팽창이 미국의 태평양 연안으로 접근해 오고 있었다. 그리하여 대통령의 해군력 강화에 필요한 국방비 예산의 대폭 증강 요청이 무난히 통과되었다. 이제 미국의 사명은 명확해졌다. 중국의 개방정책 원칙은 고수되어야 하며, 동양에서 미국의 조약상 권리는 보장되어야 하며, 일본의 태평양에서의 팽창의 꿈은 제한되어야만 한다. 만약 미국이 어떠한 결과라도 감수하고 확고한 의지로 이러한 정책을 추진하리라는 것을 일본이 확신하도록 한다면, 총 한 방 쏘지 않고도 목적을 이룰 수 있을 것이다.

일본의 철저한 보도 검열에도 불구하고, 미 해군은 일본이 40노트로 "기습작전(hit and run)"이 가능한 쾌속정 함대를 건조하고 있다는 사실을 발견했다. 이와 비교해서 미 해군의 최대 순양함은 8인치 포를 장착한 1만 톤 급에 불과하다. 더욱이 일본의 4만6천 톤 급의 드레드노트형(dreadnought: 대형 전함. 弩級艦) 전함 3척, 항공모함(aircraft carrier) 5척, 구축함(destroyer) 43척, 경輕 순양함(light cruiser) 8척, 잠수함 8척의 건조계획 승인이 보도되었다. 이 정보가 정확한 것이라면, 일본의 전력은 미국이나 영국보다 월등히 강력해질 것이다. 이러한 일본의 신형 전함들은 현존하는 가장 강력한 해상 공격무기들로서, 세계의 해운 항로를 빠른 속력으로 재패하고도 남을 것이라는 것이 미·영 해군 전문가들의 견해이다.

미·영 양국은 일본에게 비밀 함선 건조에 관한 정보를 제공하라고 요구했지만 일본은 그 요구를 거절했다. 이리하여 미·영 양국은 일본과 해군력 증강 경쟁을 벌이기로 결정했다. 일본이 5 : 5 : 3 해군력 비율을 무시하고 그 상한선 이상으로 증강했기 때문에 미·영 양국은 비율대로 그들 자체의 해군력을 증강시키는 길밖에 없었다.

1938년 4월 2일, 미·영 양국 정부는 1935년 런던회의에서 결정된 3만 5천톤 급 이상의 드레드노트형 전함의 건조 계획을 동시에 발표했다. 이러한 결정을 하게 된 이유는 일본이 3만5천톤 급 이상의 드레드노트형 전함을 현재 건조하고 있는지 또는 할 계획이 있는지에 대한 질문에 회답을 거절하고 있기 때문이라고 밝혔다.

영국의 성명은 이렇게 결론을 맺고 있다:

"이런 보도의 진위에 관하여 공식적으로 탐문한 바 있으나, 일본 정부가 그것은 근거 없는 보도라고 확언하기를 거부한 점을 감안할 때, 영제국 정부는 그러한 보도들이 사실상 정확한 것이라고 간주할 수밖에 없다."

미 상원 해군분과위원회 의장인 월쉬(David I. Walsh) 상원의원은 1940년 4월 3일, 미국이 일본보다 60% 이상 강력한 함대를 보유하도록 하는 정책에 대한 국무성의 입장을 발표해 달라는 상원 해군분과위원회의 요청에 대해 국무성이 답변한 말을 발표했다. 즉, "우리로서는 5 : 5 : 3의 해군력 비율의 원칙을 고수하는 것이 국가안보에 유리하다고 믿고 있다." 그러나 "일본이 함정 건조 제한을 준수하겠다는 확약을 거절했기 때문에 미국은 그것에 준하여 함정 건조를 증강시켜야만 한다."고 하였다. 그 성명서에는 "오직 국가방위"를 위해서라는 용어가 분명하게 설명되어 있는데, 그것은 미국 본토 및 산재해 있는 영토를 육지와 공중의 침공으로부터 방어하고, 해외에서의 미국 시민의 합법적인 사업활동을 보호하고, 미국의 생활수준을 유지하기 위한 통상과 상선의 활동을 보호하는 것을 골자로 하는 해군력 확장 법안에 삽입되었다. 이것이야말로 미국 해군정책의 획기적 변화로서 태평양의 여왕이 되겠다는 일본의 비밀계획에 일격을 가한 것이다. 일본 군부의 지도자들은 평화를 애호하는 미국은 고립주의의 보호막 속에 안주安住할 것이라고 큰 기대를 걸었었다. 지금 그들은 크게 실망하고 당황해 하고 있다.

일인들이 국제적 문제에 관련된 선전 성명서를 발표할 때마다 미국의 반응은 예외 없이 그들에게는 다소간 만족스러운 것이었다. 처음에는 그것이 우연의 일치에 불과했을지 모르지만 그런 우연의 일치가 계속 반복됨에 따라 나중에는 이상하게 여겨졌다. 다음에서 두 가지 예를 들어 보겠다:

(1) **해군 회의:** 1935년 12월 런던 해군회의에서 일본 대표단이 퇴

장을 하고 난 후 일본의 군사지도자들은 미국에 대해 엄포를 놓기 시
작했다. 1936년 1월 16일 전투함대 사령관 다카하시(高橋) 해군 중장
은 "만약 일본 해군이 미·영 연합함대에 대항하여 해전을 벌이게 되
면, 비록 해군력 비율이 10대 1이라 할지라도, 우리는 반드시 승리할
자신이 있다"고 큰소리를 쳤다.

1월 20일 일본군 보도국장 기요시 노다(氣良野田) 해군 소장은 "불
가침과 비非협박 그리고 다른 열강들과의 공동 상한선에 관한 정책에
확실한 보증이 있다면, 일본은 아직도 해군력 제한 회의에 참가할 용
의가 있다"고 발표했다.

해군 확장 경쟁을 벌인 것은 미국 정부였지 일본 정부가 아니었으
며, 따라서 일본이 필요한 어떤 군함을 건조하는가에 관계없이 미국
민은 그들 정부에 해군 건설을 중단하도록 역설해야 한다고 한 말들
은 미국의 여론을 오도誤導하기 위한 계획된 시도였다. 일본이 미·영
양국을 능가하려고 5 : 5 : 3 이나 10 : 10 : 7의 비율을 청산하려고 노력
하다가 좌절되자 1935년의 해군회담에서 퇴장한 사실을 알고 있는
미국인들은 비교적 소수였으며, 대부분의 미국인들은 그런 사실을 알
려고도 하지 않았다.

이런 사실을 잘 알고 있는 노다(野田) 해군 소장은 계획적으로 미
국인들의 평화애호 감정에 호소했고, 그 결과는 실망이 아니라 상당
한 성과를 거두었다. 군비축소를 위한 국제회의를 소집하라고 미국
정부에 압력을 가하는 서신과 전문들이 쇄도했다. 국무성은 4월 3일
발표한 정책 성명의 배경을 설명해 줄 필요성을 느끼고 월쉬(Walsh)
상원의원을 통하여 "미국도 해군력을 감축하기로 하는 의결은 환영하
겠지만, 그것을 위한 국제회의는 시기적으로 적절치 않다"고 발표했

다. 이로써 해군 감축 문제는 당분간 종결되었다. 그러나 동경의 지도자들이 이 문제를 다시 끄집어내는 것이 유리하다고 생각할 때에는 언제든지 이 문제가 미국에서 다시 논의될 것임에 틀림없다.

　(2) 해군 관할 경계선의 문제 : 일본은 태평양을 "일본 호수" 또는 "일본의 뒷마당"으로 불러왔다. 외교관이나 선전가들은 끊임없이 그런 주장을 해왔다. 일인들이 태평양에 대한 우월권을 주장할 때마다 미국은 그것을 묵과해 왔다. 아무도 그런 주장에 이의를 제기하지 않고 일본은 똑같은 주장을 반복해 온 결과, 마치 미국이 묵시적으로 시인이라도 한 것처럼 그런 주장이 습관화되었다. 아무의 도전도 받지 않고 태평양의 제해권制海權을 확립했다는 일본식 사고방식에 따라 태평양에서의 미국의 모든 활동을 일본 영향권에 대한 침해로 규정했다. 이것이 하와이 해역에서 해군 기동훈련, 마닐라의 공군기지, 괌도의 요새화와 그러한 군사 문제가 미국에서 제기될 때마다 일본이 미국에 강력한 항의를 하고 있는 이유이다. 미국의 이러한 모든 활동이 일본에 해를 끼친다는 것이 그들의 발상이다. 그러므로 일본 해군의 힘이 어느 수준에 도달하면 미국은 그런 활동을 중단할 것이다. 이러한 사태를 다나카(田中) 남작이 예언하지 않았던가? 이처럼 미국이 태연해 하면서 용납한 결과 두더지가 파낸 흙더미(molehill)가 태산만큼 불거져서 이제 무력충돌 없이는 해결하기가 불가능해졌다.

　미국 의회에서 미국과 일본 사이의 해군 관할 경계선을 설정하려는 시도가 있었음은 주목할 만한 일이다. 태평양 상의 어딘가에 양국 간의 경계선으로 간주될 가상의 선을 긋자는 발상이었다. 이러한 제

안은 일부 미 의회 의원들이 국가간의 분쟁은 협약의 부재에 기인한
다고 믿고 있음을 보여주고 있다. 그들은 지난날 한국과 일본 사이,
일본과 만주 사이 등등에 경계선이 있었다는 사실을 망각한 것 같다.
일본이 과거의 경계선을 하나씩 차례로 말소시키고 전진할 때마다 새
로운 경계선을 미국의 해안선 더욱 가까이 설정하도록 방치하는 것은
건전한 정책이 될 수 없다. 국무성은 이미 인용된 바 있는 정책 성명
에서 이런 발상을 다음과 같이 통렬히 반박했다:

> "해군의 관할 경계선을 설정하려는 시도는 일본이 세운 가상의 장벽 뒤
> 에서 일본 해군이 활동할 수 있도록 함으로써 세계 도처에서 미국 시민
> 을 공격에 노출시키게 될 것이다."

일본인들이 아무런 반대 없이 이 성명을 그대로 받아들일 리가 없
었다. 미국 해군의 활동 영역이 캘리포니아 해안에 한정되어 있다면
일본이 묵과하겠지만, 이 정책 성명에는 그 범위가 크게 확대되어 있
었다. 활동영역에는 하와이 군도, 필리핀, 기타 태평양의 영토들이 포
함되어 있었다. 뿐만 아니라 그 성명에는 미국 시민들과 그들의 사업
체를 보호하려는, 즉 극동에서의 조약상의 권리를 보장하려는 의도가
담겨 있었다. 일인들은 미국이 동양이나 태평양에서 어느 것 한 가지
도 포기하지 않을 것으로 추측했다.

일본 해군의 공식 대변인인 노다(野田)는 4월 7일자 논평에서 서
태평양 사태에 관하여 일본측의 입장에 대한 긴 논평을 했다:

> "전에는 미국이 방위선을 미국의 해안 지역으로 규정했으나, 헐(Hull)
> 국무장관이 월쉬(Walsh) 상원의원에게 보낸 서한에 의하면 미국의 방위
> 선이 서쪽으로 계속 나오고 있다…. 미국이 미·영·일 간의 5:5:3

해군 비율을 고수하고, 명확한 해군 관할 경계선 설정을 반대할는지 우리는 예의 주시하고 있다."

그렇다면 미·일간 분쟁의 핵심은 결국 태평양의 제패권(mastery) 싸움인 것이 분명하지 않은가? 일본이 영토 확장 추진을 본격화할 때까지 평화 유지를 위해 태평양을 일본 장악 하에 둘 것인지, 아니면 전쟁을 불사하고라도 그 큰 대양을 국제 항행대로(international highway)로 확보할 것인지는 이제 미국인들이 결정하기에 달렸다.

1940년 4월 18일, 상원 해군분과위원회에서 $1,156,546,000 상당의 해군 확장 예산을 상정하여 조속한 통과를 촉구했을 때, 나이(Gerald P. Nye) 상원의원은 타국으로 하여금 함선 건조에 도전하도록 하는 법안이라고 적극 반대했다. 그가 "일본인들이 하는 일을 소문과 풍문으로만 듣고 우리의 계획을 수립하는 것은 잘못이다"라고 하자, 월쉬 상원의원은 "어떤 정부든지 외국 주재 요원으로 하여금 주재국 활동에 관한 정보를 수집하도록 하고 있다"고 대답했다. 그러자 나이 의원은 "대규모 함선 건조로 이득을 보는 자들은 타국이 벌이고 있는 사업으로 인하여 우리도 대규모 사업을 추진토록 설득하는 데 열을 올리고 있다. 우리가 이 사업을 벌일 경우, 대규모 해군을 건설할 의도가 없는 나라에 도전하는 결과밖에 되지 않는다"고 반박했다. 반덴버그(Arthur H. Vandenberg) 상원의원은 빈슨 트램멀 법(Vinson- Trammel Act) 조항만으로도 방위적 해군 양성이 충분한데, 우리 일만 열심히 하면 되지 왜 남의 나라 전쟁에 간섭하려고 드느냐"라고 힐난했다. 물론 일인들은 바로 이것이 미국인들이 가져야 할 태도라고 주장하고 있다. 그러나 미국 여론이 각성되고 있었으므로, 상원의원들의 반대 발언도 해군력의 꾸준한 확장을 멈추도록 할 수는 없었다.

전前 주 카나다 미국대사 크롬웰(J.H.R. Cromwell)은 1940년 12월에 시카고 대학에서 한 강의에서, 일본 외상 마츠오카 요스케(松岡洋右)가 미국이 영국을 지나치게 많이 원조하고 있다고 판단할 경우, 일본은 미국을 공격할 수도 있다고 발언한 것을 상기시켰다. 바꾸어 말하면, 만약 미국의 외교정책이 일본의 승인을 받지 못할 경우에는 미국과의 전쟁도 불사하겠다고 통보한 것과 같은 말이다. 그 당시 미국 함대는 하와이 기지에 있었고, 영국은 대서양·지중해·싱가포르를 완전 장악하고 있었으며, 중요한 동맹국들이 남방에서 일본의 진출을 막고 있었다. 또한 북쪽에는 소련의 항공기와 완전무장한 군대가 일본을 대적하고 있었고, 서쪽에는 항전 결의에 찬 중국군이 수십 만의 일본군과 대치하고 있었다. 이러한 상황에서도 마츠오카(松岡)는 주저 없이 미국을 위협했는데, 그렇다면 만약 영국이 패배하고 미국 함대가 대서양으로 이동해야 함으로써 모든 전쟁 억제책이 무너져 버렸을 경우에는 과연 어떤 사태가 초래되겠는가?

제 12 장
일본의 선전 책동을 막아야 한다

동양과 서양이 처음으로 통상을 시작했을 때 미국 사회 전반에는 일반적으로 동양인을 조소하고 차별하는 경향이 있었다. 동양인으로 최초로 미국에 온 집단은 중국인들이었다. 길거리에서 미국 아이들이 중국인을 놀리는 일은 예사였다. 이발소와 식당들은 중국인들을 거절했고, 책·잡지 기사·신문 기사나 강연 등에서 아시아인들을 조소하며 우롱하는 일이 빈번했다. 정부기관이나 어느 사회단체도 이런 차별에 대해 별로 주의를 기울이지 않았다. 중국인들은 달리 어떻게 할 수가 없어서 차별을 당연한 것으로 받아들일 수밖에 없었다.

그 이후 중국인의 미국 입국을 불허하는 이민법이 발효되었다. 그러자 특히 1894년 중·일 전쟁에서 일본이 승리한 이후 일본인들이 미국인들의 호감을 사게 되어 무더기로 들어왔다. 일본인들이 대거 유입되자 서부해안 지역에서 반反일본인 노동분쟁이 번지게 되었고, 캘리포니아 주州에서는 반일反日 법령이 제정되었다. 자존심이 강한 일인들은 이 법령에 반대하여 다음과 같은 두 가지 방법을 써서 차별을 막으려고 했다.

첫 번째 방법은 보복하는 것이었다. 샌프란시스코 근교에서 일본인이 반일 군중집회에 참석한 노동자 한 사람을 전동버스 정류장에서 칼로 찔러 죽였다. 이와 유사한 두세 건의 사건이 거의 동시에 캘리포니아의 다른 지역에서 발생했다고 보도되었다. 일본인 범인들은 모두 경찰에 자수하고, 일본 신문에 발표된 진술에서, "차별대우를 시정할 방법이 없으므로 보복을 하기 위해 직접 행동을 취할 수밖에 없었다. 정당한 이유 없이 일본 사람을 고의로 모욕하거나 불평등하게 대한다면 개인이나 단체를 불문하고 그 자들은 응분의 처벌을 받을 것이다. 우리 일본인은 한 민족으로서 타박이나 모욕을 당하기보다는 경외敬畏와 존경을 받기를 원한다."라고 말했다.

이 보도가 전국에 요원燎原의 불길처럼 퍼져서 즉각 충격적이고 놀라운 효과를 발생시켰다. 신체적이라기보다는 정신적인 공포감으로 미국인들의 잠재의식 속에 점차 영향을 끼침으로써 어느 정도의 존경심을 가지고 일본인들을 바라보기 시작했다. 이렇게 해서 생긴 공포감이 의식 속에 깊숙이 박혀 지역에 따라서는 "일본 사람을 해치는 언사나 행동은 위험하고 현명하지 않다"라는 말을 아직도 들을 수 있다. 이것은 일본이 미국의 여론을 정복한 첫 번째 사례이다.

두 번째 방법은 미국에서 일본이 선동·선전 운동을 전개한 것이다. 정보기관의 공식 집계에 의하면, 일본은 최소한 1년에 5백만 달러를 선전비용으로 쓰고 있으며, 대도시에는 적어도 1인 또는 그 이상의 일본 선전가가 활동하고 있다고 1940년 5월에 미국의 언론이 보도했다. 이 선전운동은 거의 35년 전부터 1년에 1백만 달러 상당의 정부예산으로 시작되었다. 이 액수가 사태의 경중에 비례하여 늘기도 하고 줄기도 했다. 이 금액이 어떤 사용처에 어떻게 집행되었는지는 핵심 요원 이외에는 아무도 모른다. 그러나 그 결과는 예리한 관측통의 주의를 피할 길이 없었다. 일본 기관들은 그들이 어디에 있건 간에 동경의 통제를 받았다. 구두나 서면의 모든 통신은 발신처가 동일하며 구체화된 사고와 잘 정리된 정보의 일사불란함은 효율 면에서 탁월했다. 일본 민족의 매력, 일본국의 아름다움, 비단 기모노 옷, 벚꽃 등 서구의 문물을 "능가"하는 일본의 옛 문화는 미국 신문·잡지 기사의 매혹적인 테마가 되었다. 준비된 성명서, 뉴스기사, 인터뷰 등을 통한 일본 외교관들의 활동, 해군 장성들, 자작子爵 칭호의 귀족들, 관광객들의 줄 이은 방문과 친선파티 등이 거의 매일 미국 언론에 수없이 기사화 되면서 그들이 원하던 효과가 발생하도록 되어 있었다.

이런 선전활동의 가장 큰 목적은 미국의 모든 단체나 기관의 영향력이 있는 사람은 누구나 일본에 대하여 호감을 갖도록 하는 것이었다. 그리하여 일본에 호의를 갖지 않은 미국인은 "반일 인사"로 낙인 찍어 그가 동양 여행을 할 때 냉대를 함으로써 일본에 불리한 발언을 삼가도록 하려는 것이었다. 물론 친일인사로 간주된 미국인은 여흥을 포함한 최고의 환대를 받도록 하고, 때로는 공로훈장도 주도록 했다. 경제적 여유가 있어서 동양 여행을 기대하고 있는 사람이라면 누구나 일본이 적으로 간주할 언행은 하지 않을 것이다. 이 모든 것보다도 더욱 큰 관심사는 미국이 일본과 통상업무로 관련을 맺고 있으므로 일본인에게 불쾌감을 주는 언행을 삼가게 되어 있다.

일본인들의 홍보조직 활동의 초창기에는 일본과 일본인을 비하하는 기사가 어느 신문에 실릴 경우, 편집장 앞으로 수없이 많은 편지를 보내고 전화를 걸어 그런 "반일"기사 게재를 비난하고 항의하는 일을 다반사로 했다. 이러한 수법에 시달린 편집인들은 기사 내용의 진위를 불문하고, 일인이나 그들의 친구들을 자극할 기사는 일체 게재하지 않았다. 반대로 일인들의 비위를 맞추는 기사는 전면이나 잘 보이는 면에 게재했다. 이러한 과정을 거치면서 점차적으로 미국 사회의 특수심리를 조장하는 데 성공하여, 노동단체를 제외한 그 어떤 분야에서도 반일 감정은 대체로 금기禁忌 사항이 되었다. '반일 인사'로 낙인찍힌 사람은 과격분자 아니면 전혀 세상물정에 어두운 사람으로 간주되었다. 일본의 선전가들이나 고용된 대리인들이 미국인과 미국 정부와 정책을 야유하며 모욕을 주어도 미국인들은 그것을 흔쾌히 즐길 뿐 불평하는 사람이 없었다. 표현의 자유와 관용의 정신이 미국 민주주의의 2대 원칙이라면, 일인들은 이것을 최대한으로 이용했다. 그러나 민주주의 국가로서의 미국이 군국주의 일본 세력이 들어와서 대중여론을 과연 어느 정도까지 지배하도록 허용할 것인가 하는 문제는 미국 국민들이 심사숙고해야 할 중대한 일이다.

테어도어 루즈벨트(Theodore Roosevelt) 대통령 행정부의 초창기처럼 미국과 일본의 대외정책이 충돌하지 않고 나란히 가고 있을 때에는 일본의 선전기관들은 미국 정부와 마찰을 빚지 않았다. 그러나 만약 양국의 정책이 서로 반대 방향을 추구하게 되면, 이 기관들은 미국을 적대시하고 오직 동경의 이익만을 위해 활동하게 된다. 당연히 그들은 집권 행정부에 반대하는 정당은 물론이고 대통령과 국무장관의 정책을 약화시키는 그 어떤 정파와도 손을 잡고 한 패가 되었다. 지금도 이들은 일본의 군·민 지도자들과 끊임없이 접촉하면서 미국 내의 변화하는 동태를 정확히 체크하고 있다. 동경이 훈령을 내리기만 하면 이 선전 대행인들은 즉시 실천에 옮긴다. 일간신문, 공중연설, 유언비어 전술 등을 동원하여 그들이 원하는 대로 여론을 움직이려고 획책하고 있다. 행정부와 국무장관이 이들의 파괴적 선전활동에 의해 부지불식간에 정책 변경을 강요당한 적도 수없이 많았다.

1910년 한국에서 괴뢰정부를 세웠다가 종국에는 병합했을 당시 일본이 미국인들의 지지를 얻어내는 데 성공한 막후의 이야기를 들어보면, 중·일 전쟁에서 미국의 지지를 얻으려고 일본이 얼마나 많은 노력을 했는지를 잘 알 수 있다.

이토 히로부미(伊藤博文)가 래드(Ladd) 예일대 교수를 한국으로 초청하여 『한국에서 이토 후작과 함께(With Marquis Ito in Korea)』라는 책을 저술하도록 했다. 귀국한 후 그는 한국의 일본 정권을 비호庇護하는 강연을 수도 없이 많이 하면서 돌아다녔다. 그러나 그 책은 이토 히로부미 자신도 역정逆情을 내면서 '과장이 많다'고 평을 할 정도로 지나치게 친일적이어서 선전 가치를 잃어버리고 말았다.

리만 애벗(Lyman Abbott) 박사가 주간이고 테어도어 루즈벨트 대통령이 통신 편집인이었던 『아웃룩(The Outlook)』잡지가 케넌(George Kenon)을 특파원으로 한국에 파견했다. 그는 한국에 대한 취재를 철저하게 수행했다. 구舊 한국 정부의 부패와 무능을 파헤치고 일본 통치하의 한국인들이 누리는 혜택에 관한 기사를 연재했다.

일본이 만주를 침공했을 때에는 소콜스키(George Sokolsky) 기자도 뉴욕의 일간지에 중국에 대해서는 혹평으로 가득 채우고 일본의 침략은 좋게 보도하는 기사들을 자세하게 연재했다. 이 기사의 목적은 군사 정복의 희생자인 중국에 타격을 주고, 아울러 스팀슨(Henry Stimson)

국무장관의 극동정책을 반대하기 위한 것이었다. 영향력이 있는 많은 미국인들이 격분하여 신문사 주필 앞으로 항의서한을 발송했으나 소용이 없었다. 이런 언론의 행태에 대해서는, 그 당시 미국 언론들은 그렇게 하는 것이 국익을 위한다고 믿었을 것이라고 밖에는 달리 해석할 길이 없었다.

중·일 전쟁이 벌어지고 있는 현재 90 내지 95퍼센트의 미국인들은 중국을 동정하고 있다. 외관상으로 볼 때 전국의 언론들도 거의 다 일본을 반대하고 있다. 만약 이것이 사실이라면, 도대체 왜 일본은 중국을 박멸하기 위한 탄약 공급을 미국으로부터 받고 있는 반면에, 왜 중국은 국토방위 투쟁에 미국의 지원을 별로 받지 못하고 있는가?

미국은 국가적 선전기구가 전혀 없는 유일한 나라이다. 어느 나라나 그런 선전기구를 두고 그 혜택을 보고 있다. 모든 전체주의 국가들은 그들의 선전기관을 미국에 상주시키고 그들이 원하는 것을 얻기 위해 하지 않는 일이 없다. 그리고 대개 미국에 피해를 끼쳐가면서 그것을 얻어간다.

지금이야말로 미국의 모든 애국단체들은 정치적 신조나 종교적 신념을 떠나서, 반미적이며 파괴적인 선전책동에 대항하기 위해 범국민적 선전기구를 발족시켜야 할 중대한 시점에 처해 있다. 미국이 이러한 모든 도전에 정면으로 대처하려면, 전시는 물론 평화시에도, 자국의 이익과 기관과 원칙을 보호하기 위해 애국시민들의 일사불란한 노력이 필요하다. 미국에는 명칭만 미국의 것으로 되어 있는 간행물들이 매우 많다. 일본은 매년 미국인들을 오도誤導하기 위해 수백만 달러를 쓰고 있다. 미국의 진정한 언론인들이 애국적 사명감에서 국민

여론을 올바른 방향으로 이끌고 허위로 가득 찬 악랄한 외국의 영향을 물리치지 않는 한, 미국이 공정하고 항구적인 평화를 구축하는 데 큰 장애를 겪을 것이다. 근래에 와서 미국의 유력 일간지들이 선전을 표방한 일본에 관한 기사는 논평과 해설을 달지 않고서는 게재하지 않는 경향을 보이고 있다.

예를 들면 1941년 5월 4일자의 〈워싱턴 스타(*The Washington Star*)〉지는, 일본을 아시아에서 최강국이 되게 하고, 추축국은 유럽과 아프리카의 지배자가 되게 하고, 미국을 3류 국가로 전락시키는 것을 전제로 하는 평화협상을 하자는 일본의 제안을 신중히 검토해볼 필요가 있다는 몰리(Felix Morley) 씨의 기고를 게재했다. 그리고는 〈워싱턴 스타〉지의 편집인이 다음과 같은 주를 달았다: "본 〈스타〉 지는 몰리 씨의 주장을 받아들일 수 없고 그의 결론을 공유할 수 없다. 일본이 제안한 조건만이 아니라 그와 비슷한 조건을 전제로 한 평화협상이라면, 그것은 영국은 물론 미국의 굴복과 추축국의 명백한 승리를 전제로 한 것과 다를 바가 없음을 지적하지 않을 수 없다."

뉴스와 기사의 발신지가 일본 또는 친일계일 경우에는 모든 신문들이 이와 같은 분석을 해야 한다. 그러한 방침이 없는 한 대부분의 일반 독자들은 동경의 군벌들이 설정해 놓은 코스를 맹목적으로 따라가게 되어 있기 때문이다. 일본이나 일본 점령지역으로부터 검열을 받지 않은 뉴스를 내보낸다는 것은 거의 불가능하다. 일본의 보도 검열을 통과한 모든 통신문은 미국인들의 구미에 맞도록 사탕발림을 한 내용이 들어있다. 따라서 그 기사들 속에 숨겨진 독소를 밝혀내지 않은 채 일반 독자들이 읽도록 방치하는 일은 없어야 한다.

제 13 장
미국의 평화주의자들

1934년 내가 뉴욕 시내의 한 호텔에 체류하고 있을 때 나와 절친한 친구 S. 모(某) 박사(Dr. S. S.)도 나와 같은 호텔에 투숙하고 있음을 알게 되었다. 수일간 그는 나에게 평화애호가인 자신의 친구 두 사람이 나를 자기 집으로 데리고 와서 차나 같이 마시기를 청한다면서 그 친구 집에 같이 가자고 했다. 어느 날 오후인가 나는 그와 같이 파크 애비뉴(Park Avenue)에 있는 한 아름다운 저택을 방문했다. 안내를 받고 들어가자 주인의 세련됨과 교양을 반영하듯 가구와 예술적 장식품들이 우아하고 격조 있게 가지런히 정돈되어 있었다. 시끄럽게 북적대는 대도시 한가운데서 나 자신이 그처럼 조용한 곳에 있다는 것은 매우 즐거운 일이었다.

나는 우아하고 매력적인 부인과 완벽한 신사다운 그녀의 남편에게 소개되었다. 중년을 약간 넘긴 이들 부부는 나를 정중히 맞이하여 정말로 마음 편하게 대해 주었다. 내 기억이 정확하다면, 그 남자는 자신이 창간한 "평화"를 주제로 하는 잡지의 주간이었다. 내가 앉자마자 그는 다음과 같은 질문으로 나를 놀라게 했다. "이 박사님, 만약

적국이 박사님의 나라를 침범한다면, 무기를 들고 그들과 싸우러 나
가겠습니까?"

나는 한 치의 주저함도 없이 대답했다. "예, 나는 싸우러 나갈 것
입니다." 그러자 그는 몸을 굽혀서 마치 나의 반응을 살펴보려는 듯이
정면으로 바라보며 "그렇다면 당신은 군국주의자입니다."라고 말했
다. 나는 얼굴을 붉혔지만 애써 자제했다. 그리고 잠시 후 그 자리를
떴다. 그 후 지금까지 나는 내가 선량해 보이는 그 사람에게 어떤 인
상을 남겼는지 알 수는 없지만, 나는 미국의 광신적 평화주의자들의
참으로 한심한 면모를 볼 수 있었다.

동양의 유학자들처럼 전쟁은 문명인이라면 누구나 막고 피해야만
하는 악행이라고 단죄하면서 평화를 주창하는 자들을 나는 과거에도
그래 왔듯이 현재에도 크게 존경하고 있다. 종교적 신념과 인도주의
적 원칙에 입각해서 같은 인간을 향해 총부리를 겨눌 수 없다는 "양심
적 병역 기피자들"도 나는 존경한다. 그러나 국토 방위, 국가의 명예,
국가의 독립을 위한 전쟁임을 전혀 고려하지 않고 전쟁이라면 무조건
반대하여 싸우는 그런 투쟁적인 평화주의자들은 "간첩(fifth columnist)
(*간첩을 제5열(fifth columnist)이라고 한 것은 1936년 스페인 내란 때 생긴 말
이다. ― 역자)들과 마찬가지로 위험하고 파괴적인 존재라고 나는 믿는
다. 그들의 동기는 다를 수 있지만 그 결과는 마찬가지다. 그들은 부
지불식간에 자신들의 국가에 불행을 자초하는 행위를 저지르고 있다.
그들은 호전적 국가에 대해 침략전쟁을 수행하지 못하도록 하기 위해
노력하기는커녕, 침략성이 전혀 없는 그들 자신의 국가가 국토방위를
위해 대비하는 것조차 못하도록 방해하고 있다. 미국민이 과거에 겪
었던 모든 전쟁이 다 악한 것이라면 워싱턴 기념비나 링컨 기념관도

다 부셔버려야 할 것이고, 전쟁의 결과로 쟁취한 고귀한 유산인 모든 자유와 정의도 폐기해야만 한다. 따라서 평화를 신봉한다는 이유로 자신들의 국가를 위해 싸우지 않겠다는 사람은 그 누구든 나의 동정을 살 가치가 없다.

이미 기술한 바와 같이, 나는 과거로부터 현재까지 한결같이 평화를 신봉해 온 사람인데도 불구하고 미국인들이 나를 군국주의자로 몰고 갈 때에는 참을 수 없는 모욕을 느꼈다. 본성은 좋은 사람들이겠지만, 그들이 나를 그렇게 부르는 것은 내가 한국에서 어떤 경험을 했는지 모르고 있거나, 아니면 만나는 사람마다 자신들의 평화이념을 전파하려는 것이 습관화되어서 그런지도 모른다. 솔직히 말해서 35년 전에 만약 내가 군국주의자였다면, 또는 군국주의 일본이 군국주의가 아닌 한국을 침탈했을 때 여타 세계 국가들이 방관하지만 않았더라도, 지금의 나의 처지처럼 "나라 없는 사람(a man without a country)"이 되지는 않았을 것이다. 평화를 애호하는 조선 왕국이 독립을 상실하고 2천3백만 민족이 대대로 원수지간이었던 일본인들의 노예로 전락한 곡절을 간략히 설명하는 것은 이 점을 이해하는 데 도움이 될 것이다.

한국인들은 거의 4천5백년 동안 독립을 유지해 왔지만, 그동안 인근의 호전적 국가들의 침략을 수없이 당해 왔다. 특히 소위 "일본의 나폴레옹"이라는 히데요시(豊臣秀吉)의 침략은 최근 나치스의 노르웨이, 덴마크, 화란, 불란서 침공을 무색케 할 정도로 파괴적이고 잔인무도했다. 한국인들은 그들 통치자에 대한 큰 불만 없이 오랜 역사를 지닌 왕국에서 어떤 희생을 치르더라도 그들의 평화로운 삶을 지킬 각오를 하고 있었다. 한국인들은 특히 17세기 초 만주족이 중국을 지배한 후로는 중국보다도도 더 높은 수준의 동양문화를 향유하며 살아왔다. 중국은 그때 유교 세계의 황금시대였던 당唐나라 초기 문명의 영향을 배제하고 그 자리에 만주 문화를 채택했다. 상투 대신 긴 댕기머리를 기르고 북쪽 지방의 두툼한 옷을 입게 된 것 등이 그 한 예이다. 한편 한국 사람들은 타국의 간섭으로 괴로움을 받지 않고 당나라 시대의 옛 전통을 간직할 수 있어서 크고 둥그런 갓을 쓰고 헐렁한 흰 도포를 입었었다. 한국인에게 이것은 지나간 날의 영광의 배지(badge)처럼 고귀한 사실임에도 불구하고 무지한 서양 관광객들의 놀림감이 되기도 하였다. 좌우간 한국인은 타국과 분쟁을 일으킨 적도 없었고 타국에 의한 분쟁을 극력 반대해 왔지만, 1882년에 미국을 선두로 서양 열강과의 통상조약을 체결함으로써 한국의 고립주의자들이 즐기던 평화는 더 이상 지속될 수가 없었다. 현재 미국의 고립주의자들도 전혀 간섭을 받지 않는 평화를 누릴 수 있겠는가? 그럴 수 있는 가능성은 절대로 없다.

19세기 말 미국은 그들의 상품 판매를 위해 해외시장 개척에 몰두했다. 미국과 통상을 하도록 일본의 개국을 성공시킨 페리(Perry) 제독의 뒤를 이은 슈펠트(Shufelt) 제독은 "은둔의 왕국"의 문을 두드리며 미국과 통상관계를 맺자고 조선 조정에 요구했다. 당시의 조선 조정은 "인근 국가들, 특히 일본과의 관계로 인해 곤경에 처해 있으므로 다른 나라와 관계를 맺고 싶지 않다"는 입장을 택했다. 미국은 한국이 곤경에 처할 때 도와주겠다는 약속을 했다. 그러한 양해 하에 "우호조항(友好條項: amity clause)"(*저자 주: 제2장 수호조약 배경 참조— 역자)이 포함된 조·미수호조약이 체결되었는데, 이 조항으로 인해 그 후

수많은 해악害惡과 오해가 생겨나게 되었다. 그러나 미국은 통상 이권
상 유리한 점이 많았기 때문에 이 조약을 환영했다. 일본이 "부당하고
강압적인 교섭"을 강요했을 때, 대한제국 황제는 미국 정부가 약속한
대로 "중재에 나서 줄 것"을 요청했다. 그러나 그 요청은 전혀 받아들
여지지 않았고, 일본은 자기들 뜻대로 밀어붙일 수 있었다. 미국인들
이 아무런 행동도 취하지 않았던 것에 대한 변명으로는 대한제국 황
제가 유약하고, 조정의 관리들은 부패하고 술수에만 능할 뿐만 아니
라 한국인이 무지몽매無知蒙昧하고 게으르다는 것이었다. 그러나 이
모든 것이 진실을 변경시킬 수는 없다. 진리는 변하지 않는다. 그 진
리를 바꾸어 보려고 하면 할수록 그 진리는 더욱 변하지 않고 그대로
남아있는 법이다.

　윌라드 스트레이트(Willard Straight)가 그 당시의 역사를 기술한 일
기장이야말로 한 국가가 멸망한 사건을 다룬 진실되고 권위있는 책이
되었다. 『윌라드 스트레이트(Willard Straight)』란 제목의 책을 쓴 크롤
리(Herbert Croly)는 스트레이트 씨의 일기장을 근거로 저술한 책에서
"한 국가를 살해하다"란 부제副題의 제 9장에서 중대한 사실들을 폭로
했다. 스트레이트 씨는 당시에 신임 주한 미국공사 모건(E.V. Morgan)
과 함께 보도기자 겸 업저버(observer)로 한국에 파견되었다. 그는 미
행정부가 채택한 한국정책에 공감을 하지 않았지만, 대다수 사람들의
의견을 따랐다.

　당시 미국의 정책을 옹호한 논리가 얼마나 불건전하고 공허했는지
를 증명하기 위해 그 책의 한 구절을 간단히 인용하면 이렇다:

　"어리석게도 고뇌에 찬 한국의 위정자들은 그들을 도와줄 유일한 국가
　의 대표인 서울 주재 미국 외교관들에게 호소했다. 그러나 도와준다는

말은 의심할 여지없이 어리석은 빈 약속이었다."

  그것이 진정으로 어리석은 짓이었다면, 그것은 한국인들만 책임질
일이 아니었다. 그 조약은 미국의 국무성은 물론 상원과 대통령이 모
두 승인하고 조약문서에 서명을 하여 미국의 법령이 되었다. 아더
(Chester A. Arthur) 대통령은 "조·미 수호조약의 모든 조항과 세칙은
미국과 미국민에 의해 성실히 지켜지고 이행될 것이다."라고 천명했
다. 그때 그것을 지키는 것이 "어리석은 짓"처럼 보인다고 말한 사람
은 아무도 없었다. 대한제국 황제와 정부가 미국 시민들에게 특권과
조차권을 부여하여 그들이 철도와 전차부설권, 금광채굴권 등을 획득
했을 때 한국인을 현명치 못하다고 본 미국인은 하나도 없었다. 그러
나 이제 미국이 약속한 바에 따라 한국이 도움을 청했을 때, 미국민은
한국인들이 무지몽매하고 어리석다고 말하는 것 외에는 아무런 행동
도 취하지 않았다. 조약상의 의무를 해제시킨 적이 없는데도 미국은
마치 그 의무에서 면제된 것처럼 행동했다. "공개적으로 항의하라는
자문을 받았지만 한국인들은 그렇게 하지 않았다"라고 스트레이트는
일기장에서 밝혔다.
  "공개 항의(open protest)"란 무슨 뜻인가? 한국인들은 그들의 입장
을 감추지 않고 분명하게 드러냈다. 1940년 나치 점령하의 불란서 정
부처럼 내각의 한두 사람의 반역자를 제외하고는 일본의 강점에 결사
반대했다. 민영환閔泳煥 공이 항거하여 자결한 것도 그 증거의 하나이
다. 뉴랜드(Newland) 상원의원이 황제에게 "국제법 변호사를 고용하여
당당하게 항의소송을 제기하라"고 충고했지만, 그것을 받아들일 수
없었던 이유는, 변호사가 일본과 결탁하여 사태를 더욱 악화시킬 우

려가 있었기 때문이다. 미국이 공개적으로 저항하라고 주장한 이유는 일인들이 명성황후를 시해한 것처럼 자신도 암살하리라는 공포에 사로잡힌 나약한 고종황제가 일본에 담대히 맞설 용기가 전혀 없는 사람임을 알아차렸기 때문이다. 조정의 대신들과 백성들은 가능한 한 모든 투쟁을 전개했지만 미국인들은 그것을 감지하지 못했다. 한국인들이 저항에 실패했다고 가정하자. 이것이 미국인들이 아무런 행동도 취하지 않았던 사실을 변경시킬 수 있겠는가? 절대 그렇지 않다. 한국인들이 미국의 개입을 요청하기 전에 먼저 저항을 해야 한다는 그런 내용의 조항은 조약의 어느 곳에도 찾을 수 없다. 조약의 의무조항이 요구한 것은 "···사태의 통보를 받으면 통보를 받은 측은 즉시 원만한 화해를 위해 중재권을 행사한다"라는 것이 전부이다.

스트레이트 씨는 또 그의 일기에서 "고종 황제는 미국 대통령에게 전할 서한이 있다"고 전갈을 보냈으나, 모간(Morgan) 공사는 그 일에 전혀 관여하지 않겠다고 하면서 거절했다. 어떻게 주한駐韓 미국 전권공사라는 자가 한국의 국가원수가 그의 공식서한을 미 대통에게 전해 달라는 요청을 거절할 수 있단 말인가? 그러나 모건은 그 서한이 전해질 때 미국 대통령의 입장이 난처해질 것을 알고 이 문제에 관여하기를 일체 거절했던 것이다.

고종 황제는 헐버트(Homer B. Hulbert) 교수에게* 그 서한을 미국 대통령에게 전달해 주도록 위임했다. 헐버트 씨는 한미 양국의 외교관계가 수립된 직후 한국 정부의 요청에 의해 국무성이 추천하여 한국에 온 저명한 미국인 교육자 3인 중의 한 사람이었다. 그는 모건에게 그의 비밀 임무를 알리고 워싱턴에 도착하여 서한을 전달하려고 했으나 어려움에 봉착하여 서한 전달이 상당히 지연되었다.

(*Homer B. Hulbert 저, 『한국의 소멸(The Passing of Korea)』, Doubledy, Page and Company 출판 참조.)

자신의 일기에서 스트레이트 씨는 "미국 공사는 이 조항이 상당한 양의 원조를 약속한 것이라고 해석할 권한이 없었다"라고 기술하고 있지만, 누가 미국 공사나 그 누구에게 조약을 해석해 달라고 했단 말인가? 단지 그 조항에는 평범한 영어로 미국이 "중재(good offices)"를 한다고 명시되어 있을 뿐이므로, 미국으로서는 약속대로 요청을 받고 중재를 하면 할 일을 다 하는 것이다. 어느 누구도 상당한 양의 원조를 해달라고 요청한 적이 없었다. 한국이 미국에 요청한 것은 "중재"라는 말이 의미하는 대로 행동해 주기를 바란 것이 전부였다. 나는 모든 미국인들에게 미국이 조약의 의무를 다 이행했는지 물어보고자 한다.

한국인은 자력갱생(help themselves) 할 수 있는 민족이 아니므로 미국이 도와 주어야 할 필요가 없다는 말은 논리에 맞지 않는다. 만약 그들이 자력으로 모든 문제를 완전히 해결할 수 있다면 도대체 왜 미국이나 다른 나라에게 도움을 요청하겠는가? 우방의 도움이 가장 필요한 때가 어느 때인가? 그가 적보다 더 강성해졌을 때 필요하단 말인가?

스트레이트 씨는 그의 일기에서, "브라운(McLeavy Brown) 씨는 자신이 알고 있는 일본인에 관한 많은 사실들을 책으로 출판하려고 한다. 내가 꼭 하고 싶은 것이 한 가지 있다면, 일본이 한국을 강점한 것의 진정한 의미가 무엇인지를 사람들이 알도록 하는 것이다. 반드시 해야만 할 일은, 세계에 대한 일본의 협박과 허세를 제거하는 것이다."라고 했다.

이 책은 왜 그 약속이 이행되지 않았는지의 이유는 밝히고 있지 않다. 그 약속이 이행되지 않았던 이유는, 만약 그 약속이 이행된다면 한국에서의 일본의 침략 정책을 촉진시키기 위한 미 행정부의 협조계획이 차질을 빚게 되기 때문이었다. 테어도어 루즈벨트 대통령은 일본의 한국 점령을 인정하고, 그 대신에 미국의 필리핀 소유를 일본으로부터 인정받는다는 양해각서를 일본과 교환했던 것이다.*

모건 공사는 이 계획의 성공이 "기정사실화(fait accompli)"되기 전에는 절대 비밀에 붙이라는 특별훈령을 받고 파견되었던 것이다. 브라운 씨는 한국 재무관서의 고문과 세관장을 겸직하고 있어서 상당한 영향력을 가진 인물이었다. 스트레이트 씨 역시 아직 젊었고 경력은 짧았지만 중국과 미국에 깊은 관련을 가지고 상당한 영향력을 가지고 있었다. 이 두 사람 모두 일본이 한국을 협박하고 있는 사실을 전 세계에 공개하여 큰 공헌을 할 수도 있었다. 그렇게 했더라면 대통령의 눈을 뜨게 하여 그의 정책을 완전히 바꾸도록 했을지도 모른다. 그러나 모건은 겁을 먹고 공개를 반대했다. 그는 반대에 성공하여 미 행정부를 최대한 만족시켰다.

사실은 모건이 주한 미국공사로 발령 나기 이전에 이미 워싱턴에서 한국의 운명은 확정지어졌다. 만주의 격전장에서 보여준 일본군 병사들의 영웅적 성과와 일본이 발휘한 정교한 외교술에 미국 대통령

---

* 데넷(Tyler Dennnett) 저 『루즈벨트 대통령의 일본과의 비밀협약(President Roosevelt's Secret Pact with Japan)』에 있는 1905년 7월 29일의 협의 각서 전문 참조. 〈Current History〉지, 1934년 10월호 게재. 또 할로우 (Ralph Voleney Harlow) 저 『미국의 역사(History of the United States)』의 605 페이지 참조. H. Holt, New York City 출판.

이 반하고 말았다. 대통령의 개인적 친구이자 미국 내의 일본 연락책이었던 가네코 켄타로(金子堅太郎)(*정치가. 이토 히로부미(伊藤博文)의 헌법 기초에 참여했고, 日露 전쟁 중에는 미국에 특파되어 전시 외교와 강화 체결에 공헌했음. ─ 역자) 남작을 통해서 백악관은 부단히 동경과 연락을 취하며 일본 정부에 우의에 찬 협조와 자문을 했다. 10년 전 불·독·러 3국이 요동 반도에서 취했던 것처럼, 일본도 승리의 과실果實을 따먹을 수 있도록 서구 열강이 일본을 방해할 수 없도록 하는 것이 미국의 정책이었다. 일본이 응분의 결과를 상급으로 맛봐야 한다는 것이 미국의 견해였다.

일본이 원했던 것은 당연히 "인구과잉 문제를 해소할 출구"였다. 그것은 일본이 줄기차게 청원을 하였고, 미국이 그 당위성을 인정했던 것이다. 더욱이 극동지역에서 미국의 이익을 영속적으로 보호하기 위하여 현대화되고 진취적인 일본의 충실한 우의友誼를 사려고 했다. 미국 정치인들의 마음속은 일본에게 승리의 과실로 어떤 영토를 제공할 것인가 하는 문제로 가득 차 있었다. 그들은 일본이 그 어느 것보다도 한국을 제일 탐내고 있음을 알아차렸다. 중국 개방정책의 후원자인 미국으로서는 일본이 만주의 그 어떤 부분도 차지하는 것을 허용할 수가 없었다. 일본이 한국을 차지하도록 내버려둔다면, 그들은 너무나도 만족하여 그 이상 영토에 대한 야심을 버릴 것이고, 캘리포니아에서 크게 야기될 것으로 보이는 일본인의 이민 문제도 해소시킬 수 있을 것이다. 이 모든 방책이 미국에게는 최상의 해결책으로 보였다. 물론 미국인들 중에는 오랜 역사를 가진 은둔의 왕국 조선을 볼모로 잡는 데 반대한 사람들도 있었다. 그러나 그러한 견해는 미국의 언론들, 특히 당시 가장 영향력이 컸던 잡지들 중의 하나인 〈아웃룩(The

Outlook)〉지 등을 통한 여론 조성으로 쉽게 잠재울 수 있었다. 미국은 심지어 가네코(金子堅太郎)에게 일본판 "아시아의 먼로 닥트린"을 선포하라고 권하기까지 했다. 〈아웃룩〉지에 이 내용이 재차 게재되었다. 한국의 독립은 희생되어야만 했다.

그러나 사태는 예상대로 진행되지 않았다. 미 행정부는 곧 자신들이 실수했음을 알게 되었다. 일본은 미국 내의 친일 여론에 편승하여 마치 메뚜기 떼처럼 수없이 많은 일본 이민자들을 배로 실어다가 캘리포니아 해안에 내려놓았다. 캘리포니아 주민들은 이와 같은 일본인의 대량 유입을 견제하기 위해 일련의 반일 입법조치를 취했다. 동경 정부는 워싱턴에게 일본 신민臣民의 조약상의 권리를 보장하라고 요구했다. 캘리포니아 주는 주州의 권리를 고집하면서 연방정부가 간섭하지 못하도록 했다. 워싱턴의 미 행정부가 일본의 요구에 대한 대답으로 주 정부와 연방정부 간의 헌법상의 상충을 설명하려고 하자, 일인들은 대담하게도 캘리포니아를 독립국으로 간주하며 직접 교섭을 하겠다고 큰소리를 치고 나왔다. 물론 이것은 미국에게는 큰 모욕이었다. 미국 정치인들은 크게 놀라서 일본을 그 정도까지 도와준 것이 큰 실책이었고, 더 이상 일본을 충실한 우방으로 믿어서는 안 된다는 자각을 하게 되었다.

여기에서 오직 소수의 사람들만이 알고 있는 비화秘話 한 토막을 소개한다. 테어도어 루즈벨트 대통령이 일본에 경고를 주기 위해 해군에 명령하여 미 함대가 태평양을 항진하도록 했다. 그러자 일본인들은 미 대통령과 우의를 다시 다지기 위해 미 함대가 일본 해안을 방문해 주기를 청하여 미국 해군 병사들을 제왕 부럽지 않게 환대해 주었다.

　다시 한국 문제로 돌아가서, 주한 공사로 의사 알렌(Horace Allen) 대신 모건을 후임자로 교체시킨 이유는, 알렌은 미국이 조약상의 의무를 이행해야 한다고 믿고 있는 사람들 중의 하나이므로 일본의 한국 정복에 결정적으로 걸림돌이 되었기 때문이다.

　모건이 한국으로 부임하기 전에 나는 신임장 등의 문제로 워싱턴의 알링톤(Arlington) 호텔에 체류하는 그를 찾아가 만났다. 그는 정장한 위에 여러 색깔 무늬의 기모노를 걸치고 있었고 일본인 시종의 시중을 받고 있었다. 그의 차림새나 몇 마디 말을 들어보고 나는 곧바로 이 자는 다년간에 걸쳐서 알렌, 언더우드(Underwood), 아펜젤러(Appenzeller), 애비슨(Avison) 등과 같은 개척 선교사 지도자들처럼 한국에 대해 우호적인 미국인들이 쌓아 놓았던 영향력과는 조화를 이루지 못할 것이라고 확신하게 되었다.

　알렌 의사야말로 개척 의료선교사로서 서울에서 가장 추앙받는 외국인 중의 한 사람이었다. 훤칠한 키에 위엄을 갖춘 그는 어느 면에서나 완전한 신사였다. 알렌은 다른 몇몇 미국인들과 더불어 고종황제가 종종 자문과 의료 진료를 위해 궁내로 불러들였던 궁중의 측근으로서 영향력이 컸다. 1895년 일본 낭인浪人들에 의해 명성황후가 시해된 직후 일인들을 제외하고 한국에 있는 외국인들은 모두 압도적으로 고종황제를 동정했다. 그의 성품이 유약한 점을 이용해서 일인들은 겁을 주어 고종을 꼭두각시로 만들 수 있다고 생각했다. 그리하여 황제의 막후 실력자로 알려진 명석하고 강인한 의지의 황후를 제거할 계획을 세웠던 것이다. 이 계획을 실행하기 위해 일본공사 미우라(三浦五樓) 자작子爵은 일본에서 직업적 청부 살인업자 일단을 불러들였다. 이들은 궁내로 침투하여 황제의 곁에서 황후를 질질 끌고나가 칼로 토막을 내어 시해한 후 방수포에 둘둘 말아 재만 남게 태워버렸다. 한편 다른 암살자 일단은 고종황제에게 흉기를 휘두르며 협박을 했다. 어전으로 급히 피해 온 궁내대신은 황제의 눈앞에서 칼에 찔려 죽었다.*

　이 가장 흉포한 국제적 범죄행위는 황제를 일본 편으로 끌어들이기 위한 목적으로 자행되었으나 결과는 그렇게 기대했던 대로 되지 않았다. 고종은 일인들이 기대한 대로 자신을 일인들의 자비의 손에 맡기기는커녕 황후를 죽인 일인들이 자신도 암살하리라는 생각에 일본인과 그들의 하수인들로부터 멀리하려고 했다. 그는 너무나 공포에 질리고 신경쇠약에 걸린 나머지 먹지도 못하고 잠도 잘 수가 없었다. 그는 대신들도 믿을 수가 없었다. 그가 신뢰하는 친구들은 미국인들 뿐이었다. 고종은 미국 공사 알렌을 궁내로 불러들였다. 그가 옆에 있으면 마음이 편안했고 휴식을 취할 수 있었다. 작은 소리에도 깜짝깜짝 놀라기도 하여 미국인들을 보고 떠나지 말아달라고 간청하기까지 했다. 선교사 몇 사람은 음식에 독이 들어있지 않다는 개인적 보증을 하며 그의 식사 준비를 돌보기도 하고, 밤에 그와 같이 지내기도 했다. 조용한 시간에 고종은 알렌 공사에게, "내가 귀국의 공사관에서 편히 잠잘 수 있는 방을 하나 마련해 줄 수 있겠소?" 하고 물었다. 알렌 공사는 고종을 동정하여 자기 권한 안에서 이 불행한 군주를 돕기 위한 무슨 일이라도 할 용의가 있었지만 그 정도까지는 도와줄 수가 없었다. 그러자 고종은 "그러면 이 음흉한 일인들로부터 내 자신과

---

* 「*Current History*」, 1919년 9월 호와 F.A. McKenzie 저, 『한국의 비극(Tragedy of Korea)』 참조

제국帝國을 보호할 무슨 방법이 없겠소?"하고 물었다.

　　물론 한국 내에 있는 미국사람치고 한·미 수호조약을 모르는 사람
은 한 사람도 없었다. 그리고 아무도 그들의 정부가 조약을 준수하지
않으리라고는 믿지 않았다. 미국인들은 이 불행한 사람을 위로하기
위해서, 만약 일본이 지나치게 행동할 경우 미국이 약속을 틀림없이
지킬 것이므로 황제의 신변 안전과 제국의 독립에 대해서는 염려하지
않아도 된다고 말해 주었다. 고뇌와 공포 속에 빠져 있는 고종에게 이
러한 위로의 말은 큰 힘과 위안이 되었다. 그는 그들의 말을 맹목적으
로 믿었다.

　　어느 날 밤 야음을 틈타 고종과 황태자는 미리 준비해 놓은 대로
궁녀들이 사용하는 덮개로 가린 가마를 타고 대궐문을 빠져나가 러시
아 공관으로 피신했다. 러시아의 보호로 안전하게 된(*이를 역사에서는
"아관파천俄館播遷"이라고 한다.—역자) 고종은 즉시 황제의 칙령을 내려
각료인 대신들을 반역자로 전부 체포하도록 했다. 다시 한번 승승장
구하던 일본 세력은 꺾이고 러시아의 정치적 영향력이 한국의 조정을
지배하게 되었다.*

　　한편 미국의 일인들은 이 사태를 자기들 쪽으로 최대한 유리하게
이용했다. 언론기사들은 한국이 러시아와 제휴한 것을 혹평했다. 대
통령과 일반 시민들은 한국의 독립 보장을 위해 투쟁하고 있는 것으
로 알려진 일본과 손을 잡는 대신, 종국에 가서는 한국의 독립을 박탈
할 러시아와 제휴한 것은 한국이 저지른 큰 실책이라고 믿었다. 이것

---

* 헐버트(Homer B. Hulbert), 『한국의 소멸(Passing of Korea)』 참조

이야말로 일본 외교와 선전술이 거둔 성공의 극치를 보여주는 사례이
다. 사실을 말하자면, 한국인은 러시아편도 아니고 일본편도 아니다.

한국의 민족독립 정신을 반영한 독립협회는 신변 위험을 무릅쓰고
라도 고종황제의 환궁을 요구했다. 독립협회는 고종이, 필자 역시 당
시 의원의 한 사람이 되었던 제국 추밀원樞密院, 즉 국민회의를 결성
하고, 황제의 윤허 하에 그 회의가 정부를 조직하여 구舊 보수 관료들
의 부패 척결, 황실 보호, 국가의 자주독립을 보전해야 한다고 진언進
言했다. 그러나 고종은 모두를 의심하여 감히 일어나서 그의 심중을
밝힐 엄두를 내지 못했다. 사람들이 그를 자신들의 보호 아래 두려고
하면 할수록 그는 점점 더 멀어져만 갔다. 혁명이 일어나더라도 사태
는 더욱 악화될 뿐이었다. 일인들과 러시아인들은 차례를 바꾸어가며
고종을 복종하도록 만들고, 임금은 백성들로 하여금 복종하도록 했
다. 따라서 국민들은 무슨 행동이건 할 기회가 전혀 없었다. 그러므로
국민들을 비판하는 것은 온당치 않다. 그러나 고종이 외국 공관 가街
에 임시 거처로 만든 별궁으로 돌아오자 긴장상태가 다소 풀리는 듯
했다. 스트레이트 씨는 그의 일기에서 "볼만한 구경거리라고 말하는
편이 낫다. 글쎄 그것도 진짜 황제를 이웃집 사람처럼 바라볼 수 있다
니 말이다."라고 비꼬듯이 적었다.

모건이 부임하자 알렌은 떠나갔다. 신임공사나 공사관 직원들 모
두 현 실정에 어두웠다. 하지만 그들은 새 정보가 필요치 않았으며 정
보를 구하려고도 하지 않았다. 미국 정치인들은 한국을 희생시킴으로
써 중국을 구한다는 신념을 갖도록 설득되었다. 그러나 한국은 과거
수세기의 역사를 볼 때 중국과 일본 사이에 버티고 있는 평화의 방패

역할을 해왔다. 인접한 국민을 보호한다는 구실 하에 이 방패의 보루를 파괴한다는 것은 극히 어리석은 짓이라는 것이 증명되었다. 그 이후로 만주와 중국에서 일어난 사태를 아는 사람치고 한국의 파멸이 세계의 이 지역에서 앞으로 발전될 사태의 전주곡에 불과했다는 점을 모르는 사람은 아무도 없다.

그 당시 미국이 의무상 취해야 할 방향은 명확했다. 미국은 일본에 영향력을 행사하여, 미국은 한국을 도와주어야 할 조약상의 의무가 있으며, 일본도 한국의 정치적 독립과 영토 보전의 존중을 약속한 한국과의 조약을 준수해야 한다고 강조했어야만 했다. 미국이 이 의무상 똑바른 길을 가는 대신에 조·미 수호조약을 무시함으로써 일본이 한국과 체결한 조약도 파기하도록 방조했다. 이런 일을 자행함으로써 그 후 그들은 조약파기 시대의 문을 부지불식간에 열게 되어 그것이 현재 유럽과 아시아에서의 혼돈과 무질서의 직접적인 원인의 하나가 된 것이다.

참으로 이것은 영광스런 미국 역사의 한 페이지를 오점으로 물들였다. 한국은 평화애호 국가로서 국제조약의 신성함을 신뢰하다가 막대한 희생을 지불했다. 지금 한국은 한국을 배신한 바로 그 사람들로부터 조롱거리가 되어 있다. 내가 조국 수호를 위해 무기를 들었다는 이유로 누가 만일 나에게 "군국주의자"란 별명을 붙인다면, 나는 자제력을 잃고 말 것이란 점을 고백해야겠다.

이 우울한 이야기를 한 줄기 태양빛으로 마감하기 위하여, 프랭클린 루즈벨트 대통령이 이태리가 불란서에 선전포고를 한 사태에 관해 최근에 한 그의 연설문 한 구절을 인용하고자 한다. "단검短劍을 쥔 그 손이 불란서의 등을 뒤에서 찔렀다."

　　분명히 말해서 이 언급은 불란서를 구출하지도 못했고 또 구출하려고 한 것도 아니었지만, 미국 정부와 국민은 "범죄국가"를 범죄국가로 매도罵倒하고 단죄한 역사적 기록을 남겼다. 만일 전 세계의 모든 선남선녀善男善女들이 위의 예를 본받을 용기를 가지고, 법을 범하는 개인을 모조리 법에 따라 처벌하는 것과 똑같이 법을 범하는 국가도 모조리 그렇게 처리하려고 한다면, 언젠가는 군사력이 아니라 정의의 법정이 인간 사회의 모든 관계의 최후 중재자가 될 것이라고 나는 믿는다.

제 14 장
평화주의자는 간첩과 같다

　　나는 전쟁이라면 목적과 상관없이 무조건 반대하는 평화주의자들
은 "간첩(fifth columnist: 第五列)"처럼 위험하고 파괴적이라고 말하는
데, 내가 이렇게 말하는 데에는 나름의 이유가 있다. 여기서 그 이유
몇 가지를 설명하고자 한다.

　　나치스, 파시스트, 공산당과 기타 사회를 파괴하려는 분자들은 미
국식 정부 형태를 전복하고 그 자리에 이들 중에서 가장 강력한 파당
의 강령을 따라서 새로운 정치체제를 수립하려고 한다. 물론 평화주
의자들의 목적은 이것이 아니다. 이들은 말하자면 모두들 합중국의
공화체제에 충성을 바치고 있다. 이런 관점에서는 평화주의자들을 나
치스, 파시스트, 공산당과 비교해서는 안 된다. 하나는 미국편이고 다
른 하나는 미국의 반대편이기 때문이다.

　　그러나 전쟁 문제가 나오면 그들의 의견은 모두 하나로 일치된다.
미국이 전쟁 준비를 해서는 안 된다고 주장하는 점에 있어서는 그들
은 하나가 되어 있다. 사실상 그들은 "우리는 전쟁을 원하지 않는다.
우리는 평화를 원한다. 무슨 대가를 치르더라도 평화를 원한다"고 말

하고 있다. 그러나 만약 미국이 이 단체들의 요구를 들어주어 국방계획을 없앤다면 무슨 일이 일어날 것인가? 미국의 적들은 미국의 무방비 상태를 최대한 이용하여 미국의 정부형태를 전복하려고 수단방법을 가리지 않을 것이다. 그러면 어떤 일이 벌어질 것인가? 미국인들이 할 수 있는 일이란 동양의 역사에서 약 3천년 전 소국인 노魯나라가 했던 것과 같이 하는 것일지도 모른다. 칼과 창, 활과 화살, 기타 살인무기로 무장한 진문공晉文公의 대군이 노국魯國의 수도로 진격했다. 그러나 그들은 모든 성문들이 활짝 열려 있고 군사라고는 단 한 명도 보이지 않자 크게 놀랐다. 침략자들은 대로와 골목길을 샅샅이 뒤졌으나 대적해 싸울 군사를 한 사람도 찾지 못했다. 그래서 집집마다 다니며 수색작전을 펼쳤는데, 뜻밖에도 남녀노소 할 것 없이 모두들 평상시와 다름없이 자기들이 하던 일에 열중하고 있었다. 아무 일도 일어나지 않은 양 학생들은 학과 공부에 열중하고, 학자들은 경전經典을 공부하고 있었고, 시인들은 시를 읊고, 악사들은 악기를 타고 있었다. 침략군들은 자기들끼리 모여서 감탄하며 말했다: "이 나라야말로 진정한 공자님의 가르침을 따르는 유교 왕국, 세상에서 최고로 문명한 곳이구나! 이 사람들을 우리가 어찌 해치랴!" 그래서 그들은 자신들의 무기를 싸들고 그 소왕국, 유교의 유토피아를 단 한 사람도 해치지 않고 떠나갔다. (*이 이야기가 중국 역사 어디에 나오는지는 확인할 수 없었다. — 역자)

그런데 이 이야기에 내포되어 있는 난점은, 그때와 지금은 상황이 판이하게 다르다는 것이다. 현대의 기계화된 군대는 전투에 앞서 정복 대상인 그들의 적이 유교 신자인지, 민주당원인지, 나치당원인지, 미카도 당원인지를 가리기 위해 시가지를 수색하며 돌아다니지 않는다. 사실 현대의 기계화된 군대는 그들의 전투기가 공중에 너무나 높이 떠 있기 때문에 적국 도시의 절반과 그곳 주민의 절반을 파괴하기 전에 그 아래에 있는 평화주의자들을 가려낼 방도가 없다. 현대의 "문명화된" 야만인들은 저 유교국가 시절과 비교하면 한없이 피에 굶주려 있고 훨씬 더 잔인무도하며, 그리고 방화와 살인을 한 다음 전 국민을 포로로 잡아 노예로 삼는 버릇이 있다. 이러한 경우 평화주의자나 "간첩(第五列)"들의 동기는 서로 크게 다를지라도 최후의 결과는 실제로는 동일하다.

이와는 다른 한 가지 의견은, 반전反戰 사상을 전파하는 사도使徒들이 인간생활에서 전쟁을 일체 배격하고 여하한 대가를 치르더라도 평화를 유지해야 한다는 자신들의 신념이 그토록 열렬하고 성실하다면, 마치 초대 교회 사도들이 포교를 위해 이방 지역으로 갔던 것처럼, 왜 그들은 전쟁을 일으키는 국가들을 찾아가서 평화를 전도하지 않는가? 미국을 호전국好戰國이라고 정당하게 부를 수 있는 사람은 아무도 없다. 이 비非군사적인 나라에서 평화의 복음을 전파하기 위해 수백만 달러를 쓰는 대신에, 평화 선교사들을 베를린, 로마, 동경으로 파견하고 유지시키는 데 돈을 써야 할 것이다. 왜냐하면 전쟁이 계획되는 곳은 바로 그곳이기 때문이다. 세균은 옆가지에서가 아니라 그 근원지에서 박멸되어야 한다. 평화를 애호하는 미국의 손발을 묶는 평화주의자들은 적극적인 반미주의反美主義 분자들과 마찬가지로 평화와 민주주의의 대의大義를 파괴하는 자들이다.

평화의 왕 예수의 제자들처럼 선량한 기독교인들은 진정한 평화의 주창자들이다. 그들은 입만 갖고 떠드는 평화주의자들(lip-service paci-fists)이 아니라, 이 땅 위에는 평화의 원칙을 가르치고, 사람들에게는

선의의 원칙을 가르치기 위해 이 땅에 온 예수 그리스도의 헌신적이
며 양심적인 제자들이다. 만약 이 개명開明하고 거룩한 남녀들이 바른
방향으로 인도할 수만 있다면, 이 혼돈 속에 빠져있는 세상은 큰 혜택
을 보게 될 것이다.

그러나 불행히도 기독교인들이 오랫동안 구축해 온 평화의 구조는
허약한 기초 위에 세워져 있었다. 어떠한 희생을 치루더라도 정의正義
를 추구하려고 하는 대신에, 많은 사람들은 유화책이라는 세속적인
지혜, 즉 "현실적이고" "편리하며" "실용적(practical)"이라고 간주된
기회주의적인 인간의 정책으로 그 해결을 찾으려고 했다. 그들의 생
각은 현 시대의 대중적 욕구를 중간쯤에서 수용하기 위하여 원칙을
버리고 타협을 하자는 것이었다. 그 결과 그들은 세상을 광명으로 이
끌어가야 했음에도 불구하고 그렇게 하지 못하고 암흑 속으로 빠져
들어가게 되었다. 이 말은 기독교 지도자들이 모두 맹목적인 지도자
라는 뜻은 아니다. 하지만 일본 문제와 관련해서 볼 때는 맹목적인 점
이 사실이었음을 아무도 부인할 수 없다.

일본 군국주의자들이 한국 지배의 족쇄를 조이고 있을 당시인
1905년 7월의 어느 일요일 아침, 뉴저지(New Jersey) 주 오션그로브
(Ocean Grove)의 감리교회 대강당에서, 가장 사랑받고 영향력 있는 감
리교 지도자 중의 한 사람이자 잘 알려진 감리교 주간지의 편집장이
기도 한 L. 모(某) 박사(Dr. L.)가 11,000명의 청중 앞에서 최근 그가
극동지역을 여행하고 돌아온 데 대하여 연설을 했다. 그의 여행을 주
선하고 후원했던 것은 물론 일본인들이었다. 당시는 일본이 한국 침
략에 대한 미국의 반일 여론이 확산되는 것을 두려워할 때였다. 온 힘
을 다하여 연설하는 도중에 L. 모(某) 박사는 "한국이 영원토록 일본의

지배하에 있기를 비나이다. 아멘!"하고 기도했다. 다음날 나는 우연히 오션그로브의 친구에게 들렀는데, 그녀는 나에게 "어제 박사님께서 여기 오시지 않은 게 다행이었어요. 그 연설을 들었으면 기분이 몹시 상하셨을 테니까요."라고 말했다. 그리고는 그 지역의 신문인 〈애즈버리 파크 프레스(Asbury Park Press)〉 한 부를 내게 복사해 주었기에 위와 같이 인용한 것이다.

나는 그 연사에게 장문의 편지를 쓰면서, 종교의 전도사로서 정치적 발언을 하지 말아야 할 그가 왜 미국의 정의, 자유, 인본주의 개념에 배치되는 일본의 조약 파기를 그렇게 열을 내어 변호했는지, 왜 미국의 독립정신과 자유와 평등권의 애호 정신에 배치되고 모든 기독교의 이념과 이상에 배치되는 그런 연설을 했는지 조목조목 물었다. 그 다음날 아침, 같은 지방지의 전면에 내가 보낸 편지가 복사되어 게재되었다. 그 후 미국 각처의 독자들로부터 감사와 동조의 독후감 편지가 답지했지만, 그 L. 모(某) 박사로부터는 단 한 마디의 대답도 없었다. 그는 내 편지를 완전히 무시하고 똑같은 강연을 하면서 전국을 돌아다녔다.

1919년 3월 한국인들은 역사상 최초의 무저항 혁명으로 알려진 평화적 비폭력 독립운동을 시작했는데, 이는 잘 알려진 인도 간디의 무저항 운동보다 앞선 것이었다. 이때 그들을 압도적으로 지지하고 동정했던 것은 한국의 기독교계였다. 한국의 기독교인들과 교회에 대해 일인들이 저지른 잔학하고 야만적인 탄압의 끔찍한 소식이 보도되자, 전 세계 문명국 간에는 분노가 끓어올랐다.

이 혁명은 어떻게 시작되었는가? 전 국민을 대표하는 33인이 한국의 수도 서울의 한 여관에 비밀리에 회동하여 한국에서 일본의 퇴출을 요구하고 한국이 자주독립 공화국임을 선포하는 역사적 문서에 서명하였는데, 그것은 그 후 한국의 〈독립선언문〉으로 알려졌다. 그리고는 일본 경찰에 전화를 걸어서 와서 자신들을 잡아가라고 하고는 그대로 앉아서 체포되기를 기다렸다.*

사전에 준비된 대로 군중들은 질서정연하게 공원에 집결하여 독립선언문을 낭독하고, 당시에는 소지하는 것 자체가 범죄였던 태극기를 흔들면서 "대한 독립만세(Long Life for Korea)"를 외쳤다. 그들은 한국을 상징하는 태극기 이외에는 어떤 무기도 들지 않았으며, 그리고 인쇄되어 전국 방방곡곡에 비밀리에 배포된 〈독립선언문〉에는 어떠한 폭력이나 무질서한 행동도 하지 말도록 명시되어 있었다. 전국 300여 도시에서 똑같은 집회가 질서정연하게 개최되었다. 이 당시 남녀노소를 망라한 한국인들의 영웅적이고 애국적인 독립운동을 일본은 군대와 헌병, 경찰력을 총동원하여 비무장 국민들의 평화로운 봉기를 금수禽獸와 같은 야만적 탄압으로 맞섰다.

한국의 민중봉기를 일본군대는 무자비하게 탄압했는데, 특히 기독교인을 대량 학살하고 주택과 교회를 불태웠다. 심지어 교회 안에서 교인들이 집회를 하고 있을 때 교회당에 불을 지른 경우도 허다했다. 이와 같은 만행이 알려지면서 미국의 반일 여론이 크게 끓어올랐다. 미국 상원은 한국 문제를 거듭해서 다루게 되었으며, 그 당시 〈의회

---

* F.A. McKenzie 저; 『한국의 자유를 위한 투쟁(Korea's Fight for Freedom)』, Henry Chung 저; 『한국사태(The Case of Korea)』, Hugh H. Cynn 저; 『한국의 부활(The Rebirth of Korea)』, 참조

기록부(*Congressional Record*)〉는 한국 독립운동을 지지하는 연설문과 상정된 법안들로 가득 찼다. 예를 들면, 셀던 P. 스펜서(Selden P. Spencer) 상원의원이 1919년 6월 30일 발의하여 외교분과 위원회에 상정된 결의문의 일부는 다음과 같다:

"본 위원회는 국무장관께, 미국의 국익에 배치되지 않는다면, 현재 한국의 상황에서 한·미 수호조약의 규정에 따라 미국이 한국의 대외관계와 관련해서 한국을 위해 노력할 필요가 있다고 판단하는지의 여부를 상원에 통보해 주기를 요청하기로 결의하였음."(1882년 조약의 우호조항을 인용했다. ─ 저자 주)

그리고 이어서 1920년 3월 15일, 토마스(Charles S. Thomas) 상원의원은 수정안으로 다음과 같은 단서 조항을 제안했다:

"그리고 미국은, 역시 민족자결주의 원칙을 신봉하여, 한국민이 일본의 압제에서 해방되어 자신들의 옛 왕국을 복원하려는 그들의 비탄과 열망을 동정한다는 것을 선언하며, 그리고 나아가 미국은 한국이 독립했을 때에는 즉시 국제연맹의 가맹국으로 승인되어야 한다는 것을 선언한다."

미국의 많은 교회들도 한국민에 대한 동정을 표하고 일본의 잔인무도한 탄압 정책을 규탄하는 결의문을 채택했다.

이 시기에 미국에 있는 한국인 학생들은 애국지사들의 투쟁에 대하여 동정심을 표하고, 일본의 학정에 항의하고, 독립운동 후의 타격을 재정적으로 돕기 위한 기금을 모으기 위해 "한국 친우동맹"을 결성했다. 이 운동과 관련하여 그들은 뉴욕과 그 외의 지역에 주재하는

외국 선교본부의 저명인사들에게 접근하여 미국 전역에 산재해 있는
그들 산하 조직의 각종 회합 때 정신적 또는 다른 방법으로 한국의
독립운동을 지지하는 발언을 해달라고 요청했다. 그러나 그들은 그것
은 정치적인 문제와 연관될 수도 있다면서 그 요청을 거부했다. 선교
단체가 정치 문제에 관여한다는 비난의 구실을 주지 않기 위해서 자
기들은 조심하지 않을 수 없다고 말했다.

그러나 필라델피아의 명망 있는 목사인 톰킨즈(Floyd Thomkins) 박
사는 "한국 친우동맹"을 위한 강연에서, "무자비한 폭력이 자행되는
곳에 중립이란 있을 수 없다. 나는 내 자매 한 사람이 괴한의 습격을
당하는 것을 보면서 하나님께 기도하러 골방으로 들어가는 그런 부류
의 기독교인은 아니다. 나는 먼저 그 괴한을 때려눕혀서 내 자매부터
구하고 난 후에 기도하러 내 골방으로 들어갈 것이다."라고 하였다.
하나님, 부디 이와 같은 기독교인들이 훨씬 더 많아지도록 해주옵소
서!

선교사들이 정치 문제에 관여해서는 안 된다는 것은 맞는 말이다.
그리고 그들은 일반적으로 관여하지 않는다. 처음에 선교사 단체가
고통 중에 있는 한국의 기독교인들을 위해 발언하는 것은 정치적 색
채를 보일 수 있다고 거절했을 때, 한국 학생들은 실망했다. 그러나
학생들은 곧바로 그들의 입장을 이해했다. 선교사들이 엄정 중립을
지키는 한 불평할 일은 없을 것이다. 그러나 그들이 어떻게 엄정 중립
을 지킬 수 있겠는가? 그들은 선교하는 나라의 통치자들의 호감을 사
야만 할 입장에 있다. 일본인들은 선교사들이 이 길이냐 저 길이냐를
확실히 택하지 않고서는 배겨낼 수 없도록 끊임없이 압력을 가했다.
성경은 자기들의 통치자에게 복종하라고 가르치고 있다. 비록 그들이

한국의 기독교도들에 대해 동정은 하고 있었지만 그들이 선교하고 있는 나라의 일본인 통치자들을 드러내놓고 반대할 수는 없었다. 때때로 어떤 선교사들은 순전히 정치적인 문제에 있어서 공개적으로 일본 편을 들어 발언하는 경우도 볼 수 있었다. 기독교도가 아닌 한국인들이 그 선교사들을 지조 없는 친일분자라라고 비난할 때, 그 선교사들은 그것을 반박할 길이 없었다.

물론 미국을 위해 거대한 해군과 거대한 육군, 세계 최대의 군함, 의무병역제, 국민 징병법 등등을 구상하는 것 자체가 민주국가 이념에는 배치된다. 미국인들은 습관적으로 군국주의, 제국주의, 전쟁광(warmonger), 전쟁을 일으키는 자들을 비판해 왔다. 우리는 이런 소리들을 자주 들어왔다: "누구나 싸우기를 거부해야 한다", "나는 무기 제조 회사들의 이윤을 위해 내 목숨을 바치지는 않을 것이다", "나는 전방에 가느니 차라리 감옥에 갈 것이다", "대통령이 군대의 행진 맨 앞장에 서야 한다", "전비를 위한 세금은 낼 수 없다."는 등등의 말들을.

1940년 4월 7일, 미국이 세계 제1차대전 참전 기념일에 워싱턴 D.C.의 한 교회에서 캘리포니아의 한 목사가 다음과 같은 설교를 했다: "전사자의 명단에 한 사람이라도 더 추가해서는 안 된다. … 나의 이 말은 내 자식들의 아버지로서 하는 것이다. … "이 정도의 말은 이보다 더 심한 다른 말들에 비하면 그리 나쁘게 들리지는 않는다. 적어도 그는 자기 자식과 다른 미국인들의 자식들을 생각하고 있기 때문이다. 다른 나라에서와 마찬가지로 미국에는 그렇게까지 멀리 앞을 내다보고 생각하지 못하는 사람들도 있다. 홀라워즈(Montaville Flowers)는 『일본의 미국여론 정복(The Japanese Conquest of American

Opinion)』(George H. Doran사 출판)이라는 그의 저서 54페이지에서 이런 이야기를 소개하고 있다:

"하루는 한 노신사가 일본 문제를 다루는 쵸토쿠아(Chautauqua)에서의 강연에 참석했다. 강연 후 그 연사는 숙녀 두 사람에게 말을 건네고 있는 그 노신사의 뒤를 따라서 보도를 걷다가 그 노신사가 이렇게 말하는 소리를 들었는데, 그것은 대부분의 미국인들의 생각을 대변한다고 할 수 있을 것이다:'자, 부인들 좀 들어보오. 내 그 연설을 들어봤지만 도무지 무슨 소릴 하는 것인지 알 수가 없었소. 정말 알 수 없다니까. 정말! … 좌우간 일본 사람들은 내 생애와 내 세대에 대해 결코 아무런 해도 끼칠 수 없을 것이오. 만약 그렇게 하더라도 다음 세대 사람들이나 걱정하라지…'
이 노인과 그와 같은 생각을 하는 모든 사람들은 푸른 초원에서 풀이나 뜯어먹고 깡통이나 따서 먹는 그런 삶을 살도록 태어났어야 할 사람들이다."

전혀 다른 관점에서의 또 다른 이야기는 한 일본인 어머니에 관한 것이다. 그 어머니는 아기를 팔에 안고 전선으로부터 고향으로 돌아오는 "무명용사"의 유해遺骸를 품에 안고 행진하는 군인들을 보면서 말한다:"아가야, 저기를 좀 봐라. 너의 아버지는 제국을 위하여 저렇게 영광스럽게 목숨을 바쳤단다. 너도 크면 네 아버지처럼 저렇게 영광스럽게 죽어야 한단다."

이런 종류의 일본인들의 이야기는 희귀한 예가 아니고 일본 나라 전체의 보편적 사상을 나타낸 것이다.

이 두 가지 이야기를 비교하면서 우리는 이 두 가지 케이스의 도덕적 측면을 논하려는 것이 아니다. 우리의 관심은 오히려 그 결과에 있다. 일본인 측의 이야기가 미국 사람들의 귀에 이상하게 들리는 것과 마찬가지로, 미국인 측의 이야기는 일본 사람들에게 이기적이고 비애국적으로 들린다는 것이다. 국토방위 문제에 관한 한, 일본 군국주의자들은 미국을 빈껍데기만 남은 것으로 판단한다. 일본의 전략가들에게 미국의 방위태세가 허술하게 보이는 이유는, 미국인들은 평화주의자들의 반전反戰 분위기 속에서 교육받고 자라나서 전쟁 기피증에 걸려 있다고 보기 때문이다. 이렇게 분명한 근본적 취약성이 한편에서는 일본인들에게, 다른 한편에서는 독일인들에게 유혹으로 나타난다. 전쟁만을 생각하면서 자라난 사람들은 전쟁 분위기에 익숙하지만, 평화 이념으로 자라난 사람들은 막다른 상황으로 몰리지 않는 한 전쟁을 기피하려는 잠재의식 속에 놓이게 된다.

일본인들은 이러한 정신적 도덕적 혼란을 최대한 이용하고 있다. 자기들은 아메리카의 양 대륙에 대해서는 아무런 침략 계획이 없으며, 자기들이 유럽과 아시아대륙에서 "새 질서"를 구축해 놓고 나면 모든 나라들은 평화롭고 조화롭게 지내게 될 것이라고 전체주의 국가들이 끊임없이 외쳐대는 소리를 미국의 평화주의자와 고립주의자 조직들이 그대로 따라 외쳐대고 있는데, 자신들의 말을 따라서 외치는 이들의 소리가 전체주의 국가들의 귀에는 달콤하게 들릴 뿐이다. 저들의 대변인인 린드버그(Chales A. Lindberg), 상원의원인 휠러(Wheeler)와 토비(Tobey)와 클라크(Clark), 그리고 그 밖의 고립주의자들은 협상에 의한 평화도 있을 수 있으며, 그리고 사자와 양이 "파시스트의 시온 산(Zion)"(*Zion: 천국의 은유隱喩— 역자)에서 다정하게 같이 누워 있을 수 있다고 주장하고 있다.

평화주의자들은 "전쟁은 결코 문제를 해결할 수 없다"고 하면서, 전쟁은 기독교 교리에도 위배된다고 주장하고 있다. 그들은 평화주의와 기독교 정신을 동일시하고 있는데, 그것은 마치 "자유방임(laissez faire) 정책"을 "행동의 자유 원칙(principle of action)"과 동일시하는 것과 같다. 원수를 사랑하라는 계명誡命이 곧 원수의 범죄를 용서해야 하고 옳지 못한 것에도 무기력하게 따라야만 한다는 뜻일까?

기독교인들이 깊이 인식해야 할 것은, 평화주의는 현실 도피에 불과하며, 양심적 병역 기피자(conscientious objector)는 그 동기가 아무리 순수하다고 하더라도 정의(正: right)와 부정(不正: wrong)의 문제를 회피하고 있는데, 그들은 자신의 굴종으로써 침략자들을 사실상 고무 격려하고 있는 것이다. 경찰관은 살인을 마음먹고 있는 악당을 설득하려고 하기에 앞서 먼저 진압부터 해야 하는 것과 마찬가지로, 기독교인들도 깡패 국가에 대해 결연히 대항하면서 하나님이 부여해준 고귀한 소유물을 수호하기 위해 칼을 뽑아야 한다.

수많은 숭고한 기독교 지도자들이 1차 세계대전 후 정서적, 감정적 격변을 겪었던 것은 사실이다. 당시 그들은 황제 카이저(Kaiser)를 교수형에 처하고 독일로부터 전쟁을 일으킨 책임을 물어 마지막 동전 한 닢까지 혹독한 배상금을 받아내야 한다고 주장했다. 지금 그들은 정반대의 극단으로 돌아서서 모든 전쟁은 악惡이며 마귀의 역사役事라고 선언하고 있다. 그러나 오늘날의 문제는 1917년 때보다 더욱 첨예하게 대립되고 있어서, 카이저가 철모를 쓴 독일군들을 불란서와 벨기에에 투입했던 1914년 여름 때보다 문명과 기독교계 자체가 더 큰 위기에 처해 있다.

이러한 태도는 내재적 위험을 보여준다. 또 다른 한 가지 예를 들자면, 자신의 가장 최근의 기치로서 "도덕재무장 운동(Moral Rearmament Movement)"을 들고 나온 '옥스퍼드단團 운동(Oxford Group Movement)' 이 하는 행동이 바로 그것이다. 그들이 전국 방방곡곡을 종횡으로 누비며 그 고상한 사상을 전파하고 있을 바로 그때 히틀러와 무솔리니는 전쟁은 인류 본연의 상태라고 선전하고, 일본은 함락된 중국의 여러 도시에서 잔인무도한 짓을 자행하고 있었다. 이제 옥스퍼드단 운동(OGM)의 목소리는 3개 대륙에서 전개되는 전쟁의 요란한 굉음 속에 파묻혀 버렸다. 생명과 권리의 보전을 위한 투쟁은 단순히 서로 다른 이념들 간의 정신적 투쟁에 국한될 수는 없다. 이 투쟁은 육체적 견인불발堅忍不拔, 피와 땀, 수고와 눈물을 요구하고 있다.

현재 유럽의 분쟁이 이것을 극명하게 그리고 틀림없이 보여주고 있다. 따라서 미국이 국가안보 준비 태세를 진정으로 구축할 생각이라면 국민들의 정신이 각성되어야 하고, 교육제도가 개편되어야 하며, 일관된 국방정책이 채택되어 정파를 초월하여 전 국민으로부터 지지를 받아야 한다.

애국심은 당파를 초월해야 한다. 통일된 외교정책이 수립되고 나면 모든 국민들은 자기 개인의 자유와 부귀, 필요하면 자신의 생명까지도 국가의 이익을 위해 희생할 각오를 해야 한다. 왜냐하면 분열된 국가는 존립할 수가 없기 때문이다. 국가가 망한 후에 무엇이 남아 있겠는가?

불길은 점점 더 가까이 타들어 오고 있다. 미국인들은 더 이상 그것을 무시해서는 안 된다. 미국에서는 어떤 인사들의 공개발언은 철저히 비非미국적, 반反미국적인 것으로 들리는데도, 그런 사람들이 스스로를 미국인이라고 부르고 있다는 것은 참으로 기이한 노릇이다. 그들은 미국도 다른 나라들과 마찬가지로 적이 안팎으로 도사리고 있으므로 이 적들로부터 보호될 필요가 있으며, 국토와 정부구조와 국가의 안위와 명예를 보호하는 것은 전 국민의 1차적 의무이며, 이 의무를 다하지 못하면 국가는 존립할 수 없다는 점에 대해서는 전혀 생각해 본 적이 없는 것처럼 보인다. 심지어 동물들의 삶을 보더라도 그 1차적 본능은 자기 집과 자기 새끼와 자기 무리를 보호하는 것이다.

그런데 어떤 인간들은 이러한 기본적 본능마저도 없는 것 같다. 자기 동료 시민들이 뺨을 얻어맞고, 얼굴에 침이 뱉어지고, 발길로 걷어차여서 죽고, 그들의 주택과 기관들이 파괴되고, 자기 나라의 해군 함정이 포격을 당하여 침몰하고, 자기 나라의 국기가 끌어내려져 짓밟히고 있는데도 이들은 전혀 관심조차 보이지 않는다. 문명과 인간성이 무자비하게 파괴되고 있는 것에 대해 분노하기는커녕 자신들의 정부가 "외국을 공개적으로 매도한다"는 이유로 자기 정부를 대놓고 질책한다. 일본 군대가 미국인들에게 가한 신체적 공격에 대한 보복으로 미국이 구두口頭로만 공격하는 것조차 너무 심하다고 생각한다면, 그것은 미국과 미국민의 방위에 대해서는 아무런 생각이나 계획이 없음이 분명하다. 그러나 일반 국민들은 더 이상 이따위 인간들에 의해 영향을 받거나 좌우되지는 않을 것이다.

제 15 장
민주주의 대對 전체주의

민주주의적 정부 원리를 신봉하는 사람은 근본적으로 개인주의자다. 정부의 권력은 시민으로부터 나온다. 그러므로 개인의 권리와 자유는 그 위에 한 국가의 구조가 세워지는 기반이 된다. 국민은 정부에 복종해야 된다고 주장하는 전체주의 이념과는 달리, 민주주의는 국민들의 권리는 정부에 의한 그 어떤 침해의 가능성으로부터도 보호되어야 한다고 주장한다.

이 원칙에 따라서 시민의 헌법상의 권리를 침해하게 되는 미국의 연방정부 또는 주정부의 권력 남용은 허용되지 않는다. 정부의 행정부, 입법부, 사법부는 각자의 권한을 행사함에 있어서 상호견제를 하도록 되어 있다. 연방의회도 상·하 양원으로 나뉘어져 같은 원칙하에 상호감시와 견제를 하도록 되어 있다. 서로 다른 이해관계를 가진 정당도 다 같이 이 민주적 원리에 기초하고 있다. 간단히 말해서, 정당들은 국리민복國利民福을 위한다는 목적은 같지만, 그렇다고 한 뜻으로 조화를 이루며 같이 일하지는 않는다. 대신에 그들은 상반된 목적을 가지고 집단적 권력, 또는 정부 권력을 약화시키기 위하여 일하기도 한다. 그렇지 않으면 그 결과는 민주주의가 전복되고 그 자리에 독재정권이 들어서게 되기 때문이다.

극단적인 개인주의의 확대와 보조를 맞추어 점차 강력한 파벌주의의 저류底流가 형성되는데, 그것은 여론을 통합하기보다는 분열시키는 경향을 보인다. 어떤 시민들은 심지어 정부를 희생시켜서라도 자신들의 자유와 권리만 주장하고 있는데, 이들은 정부가 없으면 민주주의도 없고(without a government there would be no democracy), 민주주의가 없으면 자유도 없다(without democracy there would be no freedom)는 사실조차 생각하지 않는다. 자유가 너무 많은 것은 어떤 좋은 물건이 너무 많은 것과 같다(Too much freedom is like too much of any good thing). 너무 많으면 사람들은 그것을 귀하게 여길 줄 모르고 흔히 남용하게 된다. 그들은 미국이 지구상에서 아직도 자유의 축복을 향유하고 있는 몇 안 되는 국가들 중의 하나이며, 그것을 지키려면 비싼 대가를 치러야만 하며, 그 축복을 유지하기 위해 부단히 일치된 노력을 경주하지 않으면 이 고귀한 유산을 상실하게 된다는 사실을 인식하지 못하고 있다. 그러나 대부분의 사람들은 일상생활에 쫓기느라 이러한 문제에 관심을 가질 겨를이 없다. 그 결과 국가 방위는 믿을 수 없을 정도로 방치되어, 사회 일각에서는 애국심과 민족주의가 국제 분쟁과 전쟁의 원인이라고 매도당하고 있다.

한편 외국 세력들은 미국에서 자기들의 전체주의 이념을 전파하는 데 비옥한 토양을 발견하고 있다. 소련, 일본, 나치스 그리고 파시스트들은 이 나라에서 자기들의 조직을 운용하고 있는데, 최근 보도에 따르면, 사회 전복 활동의 대부분은 이 조직들 때문이라고 한다. 그들의 일부는 자기들의 정부 형태와 같은 새 정부를 수립하기 위해서 미

국 정부를 전복시키겠다는 의도를 선언한 것으로 알려졌다. 이것은
바로 미국 민주주의에 대한 직접적인 도전임에 의심의 여지가 없다.

　미국 정부를 훼손시키려고 획책하는 이러한 "주의(主義: isms)"들
은 구舊세계의 비적匪賊 국가들과 관련되어 있는데, 이들이 나라 안팎
에서 민주주의의 기반 자체를 위협하고 있다. "국민의, 국민에 의한,
국민을 위한(of the people, by the people, and for the people) 정부가 사라
지도록 해서는 안 된다"고 한 아브라함 링컨의 유명한 연설과, "우리
는 민주주의를 위하여 세계를 안전하게 만들려고 싸우고 있다"라고
한 우드로 윌슨(Woodrow Wilson)의 명구名句를 많은 미국인들은 망각
하고 있는 것 같다. 많은 사람들은 이런 것들로 인해 자신들의 조용한
삶이 방해받지 않도록 하려고 한다. 그들은 미국이 세계에서 가장 부
유하고 가장 강력한 나라이므로 아무도 감히 공격해오지 못할 것이라
는 생각에 안주安住하고 있다. 그들은 "샘 아저씨(Uncle Sam) (*미국 정
부를 가리키는 은유隱喩적 표현 — 역자)가 다 알아서 잘 처리할 거야"라
고 말한다. 그들은 "샘 아저씨"도 자기들이 합력合力하여 지원하지 않
으면 속수무책이 되어버린다는 것, 그리고 이 위대한 공화국도 비적匪
賊 국가들의 기계화된 육·해군의 침공을 받으면 결국 중국·불란서
·그리스 짝이 되어버린다는 것을 거의 인식하지 못하고 있다. 선견지
명과 애국심을 겸비한 지도자들이 나서서 전체주의 국가들이 지배하
고 있는 세계 속에서도 미국만은 정치·경제적 독립을 유지할 수 있다
고 아직도 믿고 있는 그런 무사태평한 사람들을 일깨우기에 배전倍前
의 노력을 기울여야 한다.
　미국 정부가 외국 정부와 갈등을 겪고 있을 때, 상당한 영향력을

가진 어떤 인사들은 그 외국 정부를 지지하는 발언을 함으로써 미국 정부의 입장을 약화시키는 것을 종종 볼 수 있다. 그들은 이런 행동을 하면서도 자신의 행위가 비애국적이라는 생각은 하지 못하고 오히려 자신의 행위가 민주적이라고 생각한다. 그들의 개념인즉슨, 민주주의 자들은 전체주의자들처럼 그렇게 편협하게 애국적이어서는 안 된다는 것이다. 그러나 전체주의자들은 자신들의 주장이나 요구를 관철시키 기 위해 개인의 권리 같은 것은 완전히 무시한다. 그들이 볼 때에는, 미국은 국방을 위하여 굳게 뭉쳐진 응집력이 강한 나라가 아니다. 따 라서 군사 정복으로 영토 확장을 도모하는 국가들의 눈에 보이는 미 국 민주주의의 이러한 취약성은 큰 재앙을 초래할 가능성이 있다.

세계의 모든 국가들이 민주화가 된다면 세상은 달라질 것이다. 일 본과 소련·독일·이태리가 미주 대륙(Western hemisphere)만 빼놓고는 거의 다 장악하고 있으므로, 미국의 민주주의는 전체주의 대양大洋 속 에 있는 한 개의 섬과 같다. 이 모든 '주의와 사상(isms)'들은 가능하다 면 이미 친숙해진 평화적 침투 방법으로, 또는 필요하다면 무력 침공 으로, 이 아메리카 대륙 안에 자기 자신들을 수립하기 위해 가능한 모 든 기회를 엿보고 있다. 이 위대한 공화국이 수립된 이후 미국인들의 희망은 "76년 정신(Spirit of '76)"(*독립정신의 대명사. 1776년은 미국이 영국으로부터 독립한 해인 데서 생긴 명칭이다. — 역자)이 전 세계의 억압 받는 민족들 안에서 깨어나는 것이었다. 그들은 자유를 쟁취하려고 투쟁하는 모든 피지배 민족들을 동정해 왔다. 많은 정치가들이 언젠 가는 지구상에서 폭군과 독재자의 쇠사슬이 사라질 것이라는 그들의 열망을 말해 왔다.

이 정신은 미·서전쟁(美西戰爭: Spanish-American War. 1898년)이 끝날 때까지 계속 살아 있었다. 이 전쟁의 결과 미국은 필리핀을 포함한 스페인 영토 대부분을 접수하여 그들을 해방시켰다. 이것은 단순한 제스처(gesture)에 그쳤던 것이 아니다. 왜냐하면 미국 정부는 그 지역의 주민들을 교육시키고 훈련시키는 과업을 통해 그들 또한 자유의 축복을 향유하도록 자유 독립국가로 일으켜세워 주었기 때문이다. 일본 문제가 전체 상황을 변경시키지 않았더라면 필리핀은 이미 오래전에 독립국가가 되었을 것이다. 미국이 수립한 숭고한 전례를 모든 국가들이 계승함으로써 약소국가를 수탈收奪하던 중세기적 관행이 종식되고 모든 민족이 해방의 날을 고대할 수 있게 되는 것이 최대의 희망이었다.

그러나 이러한 이념(idea)은 곧바로 그 힘을 잃어버렸다. 신세계(미국)의 거대한 물질적 자원 개발과 대량 생산된 공산품을 위한 시장개척이 점차적으로 인도주의(humanitarianism)의 자리를 차지하고, "달러외교(dollar diplomacy)"가 애타주의(愛他主義: altruism)를 대체했다. 개인주의적 생활관은 다음과 같은 말 속에, 즉 "그들이 할 일은 그들이 알아서 하라고 해. 그들의 일이 우리와 무슨 상관이야(Let other people take care of themselves; we are not our brother's keeper)"라는 말 속에 잘 표현되어 있다. 이런 편협한 견해가 곧 고립주의 국가정책으로 발전되었고, 그것은 다음과 같이 자주 하는 충고 속에 잘 표현되어 있다. 즉, "네 할 일이나 잘하고 남의 일에 참견 말아(Mind your own business and keep your nose out of other people's affairs)." 그리하여 미국이 국제관계에서 리더(leader)로서의 역할 수행에 실패함으로써 민주주의는 설 땅을 잃어버렸다.

현재 아시아와 유럽의 대혼란과 무정부 상황은 거의 전적으로 현명한 리더십(wise leadership)의 결여 때문이다. 인간사회는 평화와 질서 유지를 위하여 리더십을 필요로 한다. 전체주의 국가조직은 독재자 없이는 불가능하다. 마찬가지로, 민주주의 사회는 강력한 행정수반 없이는 작용할 수가 없다. 국가들의 집단은 가족단위가 확장된 것에 불과하다. 크건 작건, 민주주의 국가이건 전체주의 국가이건 간에, 한 국가의 복리(well-being)를 위해서는 리더십이 필수적인 것과 마찬가지로, 국가들의 연합체에도 리더십은 필수적이다. 인간사회는 물론 국제사회도 전체 회원국들의 전반적 복리 업무를 지휘할 리더십이 없을 때에는 타격을 받을 수밖에 없음은 분명한 일이다.

특히 동양과 서양이 가까워진 이후 세계는 이 리더십을 필요로 해왔으며, 그리고 계속해서 이 리더십을 찾고 있었다. 극동지역과 유럽의 작은 나라들은 미국이 이 리더십을 발휘해 주기를 기대해 왔으나 실망했다. 그들은 미국이 영토에 야심이 없는 유일한 나라라는 것을 알고 있다. 미국의 만인을 위한 자유와 평등, 정의의 사상은 전 인류에게 영감을 주는 원천이었다. 물질적 풍요, 정신력과 천재성의 자유로운 발전, 인류에게 끼친 무한한 영향력으로 미국은 쉽사리 구舊세계에 신질서를 도입할 수도 있었다. 혁명이나 진화 과정을 통해 미국은 약탈적 국가들의 구태의연한 관행에 점차적으로 종지부를 찍고 불원간 인류를 억압의 족쇄로부터 해방시킬 수도 있었을 것이다.

쿠바와 필리핀은 미합중국의 후원으로 새로운 시대를 개막한 찬란한 본보기이다. 극동에서는 중국의 개방정책을 유도한 것, 의화단義和團 사건(the Boxer Rebellion) (*1899~1901에 북경에서 영·일 등 외국 세력을 축출하기 위해 일어난 폭동— 역자)의 배상금을 중국인들을 위한 교육

비로 전용한 것, 기타 일련의 관대한 정책을 통하여 아시아인들에게 미국만이 인류의 향상을 위해 막대한 희생을 치를 수 있음을 증명해 보였다. 미주美洲에서는, 중·남미의 모든 국가들이 자연히 미국을 향해 원조와 지도를 요청했는데, 그 이유는 그들이 먼로 독트린(Monroe Doctrine)의 보호 하에 있었기 때문이다. 그 당시의 그러한 상황에서는 미국은 전쟁의 위험부담 없이 신질서를 도입할 수도 있었다. 미국이 해야 할 필요가 있었던 모든 것은 확실한 정책을 수립하고, "만인을 위한 자유와 정의(liberty and justice for all)"의 민주주의 원칙이 시행되도록 합법적으로 독려함으로써 그 정책을 충실히 이행하는 것이었다. 그 나머지 과업은 전 세계의 자유를 애호하는 국민들이 스스로 해낼 수도 있었을 것이다.

그러나 미국은 무역의 증대에 더 큰 관심을 갖게 되면서 더 많은 국제적 책무 지기를 거부했다. 이념(idea)의 구현보다는 즉각적이고 실속 있는 상업적 이윤이 미국의 주된 관심사가 되었다. 이러한 미국의 장사꾼 식의 사고방식으로는 미국의 리더십이 곧 미국 상품을 위한 세계시장을 의미한다는 관념(idea)을 이해할 수가 없었다. 중·남미의 공화국들은 실망하여 점차 미국에 대한 신뢰를 상실해 갔다. 그때 독일이 기회를 포착하고는 남미 각처의 전략적 요충지에 재정적 발판을 구축해 놓았다. 일부 남미 국가들 내에서의 강한 친독親獨 감정과 반미反美 감정은 주로 독일의 악선전에 기인한 것이다. 그 후 일본도 틈새를 보고는 독일과 보조를 맞추어 조용히 식민지를 개척했다. 이때 와서야 미국은 이 문제들의 해결이 쉽지 않음을 알게 되었다.

영국은 동양으로부터 진심에서 우러난 신뢰를 받아본 적이 없었지만, 그러나 여러 해 동안 많은 나라들 가운데서 지도적 세력으로 추앙을 받아왔다. 그 후 맺어진 영·일 동맹은 아시아인들에게는 세계적 강국으로서의 대영大英 제국의 쇠퇴의 시작으로 간주되었다. 민주주의를 위해서는 불행하게도, 영국은 미국과 더불어 양대兩大 민주국가의 우월성을 공동의 노력으로 유지시키려고 노력하는 대신에, 세계 무역을 더 많이 차지하려고 미국과 서로 경쟁을 벌였다. 수년간 미국인들은 그것을 모르고 지냈으나, 중국인들은 영국인들을 친일·반미하는 사람들로 취급했다.

그때 세계 1차 대전이 발발했다. 연합군측은 그들 자신을 구원하기 위한 최후수단으로서 미국의 참전을 이끌어 내려고 백방으로 노력했다. 우드로 윌슨(Woodrow Wilson) 미국 대통령은 "민주주의를 위하여 세계를 안전하게 만들어야 한다"라는 기치를 내걸고 참전했다. 만약 미국이 독일에 대해 선전포고만 했더라면 모든 교전국에 대해 도의적 영향을 미쳤을 것이다. 그러나 미국인들은 그보다 더 큰 일을 했다. 연합국에 대하여 대량의 재정적 물질적 원조를 해주었고, 미군들은 불란서 전선에서 싸웠다. 종전 후 세계는 영국이나 불란서의 수상 대신에 미국 대통령에게 평화회의에서 리더십을 발휘해 주기를 기대했다. 그러나 미국 내에서의 반대와 유럽 지도자들의 수준 이하의 정치력에 봉착하여 미국은 그만 절호의 기회를 망쳐버렸다.

그리하여 종전 후 대부분의 유럽 국가에서 국민들의 감정은 미국에 대해 비우호적으로 바뀌었다. 미국에 대한 전비戰費 부채 상환에 대한 이견異見과 알력이 있었다. 유럽 국가들은 그들 스스로 불행을 자초하고 있다는 사실을 인식하지 못했다. 의심의 여지없이, 이것이 오늘날 미국 사회에 큰 영향력을 끼쳐서 구舊세계(유럽 대륙을 말함)의 민주주의를 위한 미국의 개입을 반대하도록 한 것이다.

전체주의 국가 국민들이 정치적 훈련이나 또는 병역 의무 때문에 그들 각자의 정부를 위해 기꺼이 전쟁터에 나가 싸우거나 죽을 각오까지 하는 반면에, 민주주의 국가의 국민들은 일반적으로 그들 전체가 위험한 상황에 처해지기 전에는 서로 상대방의 복지와 안전에 대해서는 무관심한 태도를 견지한다.

일본이 중국에서 "21개 조항의 요구"(*1915년 1차대전 중 일본이 영·일 동맹을 맺고 독일이 중국에서 누리던 이권 등 21개 항목의 특혜를 요구하여 차지했다. — 역자)로 그 절정을 보인 외교 공세를 펼치고 있는 동안, 손일선(孫逸仙: 孫文의 字) 박사는 극동에서 민주주의 원칙을 수립하기 위한 중국의 투쟁을 미국이 도의적으로 지원해 달라고 개인 자격으로 호소했다. 대체로 말하자면, 미국인들은 중화민국을 동정하고 있었지만 일본인들의 악선전의 영향이 압도적으로 강력하여, 손문의 요청에 대한 반응으로 미국이 해준 일은 아무것도 없었다. 중국은 물에 빠진 사람이 지푸라기라도 잡듯이 소련이 내민 구원의 손길을 잡았다. 이것이 중국에서의 공산주의 운동이 시작되는 계기가 되었다. 이 일 때문에 손문은 끊임없이 비판을 받았고, 일인들은 그 일을 선전용 카드로 활용했다.

만약 그가 좀 더 오래 살았더라면, 그는 자기를 따르는 모든 사람들에게 맑스주의(Marxian principle)와의 결별을 분명하게 선언했을 것이다. 그가 "삼민주의(Three Principles)"를 제창하던 중에 모리스 윌리암(Maurice William) 박사가 쓴 『역사의 사회적 해석(The Social Interpretation of History)』이란 책을 입수했다. 이 책은 그에게 심대한 영향을 끼쳐서 그는 공산주의 지지를 철회하였다. 칼 크로우(Carl Crow)는 〈미국의 활력(*Dynamic America*)〉이란 잡지에 기고한 글에서 "미국은 중국에 대해 특이한 관계를 맺고 있는데, 어떤 좋은 운명이 손일선(손문)과 모리스 윌리암이란 두 사람을 통하여 중국과 미국 국민들을 서로 연결시켜 주었다. 미국식 민주주의를 위하여 소련식 공산주의를 포기함으로써 중국은 지금 미국식 정부 형태를 방어하기 위하여 피를 흘리고 있다. …"라고 말했다. 이 사실은 중국의 일반 대중에게는 충분히 알려지지 않았고, 아직도 많은 사람들이 경제적 자구책으로 소련식 체제를 생각하고 있기 때문에, 이것이 일본인들에게 선전 책동의 구실을 제공하고 있다. 동경의 외무성 대변인은, 만약 수백만 명의 중국인들이 빨갱이(Red)가 된다면 이것은 미국에 큰 위협이 될 것이므로, 일본은 미국을 방어하기 위하여 투쟁하고 있다고 공언했다. 이 말은 미국에서 일본인들이 노렸던 선전효과를 거두었다.

1차대전이 종식된 후 독일과 일본, 이태리 3국은 이 다음의 전쟁 준비에 몰두하게 되었다. 불란서는 마지노선(Maginot Line) (*1차대전 후 불란서가 불·독 국경선에 구축한 방위요새. — 역자)이 난공불락難攻不落임을 과신하고는, 영국은 자기들 함대의 우세優勢에 안심하고는, 다른 나라들이 무엇을 하고 있는지 크게 관심을 기울이지 않았다. 그들은 국토방위를 위해 국민들을 동원·조직·무장할 생각을 하는 대신에 하찮은 논쟁과 의회에서 머리 빠개지는 토론만 하면서 허송세월 했다. 그들의 적국이 전면전을 개시할 준비가 다 되었는데도, 그들은 당면한 문제를 파악하기에는 너무나 무식하여, 오직 충돌을 피하려고 온갖 종류의 유화정책에 매달렸다. 독일의 가공스러운 '전차(steam roller)'(*저자의 원래 표현 'steam roller'는 땅을 눌러서 고르는 증기 롤러를 가리키지만, 여기서는 전차와 같은 뜻으로 사용되고 있다. — 역자)가 굴러가기 시작하자 유럽의 국가들은 하나 둘씩 사라져갔고 불란서의 반 이상이 적에게 점령당해 버렸다. 불란서군의 총사령관 페텡(Petain) 원수는 라디오 연설에서 "싸울 병사도, 동맹군도, 무기도 다 떨어져서 더 이상 저항할 수가 없다"고 말했다.

왜 병사들이 없단 말인가? 그 수많은 불란서 군인들은 다 어디 갔단 말인가? 그들은 다 거기에 있었으나 다만 그들은 개인주의자들이었다. 그들도 다 우리와 같은 인간이다. 누구나 자유를 향유하고 싶어하지만, 자유를 지키기 위해 목숨을 걸고 싸우려고 하는 사람은 거의 없었다(Everyone likes to enjoy liberty, but few are willing to fight for it with their lives).

왜 동맹군이 없는가? 히틀러주의(Hitlerism)에 대항하여 싸우겠다던 유럽의 나라들은 다 어디로 갔단 말인가? 그들 역시 거기에 있었지만 그들도 마찬가지로 개인주의자들이었다. 그들은 명예야 있건 없건 평화를 원했지 전쟁을 원하지는 않았다. 평화 시에는 그들은 모두 동맹국이었다. 집들을 차례차례 태워버리는 대화재처럼, 독일군의 전차부대가 중앙 유럽에서 시작하여 북쪽으로 방향을 돌린 다음 해안선을 따라서 서쪽으로 휩쓸고 갔다. 그리고는 불란서의 심장부를 통과하여 남쪽으로 질풍노도疾風怒濤처럼 굴러가면서 진격로에 위치한 국가들을 차례차례 파괴해 버렸다. 이처럼 기습공격을 당한 국가들은 각자의 힘으로 방어하지 않으면 안 되었다. 다른 국가들은 손을 떼고 물러나 있는 것이 자신들을 구출하는 길이라고 생각했기 때문이다.

이것은 왜 연합국들이 나치스가 집어삼키기 쉬운 먹이였는지를 설명해 주고 있다. 불란서가 공격당할 차례가 되자, 그들은 자기들을 위해 싸워줄 동맹국이 없음을 발견한 것이다. 그렇다, 참으로 냉혹한 세상이다. 1910년에 한국인들은 그것을 다 경험했다. 참으로 고통스러운 일이었다. 한국을 도와주겠다고 약속했던 열강 세력들은 다 어디로 갔단 말인가? 그들은 모두 구경꾼으로서 그 자리에 있었지만, 그들은 동정심을 표하기는커녕 등을 돌리고 "비겁하고 퇴화된 조선인"이라고 조롱했다. 그렇다. 한국인들에겐 참으로 참기 어려운 고통이었다. 미국과 유럽의 대국들인 조약국들은 한국을 세계평화의 제단祭壇에 희생의 제물로 바쳐진 최후의 희생물이라고 생각했다. 그러나 불행하게도 사정은 그렇게 되는 것으로만 끝나지는 않았다.

일본이 태평양 지역에서 제국을 확장할 모든 가능한 기회를 노리고 있는 동안, 그리고 독일과 이태리가 대서양쪽에서 미국을 향하여 그들의 정복 전선을 밀어붙여 오고 있는 동안, 미국의 어떤 지도급 인사들은 아직도 영국을 적극적으로 도와주는 것에 반대했다. 그들은 적극적으로 원조해 주어야 한다는 여론이 압도적임에도 불구하고 순전히 소극적인 방어 계획 이상의 지원을 거부했다. 이러한 방어준비조차 순 방어목적일 뿐이라는 것을 세계에 알려야 한다고 주장하는 그들의 입장은 요지부동이었다. 다시 말해서, 미국인들은 적이 자기들의 문턱까지 쳐들어와서 전쟁을 걸 때까지 아무것도 하지 말아야 한다는 것이었다.

민주주의 국가들은 너무 늦어서 소용이 없어질 때까지 방어 자세로만 있어야 한다는 사고방식은 참으로 이상하게 보인다. 북유럽의 나라들에서와 마찬가지로 벨기에, 불란서 등지에서 연합국과 나치스가 전투를 벌이고 있을 때, 연합국은 적의 공격을 막아낼 수 있을 정도로 무장되어 있지 않다는 것을 발견했다. 마지노선(Maginot Line)도 방어용이지 공격 목적으로 요새화한 것이 아니므로 속수무책이라고 보도되었다. 만약 잠재적인 적국이 미국 영토에 상륙하여 선전포고를 할 때까지는 미국은 자기들을 공격하지 않을 것임을 안다면, 그들은 미국이 태평양과 대서양의 절반을 덮을 수 있을 정도의 군함과 하늘을 새까맣게 덮을 수 있는 폭격기를 갖고 있다고 하더라도 미국을 겁내지 않을 것이다. 최고 성능의 대포를 갖고 있다고 하더라도, 미국은 그것을 사용할 의사도 없고 사용할 수도 없다는 것을 적이 알고 있는 한, 그런 것들은 아무 소용이 없다.

영국과 자유 불란서 및 그 외의 자유애호 국가들의 협조를 얻어 미국은 제국주의적 대大 군주나 독재자의 방식으로가 아니라 큰형님으로서 지도력을 발휘하고, 만민을 위한 국제적 정의와 평등에 입각하여 모든 국가들 간의 평화와 친선을 도모하는 데 그 영향력을 행사해야 한다. 근래에 미국이 집단안전보장이란 공동의 목적을 위해 21개 중·남미 국가들을 결합시키려고 기울였던 노력은 소기의 효과를 거두었다. 아메리카 대륙에서 거둔 이러한 성공에 비추어 볼 때, 적시適時의 노력으로 세계의 모든 민주주의 국가들 간의 상호협력을 확보함으로써 전체주의 국가들의 계략을 저지시킬 수 있음이 분명하다.

그러나 민주주의 국가들은 그 리더십의 확보에 실패했고, 그리고 독일과 이태리·일본은 이미 세계를 3대 세력권으로 분리할 것을 요구하고 있다. 즉, 유럽은 추축국인 양국(독일과 이태리)의 지배하에 두고, 아시아는 태평양을 포함하여 캘리포니아 해안까지 일본의 지배하에 두고, 그리고 미국은 먼로 독트린(Monroe Doctrine)의 원칙에 의거하여 북·남미 두 대륙을 지배하는 것으로 만족하라는 것이다. 우리가 그것에 동의하건 말건 간에, 그들은 전 세계를 궁극적으로 정복하기 위한 첫 단계로서 이 계획을 실행하겠다는 확고한 의지를 가지고 있다.

언뜻 보면 이것은 공평하고 그럴듯한 말처럼 들릴 수도 있다. 만약 전체주의 국가들이 미주美洲 국가들을 그냥 내버려 두기로 하는 데 동의한다면, 왜 그들은 자신들의 세력권 내에서 마음대로 할 수 없단 말인가? 그러나 이 문제를 좀 더 깊이 연구해 보면, 이것은 그렇게 간단한 문제가 아니라는 것이 드러난다. 이것은 미국의 일반대중을 함정에 빠뜨릴 또 다른 선전술에 불과하다.

다음은 이러한 제안이 배격되어야만 하는 세 가지 이유이다:

(1). 사실상 그것은 먼로 독트린에 종지부를 찍는 일의 시작이 될 것이다. 전체주의 국가들은 그들이 그것을 폐기시킬 준비를 완료할 때까지만 그 약속을 준수할 것이다. 그들이 지금 하고 있는 약속은 과거의 서약들이 그랬던 것처럼 반드시 지켜져야 할 어떤 신성한 가치가 있는 것이 전혀 아니다. 미국이 체결한 통상조약과 개방정책을 위반해 가면서 미국 상품에 대한 유럽과 아시아 시장을 차단하겠다는 그들의 요구를 미국이 인정하기를 거부하기 때문에, 그들도 먼로 독트린에 대한 인정을 지금 철회하겠다는 것이 논리적으로 성립될 수 있는가? 마치 미주美洲 국가들의 안전은 그들이 말하기에 달려 있는 것처럼, 세계의 나머지 국가들에 대한 그들의 독점권을 인정받는 대가로 이미 미국의 소유가 되어 있는 것을 제공하겠다는 것이 말이 되는가?

(2). 그것은 민주주의를 위해서는 치명적인 타격이 될 것이며 인류애에 대해서는 심각한 부정의不正義가 될 것이다. 유럽과 아시아를 독

재자들의 지배하에 넘겨주는 것은 모든 자유애호 국민들을 노예의 굴레 밑에 놓아두는 것을 의미한다. 나치스정권 하에서는 유혈참극이 끝일 날이 없다. 그들이 제안하는 동양에서의 일본의 패권은 전 세계 인구의 반에 해당하는 사람들에게는 비극이 아닐 수 없다. 일본은 한국과 만주와 중국의 피점령 지역을 무력으로 다스리고 있다. 일본이 즐겨 외치는 "동아시아의 신질서(the New Order in East Asia)"란 것은 공포와 테러에 의한 통치에 불과하다. 한국에서의 그들의 30년간의 통치는 거대한 민족말살 정책의 기록이다. 그들은 그 목적을 달성하기 위하여 비무장에다 굴종만 하고 있는 2천 3백만의 한국인들을 경제적으로 수탈하고 심지어는 대량 아사餓死 상황으로 몰아 가기까지 했다. 일본인들은 자기들이 무력으로 굴복시킨 적의 마음을 자비나 관대함을 베푸는 방식으로는 결코 살 수 없다는 것을 잘 알고 있었기 때문에, 그들은 다른 수단들, 즉 잔인무도한 무력에 의존해야만 했다. 아시아 본토에서 일본군이 철수하는 그 순간 한국인들과 만주인들, 그리고 중국인들은 그곳에 남아 있는 일인들을 완전히 소탕하고 말 것이다. 저들이 외치는 "아시아인을 위한 아시아(Asia for the Asiatics)"라는 말은 단지 "일본인을 위한 아시아(Asia for the Japanese)"를 의미할 따름이다. 일본으로 하여금 아시아 전 대륙에 걸쳐서 중세기적 야만행위를 자행하도록 내버려두는 것은 가장 큰 국제적 범죄행위가 될 것이다.

(3). 만약 미국이, 자기들은 미주美洲 대륙을 절대 침범하지 않겠다는 비적匪賊 국가들의 약속을 믿고서 나머지 세계를 비적匪賊 국가들끼리 나누어 먹도록 내버려둔다면, 그것은 미국으로서는 큰 실책을

범하는 것이 된다. 공포에 질려서 맹목盲目이 된 사람이 아니고선 누가 저들의 말을 믿겠는가? 약속을 통해서 그들이 원하는 것을 얻을 수 있는 한, 즉 도둑질한 물건의 합법적 소유자가 될 수 있는 한, 일인들은 무슨 약속이든지 할 것이다. 일본과 독일이 지금 탈취하고 있는 물적 인적 자원을 다 합치면 불원간 미국보다 훨씬 더 막강해질 것인데, 그때 가서 그들은 호언豪言할 것이다: "먼로 독트린 또한 사문서死文書"라고.

저들을 다루는 최선의 방법은 저들과는 약속도 하지 말고 저들로부터 약속을 받지도 않는 것이다. 만약 미국이 저들이 이웃 국가들로부터 무력으로 탈취한 것을 모조리 토해낼 때까지 경제적 제재, 금수 조치, 전국적 불매운동 등을 실시할 수 없다면, 미국은 저들을 적어도 공적公敵으로 낙인찍힌 자들을 다루는 것과 같은 방식으로 다루어야 할 것이다. 미국으로 하여금 행동을 취하도록 하자. ── 그것도 지금 바로 행동을 취하도록!

결　론

　　결론적으로, 나는 독자들에게 극동 지역의 전망에 대해 희망과 격려를 줄 수 있기를 바란다. 그러나 솔직히 말하면, 나는 미국과 일본이 충돌을 피하거나 또는 충돌을 장기간 연기하는 것은 불가능하다고 본다. 내가 보여주려고 기도한 바와 같이, 일본은 아시아에 대한 패권을 수립하고 종국적으로 세계를 제패하려는 계획을 추진해 왔다. 이 목적을 위해 일본은 전 국민을 요람에서 무덤까지 호령하고 있다. 일본은 국민들에게 군국주의 정신을 함양涵養시키고, 일본 민족은 창조주로부터 특별한 사명을 부여받았으며, 신의 자손인 천황에게 끊임없이 충성을 바치면 그 보상으로 그들 역시 신들과 같이 앉아 있게 된다는 신념을 갖도록 교육시켰다.

　　그러므로 그들의 관점에서는, 일본인들이 하늘로부터 교시받은 계획, 즉 세계 제패라는 꿈이 간섭받는 것을 보고서는 도저히 가만히 참고 있을 수가 없다. 그 의도가 아무리 순수하다고 할지라도, 어떤 형태의 반대이건 그 반대 의견은 의심을 살 것이고, 일본의 진로를 방해하는 국가는 파멸되어야만 한다. 일본에 도전하는 자는 하늘을 모욕하는 자이다. 그리고 특히 그들의 쇄국의 단단한 껍질을 깨고 근대문명을 소개해 준 바로 그 나라(미국)에 대해 지금 적대감을 보이고 있는 것 자체가 역사의 큰 아이러니가 아닐 수 없다.

1854년 페리(Matthew C. Perry) 제독은 일본과 조약을 체결했는데, 그 조약은 외국과의 통상과 외국인의 거주居住에 대한 문호를 개방하는 첫걸음을 가져온 조약이 되었다. 당시에는 전혀 모르고 한 일이었지만, 그는 일본인들이 훗날 미국 국민들과 정면충돌하게 되는 길로 가도록 도와주었던 것이다.

한국을 무자비하게 전복시킨 것은 일본이 아시아 본토를 침공하고 정복하는 첫 단계로서, 일본은 그것을 완곡하게 "평화로운 침투" 정책이라고 부른다. 그것을 저지하기 위해서는 무엇을 해야 할지를 결심하려고 국제연맹이 노력하고 있는 동안, 일본은 만주를 삼켜서 괴뢰정권을 세우고 "만주국滿洲國"이란 호칭을 달아놓고는 지금 스스로 만족해하고 있다. 미국 정부는 일본의 만주 정복을 전혀 인정한 적이 없다.

일본의 "평화로운 침투" 정책의 후속後續 과정을 여기에서 다 기술하기에는 지면이 부족하다. 이제 세계는 일본군의 중국에 대한 선전포고 없는 전쟁과 중국의 무방비 도시와 방어력이 없는 시민들에게 자행한 무자비하고 야만적인 행위를 속속들이 알고 있다. 그리고 또 세계는 인도차이나와 태국에 대한 일본의 개입, 추축국과의 협정, 소련과의 협약, 화란령 동인도제도에 대한 끈질긴 위협 작전, 영국·미국 시민들에 대한 계획적인 학대 등에 대해서도 너무나 잘 알고 있다. 이들은 모두 일본인들이 설계한 작품이며, 이제는 너무나 명료히 밝혀져서 의심의 여지가 없다.

자, 이제 일본의 직접적이고 대담한 도전을 살펴보자. 그 도전은 미국인들을 경악케 하여 일본의 위험을 깨닫도록 하였다. 일본인들이 하는 말에 대한 신뢰가 이제는 공개적인 불신으로 변했다. 우리는 이제 일본은 정의나 정도正道에 대한 고려로 자신들의 행동을 바꿀 리가 만무하며, 지금까지 잘 써 먹어온 '폭력의 논리' 외에는 그 어떤 논리도 통하지 않는다는 것을 알고 있다. 마츠오카 요스케(松岡洋右)야말로 그럴듯한 마키아벨리(Machiavelli)이다.

불과 얼마 전만 해도, 소위 소련과의 '마츠오카 협약協約'의 조인은 '동경 - 모스크바 - 베를린 - 로마'의 추축국들을 단단히 결속시키는 새로운 끈이라는 칭송을 받았었다. 그러나 사실 어느 나라 정부도 협약의 불이행이 자신들의 목적에 더 유리하다는 확신이 들더라도 자신들이 서명한 것을 존중하겠다는 생각은 애초부터 없었다. 협약 참가국이 이 협약으로 이루려고 한 것은 상대방을 당분간 중립적인 입장에 묶어 놓으려는 것이었다. 이것은 협약문에 규정되어 있는 조항에도 불구하고 처음부터 뻔한 일이었다. 그래서 소련은 중국에 평소와 다름없이 군수물자 공급을 계속했고, 일본측도 시베리아 국경 지대에 병력을 계속 주둔시켰다. 그러므로 협약의 실용적 가치는 선전에 이용된 것 외에는 전혀 없다. 이리하여 북으로부터 소련의 침략 위험을 제거해 보려던 일본의 외교적 시도는 실패했음이 증명되었다.

한편, 중국과 남태평양 지역에 대한 일본의 침략을 바라보는 미국의 태도 역시 일본을 불안한 상태에 놓이게 했다. 현지에 있는 미국의 시민과 그들의 이익을 보호하기 위해 하와이와 필리핀에 진주해 있는 미국 함대는 일본 군벌의 과격분자들의 활동을 저지하는 영향을 미쳤다. 그 결과 온건파의 견해가 우세하게 되었고, 그들은 어디에선가 곧

예기치 않은 일이 터질 것으로 믿으면서 관망하며 기다리는 정책을 취하기로 결정했다. 이것은 바타비아(Batavia)에서 개최된 경제협상에서 화란령 동인도제도 당국이 일본의 요구, 즉 "화란령 동인도제도의 경제적 과실果實의 분배에 제3국(즉, 미국과 영국)과 함께 참여할 권리"에 대한 요구를 거절하자, 일본측 대표인 요시자와 켄이찌(吉澤健一)가 아무 말 없이 조용히 물러난 이유를 설명해주고 있다. 이전에 동경의 언론들이 화란을 협박했던 "극단적 조치" 또는 "징벌적 조치" 등의 말은 그때까지 전혀 나오지 않았다.

그러나 일인들이 완전히 만족할 일이 벌어졌다. 마른하늘에 벼락 치듯이(like a bolt from the blue: 청천벽력) 1941년 6월 22일 히틀러가 대對 소련 선전포고를 했는데, 이는 일본인들에겐 황금 같은 기회였다. 나치스의 기계화 부대와 전차부대(panzer)가 자신들을 위해 싸우기 위해 강제 동원된 핀란드·루마니아군들과 함께 소련의 서부로 밀고 들어갔다. 나는 이 싸움에서 어느 편이 최후의 승리를 거둘 것인지를 예언하고 싶지는 않다. 그러나 한 가지만은 확실하다: 일본은 이 혼란한 틈을 타서 크게 한몫 챙기려고 할 것이다. 독·소 전쟁이 발발한 후 채 24시간도 지나기 전에 바타비아에서는 경제회의가 종결된 후 막 철수하려던 일본 교섭단이 급선회하여 협상 재개를 요구하고, 화란령 동인도제도 당국은 조용히 그들에게 "비공식적으로" 상당한 양의 물자를 공급하겠다고 통보했다. 만약 어느 누구라도 이것이 일본의 마지막 요구라고 생각한다면, 그는 곧바로 환멸을 느끼게 될 것이다.

그것은 일본이 영토 확장에서 또 다시 크게 도약할 수 있는 천부의 기회였다. 소련이 나치 침략군과 생사를 걸고 싸우고 있을 때, 일본은 정복 행진을 두 개 방향 중 어느 쪽으로든 개시할 것이다. 시베리아 국경에서 군대를 철수하여 병력을 통합한 후 남태평양 지역으로 진격하거나, 아니면 시베리아로 쳐들어가서 우랄산맥 이동以東의 광대한 영토를 점령할 수도 있을 것이다. 이 두 가지 전략을 비교해 보면, 남방 진격이 훨씬 더 구미가 당길 것인데, 그 이유는 영·불·화란의 식민지들은 일본이 절실히 필요로 하고 있는 전략적 물자들을 더 많이 생산하고 있기 때문이다.

그러나 이 방향은 미국과 전쟁을 치러야 할 위험부담이 있다. 북방 정벌은 비교적 쉬울 것이고, 외몽고·하얼빈·블라디보스톡·캄챠카를 포함한 아시아 쪽의 소련 영토 전부와 사할린 열도의 북쪽 반을 거의 단 일격으로 미카도 제국에 추가할 수 있을 것이다. 그리하여 북방에 새로 소유하게 될 영토로는 일본 군국주의자들이 전략적 이유로 눈독을 들여온 베링 해(Bering Sea)의 서쪽 해안 전부가 포함될 것이다. 일인들은 미국과 전쟁을 하게 될 경우 알래스카(Alaska)로부터의 미군의 공습을 방어하기 위한 대규모 공군기지를 그곳에 건설하려고 하고 있다.

이 두 가지 코스 중 어느 쪽을 먼저 택할 것이냐는, 첫째로는 독·소 전쟁의 전개상황에 달려 있고, 둘째로는 미국이 일본의 팽창을 어디까지 허용할 것인가에 달려 있다. 현재로서는 일본이 시베리아 쪽으로 먼저 진격할 확률이 큰데, 그 이유는 그곳에서는 최소한의 저항만 받을 것이기 때문이다. 그러나 어느 쪽을 택하건 간에, 일본은 미국에 더욱 가까이 감으로써 전쟁의 위험을 증가시키고 있다.

한국의 경우를 예시例示하면서, 한국은 패권국가가 되고자 하는 일본의 탐욕의 첫 번째 희생자임을 보여주는 것이 나의 과제였다. 한국의 운명은 세계의 자유민들의 운명과 분리될 수 없으며, 또한 한때는 자유를 알았으나 당분간 그 자유를 상실하고 있는 많은 사람들의 운명과도 분리될 수 없다. 마침내, 우리가 감히 기대했던 것보다 더 빨리, 세계의 민주주의 세력들은 일본을 그들의 섬나라로 처밀어넣게 될 것이고, 그리고 평화가 태평양 지역을 지배하게 될 것이다.

그날이 오면 한국은 다시 자유국가들의 대열에 참여하게 될 것이고, 다시금 "조용한 아침의 나라"로 알려지게 될 것이다. (In that day Korea will rejoin the ranks of the free and again become known as the Land of the Morning Calm.)

— *The End* —

역 자 후 기

1941년 대한민국 초대 대통령 이승만 박사가 미국에서 영어로 〈JAPAN INSIDE OUT〉을 저술했다. 비봉출판사의 박기봉 사장이 이 책을 재번역 출간하겠다고 하였다. 2014년 초 〈이승만의 대미투쟁〉이란 책을 발간한 직후였다. 그때 나는 박 사장의 진의를 의아해했다. 이 책의 번역판이 한국에서 이미 세 종류나 나왔었기 때문이다. (*朴마리아 번역, 〈일본내막기〉(1954년), 이종익 번역 〈日本軍國主義實像〉(1987년), 대한언론인회 번역, 〈일본, 그 가면의 실체〉(2007년)).

그러나 박 사장의 생각은, 이처럼 역사적으로 중요한 책은 일반 독자는 물론 이승만 연구가와 역사학도, 이승만 기념사업회와 이승만을 재인식하고 재평가하여 재조명하려는 모든 이들을 위하여 오역誤譯 없는 제대로 된 번역서를 내야 한다는 것이었다. 나는 기존에 나와 있는 번역서들을 검토해 보고 나서야 박 사장의 의도에 공감하게 되었다.

역자는 미국 생활 47년 동안 영어로 소설 〈The Liberation Symphony〉도 출간하여 호평을 받은 적이 있다. 그러나 무엇보다도 대한민국의 조지 워싱턴이라 할 수 있는 이승만 박사가 쓰신 명저名著의 번역 위촉을 받고 흥분을 감추지 못했던 것이 나의 솔직한 고백이다. 내 일생에 이보다 더 큰 영광이 없다. 너무도 감사했다. 그리고 큰 보람을 느꼈다.

이 책의 역사적 중요성에 대해서는 이미 많은 분들의 글이 있다. 역자는 프랭클린 루즈벨트 대통령의 오른팔 정책자문역으로 연설문 초안자였던 해리 홉킨스(Harry Hopkins)를 통해 〈JAPAN INSIDE OUT〉이란 책이 어떻게 한국의 독립에 직·간접으로 영향을 끼쳤는지 그 점을 소개하려고 한다.

미국에 일본 침략의 경종을 울린 이 박사의 이 책도 처음에는 별로 세인의 주의를 끌지 못했다. 책이 출간된 후 약 반년 후 미국이 일본으로부터 하와이 기습침공을 당하고 나서야 "금세기의 예언자"라는 극찬과 함께 베스트셀러가 되었다.

일본의 패망을 기정사실화 하여 카이로에서 삼거두三巨頭 회담이 열렸을 때이다. 카이로 선언의 공동성명서 발표를 앞두고 홉킨스를 난처하게 만드는 문제가 발생했다. 처칠 영국수상은 미국 대통령의 관점에 동의할 전망이 보였다. 그러나 장개석은 부인 송미령의 유창한 영어를 무기로 루즈벨트 설득 작전을 폈다. 즉, 전승 대국으로서 중국은(*미국만이 그 당시 중국의 위상을 높혀 주었다. — 역자) 한반도의 독립과 그 후의 통치에 깊이 관여할 권리가 있다고 주장하고 나왔다. 중국은 2천년 이상 한반도에 대해 종주권(suzerainty)을 행사해 왔다는 것이 그 주장의 바탕 논리였다.

홉킨스는 루즈벨트가 흔들릴 수도 있다는 위험 신호를 감지했다. 한국 독립을 위한 역사의 아찔한 순간이었다. 그는 재빨리 공식일정에도 없는 사적 디너파티(dinner party)에 장개석 부부를 초대했다. 장소는 카이로 교외의 별장 루즈벨트의 숙소. 사적 회의에 들어가기 전에 루즈벨트 대통령의 한국 독립에 관한 주관을 확인해야만 했다. 그 때 홉킨스의 뇌리를 스친 것은 한국의 독립운동가 리승만 박사(Dr.

Syngman Rhee)가 쓴 베스트셀러 〈JAPAN INSIDE OUT〉이었다. 당시 미국의 최고 지도자급 인사들은 거의 다 이 책을 읽었다는 설을 부정할 사람은 없다. 미국이 태평양 전쟁에서 일본과 사투를 벌일 때였는데, 이 책이 일본이 미국을 공격해 올 것이라고 6개월 전에 예언하였기 때문이다.

이 책과 이 책의 내용을 루즈벨트 대통령에게 상기시켜 준 결과, 홉킨스는 카이로 선언 부칙에 원안에도 없었던 'Korea'란 국명만을 명시하여 '…적법한 절차를 밟아서(…in due course) 한국을 독립시킨다'는 구절을 삽입시키는 데 성공했다. 물론 아시아의 수십 개의 식민지들도 다 독립시킨다고 하였지만 그 국명을 명시한 것은 한국뿐이다.

한반도 역사의 수레바퀴는 어제나 오늘이나 숨막히게 돌아가고 있다. 반세기에 걸친 열강 세력의 각축, 특히 일본의 야만적 한국 강탈을 이 박사는 이 책에서 적나라하게 파헤쳤다. 이 책을 번역하면서 그 역사의 현장으로 인도되어 가서 감정이 격해져 울기도 여러 번 했다.

이 박사는 이 책 전반에 걸쳐서 일본에 의한 한국 주권침탈의 억울함과 부당성을 조목조목 고발했다. 당시 서구 열강세력은, 특히 미국은, 조약에 명시된 '중재의무'를 저버리고 일본의 한국 침탈을 인정했다. 당시 미국이 한국을 배신하지 않았더라면, 한·미 수호조약을 지켰더라면, 치욕의 한일합방을 피해갈 수 있었을 것이다. 이러한 논조로 미국의 실책을 통렬히 비판한 것이다.

〈일본의 가면을 벗긴다〉(JAPAN INSIDE OUT)에서 구사되고 있는 이 박사의 영어 문장력은 타의 추종을 불허할 정도로 탁월하다.

그는 조국의 자주독립을 주창하는 글을 무려 1,200편이나 미국 언론에 기고했다. 그러나 자금과 조직에서 일인들의 로비와 선전책동은 그를 압도했다. 그의 절규는 광야의 외침으로 끝나 버리는 경우가 너무나 많았다. 그는 좌절과 실망을 딛고 일어섰다. 그는 지칠 줄 모르고 미국 정치 지도자들을 설득하려고 했다. 그러나 기다려야만 했다. 그의 끈질긴 노력의 결정판인 〈JAPAN INSIDE OUT〉이 미국인들의 주목을 끈 베스트셀러가 될 때까지 말이다.

이 책의 제1장을 보면, 일인들의 천황신권天皇神權과 신민신격臣民神格 설을 전 세계는 비웃으면서 무시했다. 반면에 이 박사는 6천만 일인들이 이 황당무계한 미신적 신도교神道敎에 일사분란하게 세뇌되어 있음을 간파했다. 일본을 광신도의 집단으로 분석한 것이다. 이 집단에 극단적 국수주의 군사모험주의가 결합되어 세계평화를 위협하고 있는 위험성을 역설했다.

그 후의 세계 역사는 그가 예언한 대로 전개되었다. 이 책이 출판되고 70년이 더 지난 오늘도 그의 예언은 그대로 적중하고 있지 않은가. 현 일본수상 아베 신조(安培晉三)는 전 수상 기시노부스케(岸信介)의 외손자이다. 기시(岸)가 누구인가? 그는 A급 전범용의자로 신新군국주의 정치관을 죽을 때까지 버리지 못했다. 결국 그도 이 박사가 이 책에서 일본을 냉소적으로 칭한 '미카도 제국' 신민망령臣民亡靈의 포로로 전락했다. 과거의 범죄를 반성하지 못하는 아베(安培)도 그 외할 아버지의 신 군국주의 손바닥 안에 노는 불쌍한 정치인일 뿐이다.

　　일본이 무조건 항복한 후 맥아더 장군 옆에 서 있는 왜소한 히로히토(裕仁)의 초라한 모습에서 세계는 한때 겸허해진 일본을 보았다면서 일본에 희망을 걸었다. 평화헌법 제정은 당연한 결과였다. 그러나 지금은 전 세계가 실망하고 있다. 지금이 어느 때인가. 이 개명한 21세기에 그들은 아직도 군국주의 망령에 사로잡혀 있다. 바로 이 박사가 70년 전에 이 책의 제1장에서 "…양의 탈을 벗어던지고 늑대의 이빨을 드러내고 있다."라고 폭로한 것이 그대로 재현되고 있다

　　일본의 지도급 정치인이 이따금 한국을 "문명하지 못한 나라"로 매도하고 있다. 이 책의 결론에서 이 박사가 지적한 요점을 보자. 페리(Perry) 제독이 쇄국 일본을 개항시켰다. 그 이후 그들을 근대국가로 발전시키기 위하여 미국과 영국은 헤아릴 수 없이 많은 정신적 물질적 기술적 도움을 주었다. 중국과 한국은 일본의 정신적 문화적 스승이었다. 은혜를 입은 나라에 총부리를 겨누는 짓이, 은혜를 원수로 갚는 짓이, 문명인이 할 짓인가? 남경에서 중국 양민 30만명을 학살한 저들이 남의 나라에 대해 '문명' 운운할 자격이 있는가? 아무리 경제 대국이라 할지라도 군국 극우로 치닫는 저들의 근성은 '야만성'을 탈피하지 못한다. 상대국의 허점虛點만 보이면 무자비하게 쳐들어가는 마키아벨리주의자들이다.

　　과연 대한민국 초대 대통령 이승만 박사는 어떤 분이신가. 그는 한국 근대사에 하늘이 내리신 영걸英傑이시다. 당시에 '기네스북'이 있었다면 극동지역에서 십여 개 이상의 기록 보유자로 기록되었을 것이다. 동양에서 최초, 최연소의 프린스턴대학 박사, 최초로 감옥에서 영

어사전 편찬, 최초로 감옥에서 기독교를 전도(학대하던 간수장이 전도를 받아 이승만이 밀사가 되어 미국 갈 때 여비를 보태주었다), 한성감옥에서 전도 받은 동지들이 그 후 목사가 되었고, 독립선언문의 33인 중에서 반이 넘는 기독교 목사들이 그때 이승만으로부터 전도 받은 사람들이다. 당시 민족 최고의 지도자 이상재 선생을 기독교로 개종시킨 사람도 이승만이었다. 최초의 언론인, 최초로 영어로 연설, 최초로 하와이에서 남녀공학 학교 설립, 최초로 해외 한국인교회 설립 등등… 상해 대한민국임시정부 초대집정관 대통령으로 추대되기에 족한 인물이었다.

왜 하늘이 내리신 분이라고 하는가? 당시 콜레라가 창궐하여 수천 명이 목숨을 잃었다. 환경이 열악하기로 유명했던 한성감옥에서도 하루 7~8명씩 죽어나갔다. 이 박사는 고열로 신음하는 동료 죄수들을 품에 안고 열심히 기도했다. 콜레라가 그를 피해갔다. 그는 이에 대해 이 책의 제 6장에서 "인간으로서는 도저히 극복할 수 없는 난관에서 나를 간섭하고 구원해주신 보이지 않는 손길이 있었음은 의심할 여지가 없다"라고 술회하고 있다. 본서가 역자의 심금을 울린 대목들을 어찌 다 나열할 수 있으랴!

이 지구상에서 '건국학建國學'을 가르치지 않는 나라는 우리나라밖에 없다. 참으로 통탄할 일이다.

끝으로, 〈이승만의 대미투쟁〉(비봉출판사)의 광고 카피를 발췌 인용함으로써 역자 후기를 마치려고 한다.

"음수사원(飮水思源)이란 말이 있다. 물을 마실 때에는 그 원천을 생각하면서 감사하라는 뜻이다. 이승만 대통령은 자랑스러운 대한민국을 건국하신 분이다. 이 분의 건국 및 반공정책이 아니었으면 대한민국은 벌써 적화 통일되어 지금 우리는 〈인민민주주의〉, 〈민중독재〉, 〈전체주의〉의 세계 최악의 야만 폭압정권 하에서 북한 주민들처럼 김씨 일가의 노예로 살아가고 있을 것이다. 대한민국 국민으로서 이런 분에게 감사하기는커녕 매도하고 있는 현재의 역사교육은 우리가 마시는 샘물에 오물을 투척하는 행위와 같다. 이는 북한의 공산괴뢰집단이 바라고 사주하는 역사교육이다."

2014년 3월 역자 류광현

〈부록 I〉

초대대통령 취임사

여러 번 죽었던 이 몸이 하느님 은혜와 동포들의 애호로 지금까지 살아 있다가 오늘에 이와 같이 영광스러운 추대를 받는 나로서는 일변 감격한 마음과 일변 감당키 어려운 책임을 지고 두려운 생각을 금하기 어렵습니다.

기쁨이 극하면 웃음이 변하여 눈물이 된다는 것을 글에서 보고 말로 들었던 것입니다. 요즈음 나에게 치하하러 오는 남녀동포가 모두 눈물을 씻으며 고개를 돌립니다. 각처에서 축전 오는 것을 보면 모두 눈물을 금하기 어렵습니다.

나는 본래 나의 감상으로 남에게 촉감될 말을 하지 않기로 매양 힘쓰는 사람입니다. 그러나 목석(木石) 간장이 아닌 만치 나도 뼈에 사무치는 눈물을 금하기 어렵습니다. 이것은 다름 아니라 40년 전에 잃었던 나라를 다시 찾은 것이오, 죽었던 민족이 다시 사는 것이 오늘이어서 표명되는 까닭입니다.

오늘 대통령 선서하는 이 자리에 하느님과 동포 앞에서 나의 직책을 다하기로 한층 더 결심하며 맹서합니다. 따라서 여러 동포들도 오늘 한층 더 분발해서 각각 자기의 몸을 잊어버리고 민족 전체의 행복을 위하여 대한민국의 시민된 영광스럽고 신성한 직책을 다하도록 마음으로 맹서하기를 바랍니다.

여러분이 나에게 맡기는 직책은 누구나 한 사람의 힘으로 성공할 수 없는 것입니다. 이 중대한 책임을 내가 감히 부담할 때에 내 기능이나 지혜를 믿고 나서는 것은 결코 아니며 전혀 애국 남녀의 합심합력으로써만 수행할 수 있을 것으로 믿는 바입니다.

이번 우리 총선거의 대성공을 모든 우방들이 칭찬하기에 이른 것은 우리 애국 남녀가 단순한 애국성심으로 각각 직책을 다한 연고입니다. 그 결과로 국회 성립이 또한 완전무결한 민주제도로 조직되어 2. 3정당이 그 안에 대표가 되었고 무소속과 좌익 색태(色態)로 지목받는 대의원이 또한 여럿이 있게 된 것입니다.

기왕 경험으로 추측하면, 이 많은 국회의원 중에서 사상 충돌로 분쟁 분열을 염려한 사람들이 없지 않았던 것입니다. 그러나 중대한 문제에 대하여 극렬한 쟁론이 있다가도 필경 표결될 때에는 다 공정한 자유의견을 표시하여 순리적으로 진행하게 되므로 헌법과 정부조직법을 다 민의대로 종다수(從多數) 통과된 후에는 아무 이의 없이 다 일심으로 복종하게 되므로, 이 중대한 일을 조속한 한도 내에 원활히 처결하여 오늘 이 자리에 이르게 된 것이니 국회의원 일동과 전문위원 여러분의 애국성심을 우리가 다 감복하지 않을 수 없는 것입니다.

　나는 국회의장의 책임을 이에 사면하고 국회에서 다시 의장을 선거할 것인데, 만일 국회의원 중에서 정부 부처장으로 임명될 분이 있게 되면 그 후임자는 각기 소관 투표구역에서 경선 보결하게 될 것이니 원활히 보결된 후에 의장을 선거하게 될 듯하며, 그동안은 부의장 두 분이 사무를 대행할 것입니다. 따라서 이 부의장 두 분이 그동안 의장을 보좌해서 각 방면으로 도와 협의 진행케 하신 것을 또한 감사히 생각합니다.

　국무총리와 국무위원 조직에 대해서 그간 여러 가지로 낭설이 유포되었으나 이는 다 추측적 언론에 불과하며 며칠 안으로 결정 공포될 때에는 여론상 추측과는 크게 같지 않을 것이니 부언낭설(浮言浪說)을 많이 주의하지 않기를 바랍니다.

　우리가 정부를 조직하는 데 제일 중대히 주의할 바는 두 가지입니다. 첫째는 일할 수 있는 기관을 만들 것입니다. 둘째는 이 기관이 견고히 서서 흔들리지 아니해야 될 것입니다. 그러므로 사람의 사회상 명망이나 정당단체의 세력이나 개인 사정상 관계로 나를 다 인식하고 오직 기능 있는 일꾼들이 함께 모여 앉아서 국회에서 정하는 법률을 민의대로 준행해 나갈 그 사람들끼리 모여서 한 기관이 되어야 할 것이니, 우리는 그분들을 물색하는 중입니다. 어떤 분들은 인격이 너무 커서 작은 자리에 채울 수 없는 이도 있고, 혹은 작아서 큰 자리에 채울 수 없는 이도 있으나, 참으로 큰 사람은 큰 자리에도 채울 수 있고 작은 자리도 채울 수 있을 뿐 아니라, 작은 자리 차지하기를 부끄러워하지 않습니다. 이렇게 참 큰 인물들이 있어 무슨 책임을 맡기든지 대소와 고하를 구별치 않고 작은 데서 성공해서 차차 큰 자리에 오르기를 도모하는 분들이 많아야 우리의 목적이 속히 도달될 것입니다.

이런 인격들이 함께 책임을 분담하고 일해 나가면 우리 정부 일이 좋은 시계 속처럼 잘 돌아가는 중에서 이적(異蹟)을 많이 나타낼 것이오, 세계의 신망과 동정이 날로 증진될 것입니다. 그런즉 우리가 수립하는 정부는 어떤 부분적이거나 어떤 지역을 한하지 않고 전 민족의 뜻대로 전국을 대표한 정부가 될 것입니다.

기왕에도 말한 바이지만, 민주 정부는 백성이 주장하지 않으면 그 정권이 필경 정객과 파당의 손에 떨어져서 전국이 위험한 데 빠지는 법이니, 일반 국민은 다 각각 제 직책을 행하여 우선 우리 정부를 사랑하며 보호해야 될 것이니, 내 집을 내가 사랑하고 보호하지 않으면 필경은 남이 주인 노릇을 하게 됩니다. 과거 40년 경험을 잊지 말아야 할 것입니다. 의로운 자를 옹호하고 불의한 자를 물리쳐서 의(義)가 서고 사(私)가 물러가야 할 것입니다. 전에는 일꾼이 소인을 가까이 하고 현인을 멀리하면 나라가 위태하다 하였으나, 지금은 백성이 주장이므로 민중이 의로운 사람과 불의한 사람을 명백히 구별해야 할 것입니다.

승인(承認) 문제에 대하여는 그 권리가 우리에게 있는 것이 아니므로 우리가 판단할 수는 없으나, 우리의 순서가 이대로 계속된다면 모든 우방의 호의로 속히 승인을 얻을 줄로 믿는 바입니다.

그러나 우리가 주의하는 바는 승인을 얻는 데 있지 않고 먼저 국권을 공고히 세우는 데 있나니, 모든 우방이 기대하는 바를 저버리지 아니하고 우리가 잘만 해나가면 우리의 요청을 기다리지 않고 자발적으로 후원할 것이니 이것도 또한 우리가 일 잘하기에 달린 것입니다.

9월에 파리에서 개최하는 유엔총회에 파견할 우리 대표단은 특별 긴급한 책임을 가지니만치 가장 외교상 적합한 인물을 택하여 파견할 터인데, 아직 공포는 아니 하였으나 몇몇 고명한 인격으로 대략 내정되고 있으니 정부조직 후에 조만간 완정(完定) 공포될 것입니다.

우리의 대표로 레이크썩세스에 가서 많은 성적을 내고 있는 임영신 여사에 대해서는 우리가 다 고맙게 생각하는 바입니다. 여기서 우리가 재정 후원도 못하고 통신상으로 밀접히 후원도 못한 중에 중대한 책임을 그만치 진취시킨 것을 우리는 다 영구히 기념하게 될 것입니다.

이북동포 중 공산주의자들에게 권고하노니, 우리 조국을 남의 나라에 부속(附屬)하자는 불충한 이상을 가지고 공산당을 빙자하여 국권을 파괴하려는 자들은 우리 전 민족이 원수로 대우하지 않을 수 없나니, 남의 선동을 받아 제 나라를 결딴내고 남의 도움을 받으려는 반역의 행동을 버리고 남북의 정신통일로 우리 강토를 회복해서 조상의 유업을 완전히 보호하여 가지고 우리끼리 합하여 공산이나 무엇이나 민의를 따라 행하는 것이 좋을 것입니다.

기왕에도 누누이 말한 바와 같이, 우리는 공산당을 반대하는 것이 아니라 공산당의 매국주의(賣國主義)를 반대하는 것이므로 이북의 공산주의자들은 이것을 공실히 깨닫고 일제히 회심해서 우리와 같이 같은 보조를 취하여 하루 바삐 평화적으로 남북을 통일해서 정치와 경제상 모든 권리를 다 같이 누리게 하기를 바라며 부탁합니다.

대외적으로 말하면, 우리는 세계 모든 나라와 다 친린(親隣)해서 평화를 증진하여 외교 통상에 균평한 이익을 같이 누리기를 절대 도모할 것입니다. 교제상 만일 친소(親疎)에 구별이 있다면 이 구별은 우리가 시작하는 것이 아니오 타동적(他動的)으로 되는 것입니다.

다시 말하자면, 어느 나라이든지 우리에게 친선(親善)히 한 나라는 우리가 친선히 할 것이오, 친선치 않게 우리를 대우하는 나라는 우리도 친선히 대우할 수 없을 것입니다. 과거 40년간에 우리가 국제상 상당한 대우를 받지 못한 것은 세계 모든 나라가 우리와 접촉할 기회가 없었던 까닭입니다.

일인(日人)들의 선전만을 듣고 우리를 판단해 왔었지만, 지금부터는 우리 우방들의 도움으로 우리가 우리 자리를 찾게 되었은즉, 우리가 우리말을 할 수 있고 우리 일도 할 수 있나니, 세계 모든 나라들은 남의 말을 들어 우리를 판단하지 말고 우리가 하는 일을 보아서 우리의 가치를 우리의 가치대로만 정해 주기를 우리가 요청하는 바이니, 우리 정부와 민중은 외국의 선전을 중요히 여겨서 자유와 평화를 사랑하는 각국 남녀로 하여금 우리의 실정을 알게 해서 피배(彼輩)에 양해를 얻어 정의가 상통하여 교제가 친밀할 것이니, 이것이 우리의 복리만 구함이 아니오 세계평화를 보증하는 방법입니다.

건설하는 데는 새로운 헌법과 새로운 정부가 다 필요하지마는 새 백성이 아니고는 결코 될 수 없는 것입니다. 부패한 백성으로 신성한 국가를 이루지 못하나니 이런 민족이 날로 새로운 정신과 새로운 행동으로 구습을 버리고 새 길을 찾아서 날로 분발 전진하여야 지난 40년 동안 잊어버린 세월을 다시 회복해서 세계 문명국에 경쟁할 것이니, 나의 사랑하는 3천만 남녀는 이날부터 더욱 분투 용진해서 날로 새로운 백성을 이룸으로써 새로운 국가를 만년반석 위에 세우기로 결심합시다.

1948년 7월 24일

대한민국 대통령 이승만

〈부록 II〉

저자 이승만 연보

*서기 1875년 3월 26일 탄생

　　황해도 평산군 마산면 능내동에서 양녕대군의 후손인 부친 경선공

　　(敬善公)과 모친 김씨(金氏)의 3남2녀 중 막내로 태어남.

*1878년 (3세)

　　평산에서 서울 남대문 교외 염동으로 이사.

*1881년 3월 26일 (6세)

　　6살 생일을 맞는 해에 눈병으로 실명 위기에서 생일날 아침 기적적

　　으로 완쾌.

*1884년 10월 18일 (9세)

　　갑신정변(甲申政變)을 만남. 이때부터 혁명투사로서의 애국심이 싹

　　트기 시작.

*1885년 (10세)

　　다시 서울 도동으로 이전. 도동서당에서 10년간 유학을 공부.

*1886년 (11세)

　　통감, 사서, 소설 등을 통독하고 과학자, 문학자로서의 소양을 높임.

*1887년 (12세)

　　아명(兒名) 승룡(承龍)을 쓰지 않고 우만(雩晩), 승만(承晩)의 아호(雅

號)를 사용하여 국가시험에 응시.

*1894년 11월 (19세)

　배재학당에 입학, 서재필에게 서양 학문을 배움.

*1895년 (20세)

　배재학당 영어교사. 정변으로 피난, 각지를 전전하다가 상경.

*1896년 (21세)

　서재필 박사, 아펜슨과 협조하여 협성회(協成會)를 조직, 〈협성회
　보〉의 주필이 되어 독립정신을 국민들에게 고취시킴.

*1898년 (23세)

　〈독립협회〉, 〈만민공동회〉를 조직하고 정부 대개혁운동에 참가하
　여 투옥됨. 〈매일신문〉 창간에 참여하여 사장 및 저술 활동.
　〈뎨국신문〉 창간에 참여하여 편집 및 논설 담당.

*1899년 (24세)

　박영효 일파의 고종 폐위 음모에 가담했다는 혐의로 체포됨.

*1900년(25세)

　한성감옥에서 〈청일전기〉 번역, 〈독립정신〉 저술.

*1901년~1904년(26~29세)

　옥중에서 〈독립정신〉 집필(1910년 3월 LA에서 출판됨)

*1904년 (29세)

　러일 전쟁 후 출옥하여 민영환, 한규설의 후원으로 미국의 지원을
　호소하고자 11월 4일 한국 사절로서 밀서를 휴대하고 도미.

*1905년 (30세)

　존 헤이 국무장관과 면담을 통해 1882년 조·미수호통상조약의 거
　중 조정 조항에 따라 협조하겠다는 약속을 받아냈으나 헤이그의

죽음으로 허사로 돌아감. 조지 워싱턴 대학에 입학, 독립운동을
강력하게 전개함.

*1907년 6월 5일 (32세)

워싱턴대학을 졸업, 9월 하버드대학 석사과정 입학. 워싱턴 D. C.
커버넌트 장로교회 행린 목사로부터 세례를 받음.

*1908년 7월 (33세)

콜로라도주 덴버에서 열린 애국동지대표자 대회에서 의장으로 선
출됨.

*1908년 8월 (33세)

하버드대학 대학원 수료.

*1910년 7월 18일 (35세)

프린스턴대학에서 박사 학위 받음. 학위논문 '미국의 영향 하에 성
립된 중립론'은 1912년 프린스턴대학 출판부에서 출간.

*1910년 10.~1912. 3.(35~37세)

YMCA 총무와 청년학교 학감에 취임하여 교육, 전도활동.

*1912년 (37세)

'한국기독교음모'사건(일명 105인 사건)으로 검거.

*1912년 3월 26일 (37세)

한국 대표로 맨시스트 총회에 참석차 가는 도중에 다시 도미.

*1913년 2월 3일 (38세)

하와이에서 부친 서거의 부고를 받음.

*1913년 4월 (38세)

저서 〈한국교회핍박〉 발간.

*1914년 (39세)

한인여자학원 설립(1918년 9월 한인여자학원을 남녀공학의 한인기
독학원(The Korean Christian Institute)으로 바꿈). 순 한글 월간
잡지인 〈태평양잡지〉를 창간, 주필로서 논설을 통해 독립정신을
고취.

*1917년 9월 (42세)

뉴욕에서 개최된 "세계 약소민족 대표회의"에 정식 대표로 참석.

*1918년 1월 (43세)

윌슨 대통령의 '민족자결주의'를 널리 공표하고 한국도 호응할 준비
를 함.

*1918년 (43세)

12월 1일: 정한경, 민찬호와 함께 대한인국민회 파리평화회의의 한
인 대표로 선출됨.

*1919년 (44세)

3월 3일: 장차 완전독립을 전제로 한국을 국제연맹의 위임통치 하
에 둘 것을 윌슨 대통령에게 청원.

4월 11일: 상해 대한민국임시정부의 국무총리에 추대됨.

4월 23일: 서울에서 수립된 한성 임시정부의 집정관총재로 추대됨.

6월 14일~ 27일: 대한공화국 대통령 명의로 구미 각국 및 일본의
국가 원수들과 파리 평화회의 의장 조르쥬 클레망소에게 한국 독
립선포를 알리는 공문 발송.

8월 25일: 워싱턴 D.C.에 구미위원부 개설.

9월 6일: 대한민국임시정부 의정원에서 임시대통령으로 선출됨.

*1920년 11월 15일 (45세)

임병직과 함께 호놀룰루를 출발, 12월 5일 상해 도착.

*1921년 (46세)

    5월: 하와이에 교육사업 협회를 조직. 한국 대표로 워싱턴에서 개최된 군축회의에 참석.

    10월: 워싱턴 군축회의 미국 대표단에게 '한국독립청원서' 제출.

*1925년 3.11~4.10.(50세)

    대한민국 임시정부로부터 임시대통령직에서 면직됨.

*1932년 11월 (57세)

    국제연맹에 한국 독립을 탄원할 대한민국임시정부 전권대사에 임명됨.

*1933년 (58세)

    2월 21일: 한국대표로서 제네바에서 개최된 국제연맹회의에 참석. 일본의 만주 침략을 통렬하게 반박함과 동시에 한국에 대한 허위 선전을 분쇄하기 위해 맹렬히 활동. 제네바 드뤼시호텔에서 프란체스카 도너(Francesca Donner)를 만남.

    7월 9일: 소련에 독립지원을 호소하고자 모스크바 기차역에 도착했으나 퇴거당함.

*1934년 10월 8일 (59세)

    프란체스카 여사와 결혼.

*1941년 (66세)

    4월 20일: 호놀룰루에서 9개 단체가 모인 재미한민족 연합위원회에서 외교위원장에 임명됨.

    6월 4일: 대한민국임시정부로부터 주미 외교위원부 위원장에 임명됨.

    6월: 본 역서의 영어 원문판 〈JAPAN INSIDE OUT〉 출간

*1942년 (67세)

　1월 16일: 임시정부 승인을 목표로 미국 명망가들과 한미협회 결성.

　2월 7일: 워싱턴 D.C.의 라파옛 호텔에서 한인자유대회 개최.

　10월 10일: 미 육군전략처(OSS) 프레스톤 굿펠로우 대령에게 항일 게릴라조직 제의.

*1943년 2월 16일 (68세)

　미 육군장관 헨리 스팀슨에게 편지로 항일 게릴라조직 계획서 제시.

*1944년 8월 (69세)

　루스벨트 대통령에게 편지로 임정 승인 요청.

*1945년 (70세)

　5월 14일: 얄타회담에서 미국과 영국이 한국을 소련에 넘겨주기로 비밀협약을 맺었다는 발표를 함으로써(일명 얄타밀약) 미국무부와 충돌.

　8월 15일: 해방.

　10월 16일: 귀국. 조선호텔에 투숙. 다음날 귀국 담화방송.

　10월 25일: 조선독립촉성 중앙협의회(독촉중협) 총재직을 맡음.

*1946년 (71세)

　1월 14일: 신탁통치를 찬성하는 공산주의자들을 매국노로 규정하고 결별 선언.

　2월 8일: 대한독립촉성국민회 총재에 추대됨.

　2월 25일: 미 군정청 자문기구인 남조선대한민국 대표 민주의원 의장에 선출됨.

6월: 하지 장군의 좌우합작위원회 참가 권유를 거부.

6월 3일: 전북 정읍에서 남한임시정부 수립의 필요성 역설.

6월 29일: 독립정부 수립의 권리 쟁취를 위한 민족통일총본부 결성.

12월 2일: 독립정부 수립을 UN에 직접 호소하기 위해 동경을 거쳐
미국으로 출발.

12월 12일: 소련이 한국의 통일정부 수립을 허용하지 않을 것이 확
실하므로 남한에서만이라도 과도정부 수립이 필요하다고 주장.

*1947년 4월 13일 (72세)

4월 13일: 동경을 거쳐 상해에 들러 장개석 총통과 회견.

7월 3일: 좌우합작을 주장하는 하지 중장과의 협조 포기 선언. 가
택연금을 당함.

9월 16일: 독립정부 수립을 위한 수단으로 남한 총선거를 주장. 소
련의 진의를 파악한 미국 정부가 지지를 보내기 시작.

*1948년 (73세)

5월 10일: 최초의 자유총선거에서 지역구인 동대문구에서 당선.

5월 31일: 제헌의회 의장으로 선출됨.

7월 20일: 국회에서 대통령에 당선(186명 출석 가운데 180표 획득).

8월 15일: 대한민국 정부수립 선포식.

8월 26일: 한미상호방위원조 협정 체결.

10월 19일: 맥아더 주일 연합군 최고사령관의 초청으로 일본 방문.

12월 12일: 파리 유엔총회 마지막 날 마지막 시간에 대한민국 승인
안이 간신히 통과됨. 대한민국의 와해 모면.

*1949년 1월 8일 (74세)

1월 8일: 대마도 반환 요구 기자회견.

1월 9일: 반민특위의 친일파 처벌에 신중해야 한다고 담화.

7월 20일: 태평양동맹의 체결 협의를 위해 필리핀 퀴리노 대통령, 장개석 총통을 초청.

8월 8일: 이승만 장개석 진해 회담.

11월 26일: 남북통일 방안으로 북한 괴뢰정부 해체 후의 총선거 주장

*1950년 (75세)

1월 24일: 극회의 내각책임제 개헌안 반대.

2월 16일: 일본에 있는 맥아더 원수를 방문.

3월 10일: 농지개혁법 개정법 공포. 4월 5일 농지분배 예정통지서 발송 시작.

6월 26일: 동경의 맥아더 장군에게 한국의 무기지원 요청을 거부해 온 미국의 태도를 비난하고 즉각 지원 요청.

7월 14일: 원활한 전쟁 수행을 위해 맥아더 유엔군총사령관에게 한국군 작전지휘권 위임.

9월 28일: 유엔과는 상의 없이 국군에 38선 이북 진격을 명령.

9월 29일: 전과 호전으로 서울로 귀환.

12월 29일: 평양 시찰.

*1951년(76세)

6월 9일: 38선 정전 결사반대 선언. 6월 27일 소련의 정전안 거부.

9월 20일: 휴전 수락 전제조건으로 중공군 철수, 북한 무장해제, 유엔감시하 총선거 요구.

11월 19일: 자유당 창당과 총재직 수락

*1952년 (77세)

1월 18일: 일본 어선의 침범을 막기 위한 평화선 선포.

8월 5일: 직선제를 통한 대통령 당선(부통령 함태영).

11월 27일: 대만 방문.

12월 3일: 한국을 방문한 미 대통령 당선자 아이젠하워와 회담.

*1953년 (78세)

4월 11일: 휴전 반대와 함께 국군 단독 북진 성명.

5월 8일: 미 정부에 휴전 수락거부 통고.

6월 18일: 유엔군 포로수용소에 수용중인 27,000명의 반공포로 석방.

7월 12일: 한미공동성명(①한미 상호방위조약 체결, ②미국은 경제, 군사 원조를 약속).

11월 27일: 대만을 방문하여 장개석 총통과 반공 통일전선 결성 발표.

*1954년 (79세)

독도에 영토 표시 설치. 공산군의 반란으로 내전 상태인 베트남에 국군파견 제의. 미국 상하의원 합동회의 연설 도중 33번의 박수를 받음(7월 28일). 뉴욕 UN 본부에서 연설(8월 3일). 한일회담 개최 조건으로 일본의 반성을 촉구. 일본의 재침략 의도를 비난.

*1955년 (80세)

국군 40개 사단으로 군비증강의 필요성을 역설. 미국에 대해 대 공산권 유화정책을 비난.

*1956년 (81세)

일본의 친공적 태도를 비난. 공산주의에 대한 미국의 유화정책을 비난. 제3대 대통령에 취임(8월 15일).

*1957년 (82세)

　　휴전협정 폐기와 군비강화 강조(1월 6일). 국무회의에서 경제정책
　　재검토를 지시하고 북한 공산군의 재남침 기도를 경고(4월 20
　　일). 한글전용 지시(12월 3일).

*1958년 (83세)

　　일본의 기시(岸信介) 수상의 한일회담 재개 요망 친서에 동의(3월
　　28일). 일본에 대한 경계심 촉구. 공산화의 위협을 받고 있던 베
　　트남에 파병용의 표명(8월 29일). UN 감시 하에 북한만의 선거
　　제시. 원자력 연구를 지시(10월 28일). 베트남을 방문하여 자유
　　수호 공동성명 발표(11월 5일).

*1959년 (85세)

　　일본에 약탈 문화재 반환을 요구. 일본의 재일교포 북송을 비난.
　　"공산당보다 일본을 더 경계해야 한다"고 언명. 국군의 신장비 필
　　요를 역설. 경제개발 3개년계획을 수립.

*1960년 (85세)

　　4.19로 대통령직을 사임하고 이화장으로 은퇴(4월 28일). 3개월 계
　　획으로 정양 차 부인 프란체스카 여사와 함께 하와이로 출발(5월
　　29일).

*1961년 (86세)

　　양녕대군 종중에서 인수(仁壽)를 양자로 천거하여 입적.

*1962년 (87세)

　　귀국을 희망했으나 한국정부의 반대로 좌절. 마우나라니 요양원 입
　　원.

*1965년 7월 19일 (90세)

하와이의 마우나라니 요양원에서 서거. 하와이 호놀룰루 시 한인기
독교회에서 영결예배 후 유해를 미군 용기로 김포공항에 운구.
이화장에 안치. 정동 제일교회에서 영결 예배. 동작동 국립묘지
에 안장.

이승만 대통령의 묘 비 명

배달민족의 독립을 되찾아
우리를 나라 있는 백성 되게 하시고
겨레의 자유와 평등을 지켜
안녕과 번영의 터전을 마련해 주신
거룩한 나라 사랑 불멸의 한국인
우리의 대통령 우남 리승만 박사
금수강산 흘러오는 한강의 물결
남산을 바라보는 동작의 터에
일월성신과 함께 이 나라 지키소서

〈JAPAN INSIDE OUT〉

일본의 가면을 벗긴다
―일본 천황전체주의의 기원과 실상―

2015년 4월 30일 초판 1쇄 발행
2024년 2월 22일 초판 9쇄 발행

저 자 | 이 승 만
옮 김 | 류 광 현
펴낸이 | 박 기 봉
펴낸곳 | 비봉출판사
출판등록 | 2007-43 (1980년 5월 23일)

주 소 | 서울 금천구 가산디지털2로 98. 2동 808호(가산동, IT캐슬)
전 화 | (02) 2082-7444
팩 스 | (02) 2082-7449
E-mail | bbongbooks@hanmail.net
ISBN | 978-89-376-0425-6 03900

값 13,500원